AF522718

B
V
72

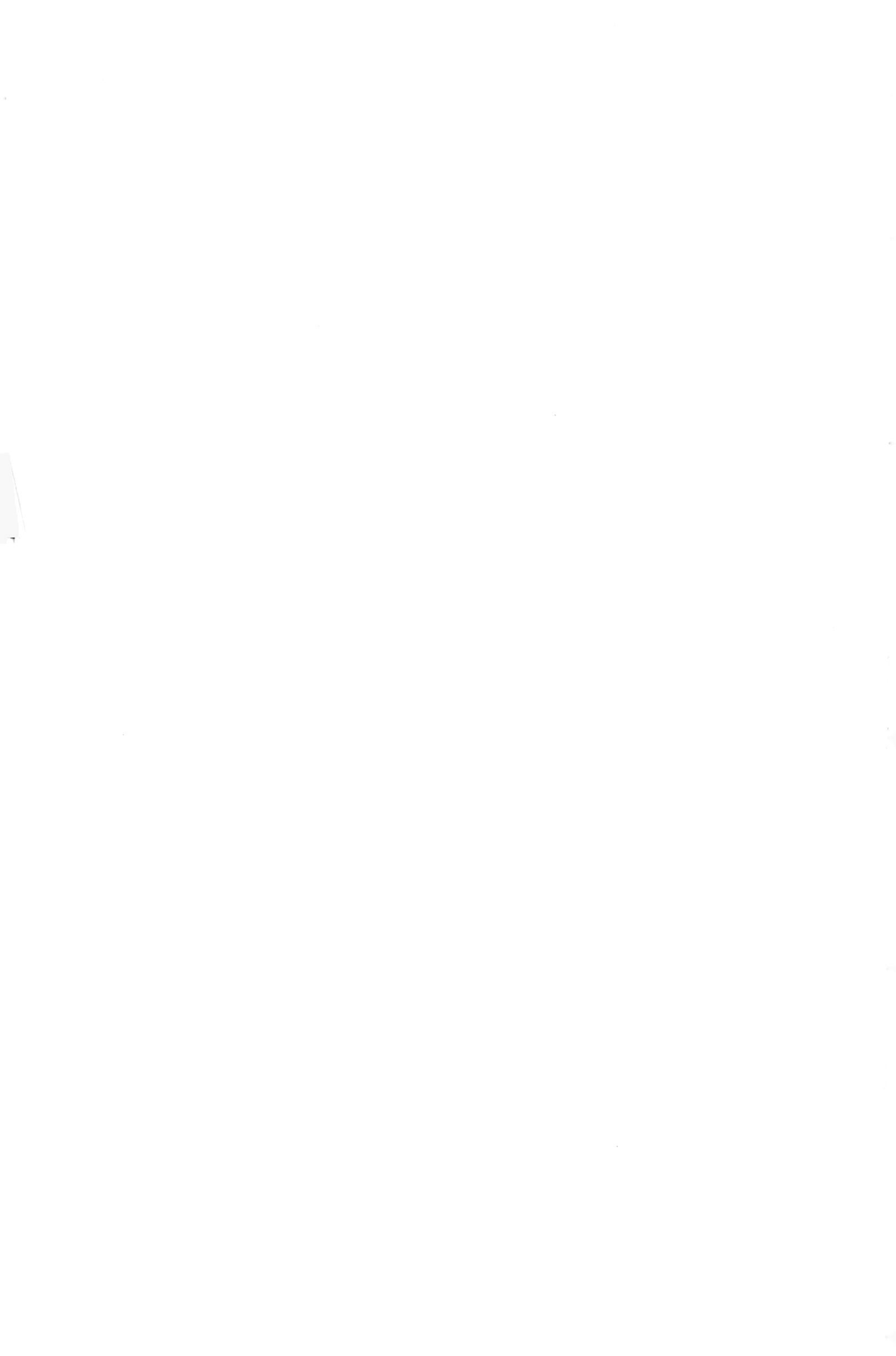

Alexander Kostjew

Schachbuch für Meister von Übermorgen

Ein Lehr- und Trainingswerk – nicht nur für den Nachwuchs

Joachim Beyer Verlag

ISBN 978-3-95920-021-9

4. überarbeitete Auflage 2016

© by Joachim Beyer Verlag

Ein Imprint des Schachverlag Ullrich, Zur Wallfahrtskirche 5, 97483 Eltmann

Alle Rechte vorbehalten. Nachdruck, jegliche Vervielfältigung oder Fotokopie, sowie Übertragung in elektronische Medien, nur mit schriftlicher Zustimmung des Verlags.

Inhaltsverzeichnis

Zeichenerklärung

!	ein sehr guter Zug
!!	ein ausgezeichneter Zug
?	ein schwacher Zug
??	ein grober Fehler
!?	ein beachtenswerter Zug
?!	ein Zug von zweifelhaftem Wert
+−	Weiß hat entscheidenden Vorteil
−+	Schwarz hat entscheidenden Vorteil
±	Weiß steht besser
∓	Schwarz steht besser
⩲	Weiß steht etwas besser
⩱	Schwarz steht etwas besser
=	ausgeglichen
∞	unklar, mit beiderseitigen Chancen
=∞	mit Kompensation für den materiellen Nachteil
Δ	mit der Idee
⌓	besser ist
+	Schach
#	matt

Vorwort

Der Autor dieses Buches, Alexander Kostjew, ein auch im Ausland bekannter Trainer und Schachpädagoge, war Leiter der Schachschule am Moskauer Pionierspalast. Das im Unterricht verwendete Material hat er in Buchform zusammengefasst und veröffentlicht. Der in den 35 Lektionen dieses Buches dargebotene Stoff stellt das Programm dar, das er mit den Schülern im zweiten Unterrichtsjahr bearbeitete. Die Themenfolge entspricht in etwa dem Schuljahresverlauf. Die Kapitel bestehen zumeist aus zwei Teilen: Im ersten werden historische Ausführungen oder aktuelle Informationen über das Jugendschach geboten, im zweiten methodisches Material.

(Diese beiden Teile wurden in der vorliegenden Neuauflage voneinander getrennt und in ihren jeweiligen Zusammenhang gebracht.)

Eröffnungen werden nicht speziell behandelt, und auch die Themenwahl kann nicht als vollständig bezeichnet werden, da das Buch ja nur das zweite von vier Schuljahren umfasst. Es werden grundlegende Prinzipien zu den Themen Zentrum, Angriffsspiel, Endspiel und Stellungsbewertung behandelt und in einer Weise aufbereitet, die sowohl fürs Selbststudium als auch für die Hand des Trainers geeignet ist. Die Übungen am Ende eines jeden Kapitels sollen den bearbeiteten Stoff vertiefen und werden im Lösungsteil besprochen. Dabei wird sicherlich auch für ‚alte Hasen' interessantes Übungsmaterial geboten.

Die Beispiele stammen aus jüngst gespielten Meisterpartien, sind aber zum Großteil auch dem Jugendschach entnommen. Es sind Partien von Kasparow, Jussupow, Beljawski und vielen anderen namhaften Spielern zu finden, zumeist aus einer Zeit, als diese selbst noch Schüler oder Jugendliche waren.

Besonders eindrucksvoll ist der Einblick in die systematische Jugendarbeit der Schachföderation der UdSSR, deren Erfolg ja offensichtlich ist. Deren Grundsätze lauteten: Möglichst früh mit der Schachausbildung beginnen; Talente systematisch erfassen; regelmäig trainieren und alsbald so häufig wie möglich gegen starke und stärkste Gegner spielen. Vielleicht kann das Buch ein bisschen vom Geheimnis der legendären sowjetischen Schachschule lüften. Zumindest aber ist es eine interessante Grundlage zur intensiven Beschäftigung mit den Prinzipien des Schachspiels – gewinnbringend vor allem auch für junge Spieler und somit für die Meister von Übermorgen.

Tihomir Glowatzky, Bamberg

Teil I

Die Bausteine des methodischen Schachunterrichts

1. Kapitel

Der unrochierte König

Eines der zentralen Probleme im Schach ist der Angriff auf den König. Dafür gibt es eine Reihe typischer Beispiele, deren jeweilige Angriffsmethode zunächst einmal davon abhängt, ob der gegnerische König bereits rochiert hat oder eben nicht.

Zunächst sollen zwei Beispiele zeigen, wie selbst noch Lernende durchaus bereits in der Lage sein können, die Schwäche eines unrochierten Königs zum Angriff zu nutzen.

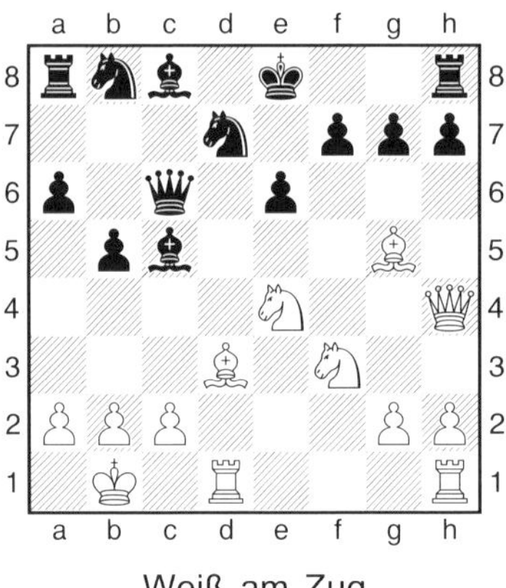

Weiß am Zug

Diese Stellung stammt aus einem Schülerturnier (Sawtschenko – Altman, 1979). Schwarz besitzt einen Mehrbauern, allerdings um einen hohen Preis, denn der König konnte bislang nicht rochieren. Eigentlich hat Weiß eben darum den Bauern geopfert, um den gegnerischen König im Zentrum festzuhalten. Nun gehen die Figuren zum direkten Angriff über.

1.Se5!

Wegen der katastrophalen Schwäche des Feldes d8 darf der Springer nicht genommen werden, denn auf 1...Sxe5? folgt 2.Lxb5 axb5 3.Td8#.

1...Dc7 2.Sxf7!

Dieser Einschlag bildet die eigentliche Pointe des Springermanövers und entscheidet die Partie.

2...Kxf7

Der Springer muss geschlagen werden, denn 2...0-0? 3.Dxh7+ Kxh7 4.Sf6 bzw. 3...Kxf7? 4.Sd6+ nebst Lg6 endet jeweils mit Matt.

3.Thf1+ Ke8

Auf 3...Kg8 folgt 4.Sxc5 Dxc5 (4...Sxc5 5.Df2) 5.Le4 Sc6 6.Df4 usw.

4.Dh5+ g6 5.Sd6+ Lxd6 6.Dxg6+

Schwarz gab auf.

Die folgende Partie wurde in einem Mannschaftsturnier aller Pionierspaläste der UdSSR als beste ausgezeichnet. In einem Simultankampf mit Uhrenhandicap prüften sieben Moskauer Pioniere den aus Tscheljabinsk stammenden Großmeister Alexander Pantschenko, während der Moskauer Großmeister Arthur Jussupow gegen eine siebenköpfige Schülerriege aus Tscheljabinsk antrat.

Piskow – Pantschenko

Baku 1981

Sizilianisch

1.e4 c5 2.Sf3 e6 3.d4 cxd4 4.Sxd4 Sf6 5.Sc3 d6 6.Le3 a6 7.g4

Dieser Zug ist an dieser Stelle selten anzutreffen und sieht sogar etwas überscharf aus. Der GM beschloss nun, den Schüler für sein forsches Auftreten zu bestrafen – geriet jedoch in eine gut vorbereitete Falle. Der Vierzehnjährige hatte diese Stellung nämlich im vorbereitenden Training der Schachgruppe analysiert.

7...e5

Damit kommt Schwarz dem weißen Plan entgegen. Besser wäre 7...Sc6 oder 7...h6 gewesen.

8.Sf5 g6 9.g5!

Das ist der Kern der weißen Überlegung. Es beginnt der Kampf um den Punkt d5.

9...gxf5

Schlecht ist 9...Sxe4 10.Sxe4 Lxf5 wegen 11.Sf6+ Ke7 12.Sd5+ Ke8 13.Lb6.

10.exf5!

Die richtige Fortsetzung, denn auf 10.gxf6 hätte Schwarz 10...f4 geantwortet.

10...d5

Im Falle von 10...Sfd7 ist 11.Dh5 mit den Drohungen g6 und Lc4 sehr stark.

11.Df3 d4

Bislang verläuft alles nach Plan und gemäß bereits bekannter Vorbilder. So folgte in der Partie Perenyi – Schneider, Ungarn 1978, 11...Se4 12.Sxe4 dxe4 13.Dxe4 Sc6 14.Lc4 Ld7 15. 0-0-0 Dc7 16.The1 f6 (Δ 16... 0-0-0 17.Lxf7) 17.Txd7 Dxd7 18.gxf6 Ld6 19.Le6 Dc7 20.f7+ Kd8 21.Td1 Tc8 22.Dxe5, und Schwarz gab auf wegen 22...Sxe5 23.Lg5+ De7 24.Txd6+ Kc7 25.Lxe7.

Während der Schüler Piskow diese Partie kannte und somit als Orientierungshilfe nutzen konnte, wurde der Großmeister zum ersten mal mit der Variante konfrontiert.

12.0-0-0! Da5 13.gxf6 dxc3 14.Lc4!

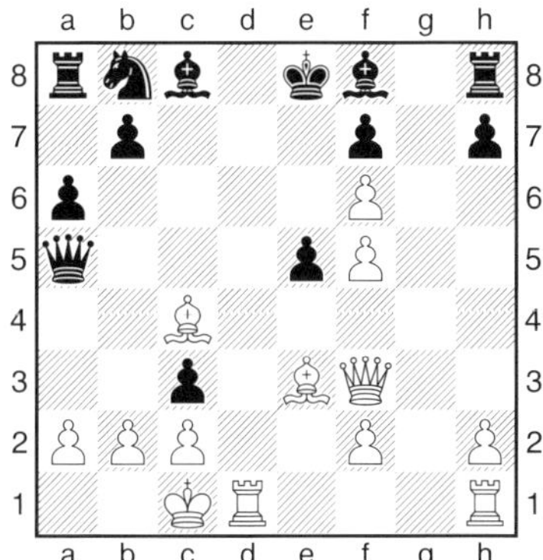

Hier überlegte Pantschenko eine halbe Stunde, fand jedoch keine Verteidigungsmöglichkeit mehr. So würde beispielsweise auf 14...Db4 folgen: 15.Lxf7+ Kxf7 16.Dh5+ Kxf6 17.Lg5+ Kg7 18.f6+ Kg8 19.Tdg1! Dxb2+ 20.Kd1 Db1+ 21.Lc1+.

14...Dc7 15.Dd5 Sc6

Nach 15...Lxf5 entscheidet 16.Lb6 Dd7 17.Dxf7+ Dxf7 18.Td8#.

16.Lb6 Dd7 17.Dg2 Ld5

Weder 17...Dxf5 18.Dxc6+ bxc6 19.Td8# noch 17...Lh6+ 18.Kb1 Ld2 19.Dg7 Tf8 20.Lc5! bringt Rettung.

18.Txd6! Dxd6 19.Lxf7+ Kd7 20.Le6+ Ke8 21.f7+

Und angesichts der Variante 21...Ke7 22.Dg5+ Kf8 23.Dg8+ gab Schwarz auf.

1. Aufgabe

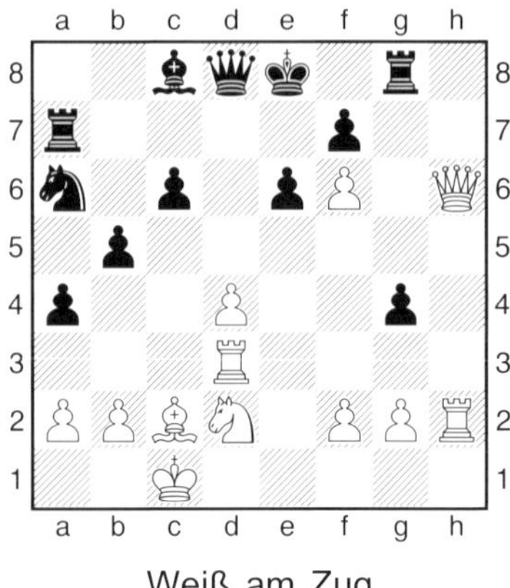

Weiß am Zug

Schwarz hat die Rochade versäumt und befindet sich in einer unangenehmen Lage. Wie kann Weiß diesen Umstand zum Sieg ausnützen? (Lösungen ab Seite 163)

2. Kapitel

Wie bereitet man einen Angriff vor?

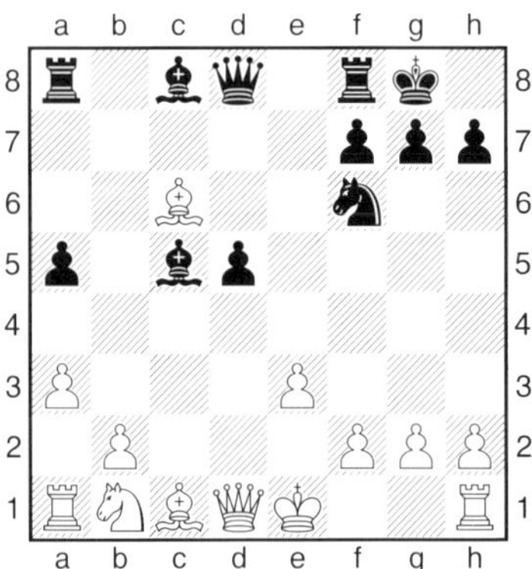

Diese Stellung (mit Schwarz am Zug) stammt aus der Partie Maillet – Anderssen (1855) und ermöglicht einen Einblick in die Gedanken des berühmten Angriffsspielers.

11...La6!!

Den gegnerischen König um jeden Preis im Zentrum festhalten, das war das Motto Anderssens.

12.Lxa8 Dxa8 13.Df3

Hiermit wehrt Weiß zwar die Drohung d5-d4 ab, gestattet dem schwarzen Königsspringer jedoch die Möglichkeit, unter Tempogewinn auf d3 einzubrechen.

13...Sd7 14.Sc3 Se5 15.Dxd5 Sd3+ 16.Kd1 Dc8

Die Dame nimmt den Ausgangspunkt für ihren Teil der Attacke ein. ‚Primitive' Varianten wie 16...Dxd5 17.Sxd5 Sxf2+ waren für Anderssen von keinerlei Interesse.

17.Kc2 Td8 18.Dh5 Sf4!

Weiß gab auf – im Hinblick auf die Variante 19.exf4 Ld3+ 20.Kb3 De6+ 21.Ka4 Dc4+ 22.b4 Lc2+ 23.Kxa5 Ta8#.

Wie konnte Anderssen diesen Angriff so gut vorbereiten? Die ersten elf Züge geben die Antwort hierauf: Durch Befolgung der Grundprinzipien von möglichst schneller Mobilisierung der eigenen Kräfte, Sicherung des eigenen Königs sowie Streben nach Initiative.

1.d4 d5 2.c4 e6 3.a3 c5 4.dxc5 Lxc5 5.Sf3 a5 6.e3 Sc6 7.cxd5 exd5 8.Lb5 Sf6 9.Se5 0-0 10.Sxc6 bxc6 11.Lxc6

Wir wollen dem Anziehenden wegen solch dubioser Züge wie 3.a3 oder 11.Lxc6 keinerlei Vorhaltungen machen. Die heutigen Empfehlungen der Eröffnungstheorie wären ohne solche

Ungenauigkeiten nicht denkbar, denn sie sind unmittelbar aus deren Analyse hervorgegangen. Was Anderssen damals intuitiv zog, wird heutzutage als allgemeingültig angesehen.

Folgende Partie wurde 1981 von zwei Dreizehnjährigen anlässlich eines landesweiten Mannschaftsturniers um den Preis des Schachclubs ‚Weißer Turm' gespielt.

Kakabadze – Schadrin
Sizilianisch

1.e4 c5 2.Sf3 d6 3.d4 cxd4 4.Sxd4 Sf6 5.Sc3 a6 6.Lc4 e6 7.0-0 b5

Schwarz wählt ein sehr kompliziertes Verteidigungssystem, bei dem der kleinste Fehler zur Niederlage führen kann.

8.Lb3 b4?

Dieses Spiel auf Bauerngewinn ist zu riskant. Solider und aussichtsreicher ist die Fortsetzung der Entwicklung mit 8...Le7.

9.Sa4 Sxe4 10.f4 Sc5

Schwarz hat mit gewaltigem Entwicklungsrückstand zu kämpfen. Sowohl 10...Sf6 11.Df3 d5 12.f5 e5 13.Te1 e4 14.Dg3 als auch 10...g6 11.f5 gxf5 12.Sxf5 Tg8 13.Ld5 Ta7 14.Lxe4 (Fischer – Tal, 1959) führt zu schwarzem Verlust.

Laut einer Analyse von W. Lepeschkin soll der Nachziehende allerdings in der letzten Variante mit folgender Verbesserung gutes Spiel erreichen können: 12...Lb7! 13.Sh6 Lxh6 14.Dh5 De7 15.Lxh6 Tg8 16.g3 Sd7 17.Tae1 Tg6 gefolgt von f7-f5.

11.Sxc5 dxc5 12.Df3 Ta7

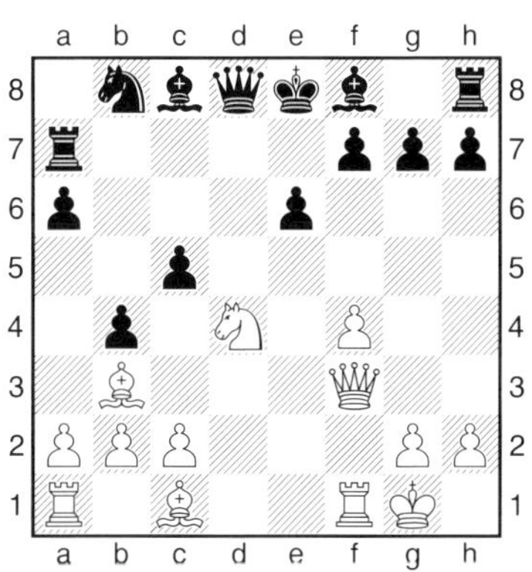

13.f5!?

Weiß zieht dem prosaischen 13.Se2 einen Angriff im Stil Adolf Anderssens vor. Ob das Opfer tatsächlich korrekt ist, sei dahingestellt. Jedenfalls verdient der daraus sprechende Mut höchste Anerkennung.

13...Dxd4+

Statt dieses äußerst natürlich wirkenden Zuges wäre wohl doch 13...cxd4 besser. Nach 14.fxe6 Lxe6 15.Lxe6 fxe6 16.Dh5+ Kd7 17.Tf7+ Le7 18.Lg5 Te8 erhielte Schwarz gute Chancen, den Angriff abzuwehren.

14.Le3 Df6

Stärker ist 14...Lb7, und falls 15.Dh3, so folgt 15...De4, um im Falle von 16.fxe6 fxe6 17.Lxe6 mit 17...Dxg2+! 18.Dxg2 Lxg2 19.Kxg2 Te7 fortzusetzen.

15.Dg3 Sd7?

Ein grober Fehler. Nötig war 15...e5, obwohl Weiß nach 16.Lg5 Db6 17.Dxe5+ Le7 auch dann über gleich mehrere erfolgversprechende Möglichkeiten verfügt.

16.fxe6 Dg5 17.exd7+ Txd7 18.De5+ Kd8 19.Lg5+ f6 20.Txf6! gxf6

21.Lxf6+ Le7 22.Lxe7+ Txe7 23.Td1+ Td7 24.Dxh8+ Kc7 25.De5+ Kb7 26.Txd7+ Lxd7 27.Dxc5 Dg4 28.Ld5+

Schwarz gab auf.

Wie dieses Beispiel zeigt, sind die Prinzipien der Angriffsführung, die Mitte des 19. Jahrhunderts galten, heutzutage bereits Schülern bekannt und werden von diesen im Wettkampf auch erfolgreich angewandt. Auf eine einfache Formel gebracht, kann man sagen: Der Erfolg eines Angriffs auf den unrochierten König hängt vom energischen Vorgehen ab, wobei im Bedarfsfall auch Opfer nicht gescheut werden dürfen.

2. Aufgabe

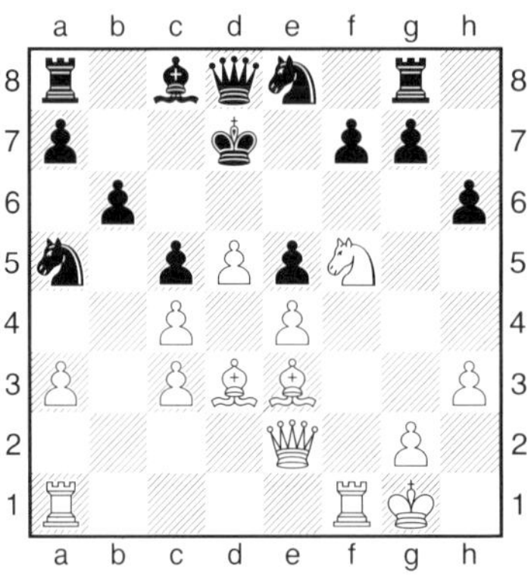

Weiß am Zug

Der grotesk deplatzierte schwarze König scheint im Moment unangreifbar. Jedoch kann Weiß ihn mittels eines Opfers in wenigen Zügen mattsetzen.

3. Kapitel

Das klassische Läuferopfer auf h7

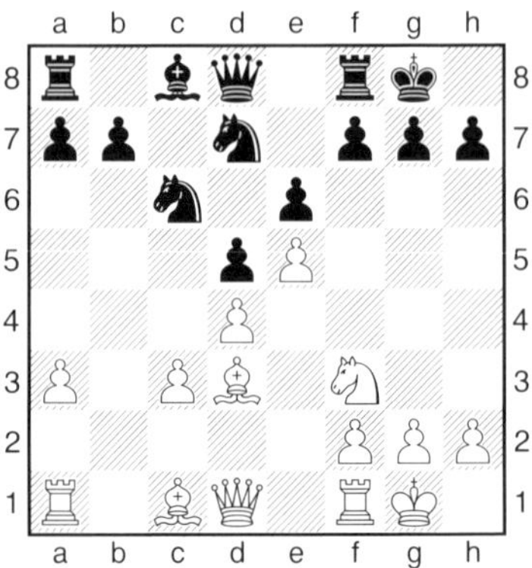

Weiß am Zug

Dieses Diagramm leitet ein neues Thema ein: Wie bereitet man den Königsangriff vor, wenn beide Seiten kurz rochiert haben? Dargestellt ist eine typische Stellung, in der der weiße Angriff mittels einer schablonenhaften Opferkombination siegreich durchdringt.

1.Lxh7+! Kxh7 2.Sg5+

Wohin nun mit dem König?

Falls 2...Kg8, so folgt 2.Dh5 Te8 4.Dxf7+ Kh8 5.Dh5+ Kg8 6.Dh7+ Kf8 7.Dh8+ Ke7 8.Dxg7#.

Auch nach 2...Kh6 ist er nicht sicher wegen 3.Sxf7+.

Und im Falle von 2...Kg6 entscheidet 3.h4! (mit der Drohung 4.h5+ Kh6 5.Sxf7+) 3...Th8 4.h5+! (trotzdem!) 4...Txh5 5.Dd3+ f5 6.exf6+ Kxf6 7.Df3+ Ke7 8.Df7+ Kd6 9.Dxh5.

Der Mechanismus dieses Angriffs (verbunden mit den Zügen Lxh7+, Sg5+

und Dh5+) trägt den Namen ‚klassisches Läuferopfer'. Davon gibt es etliche Variationen.

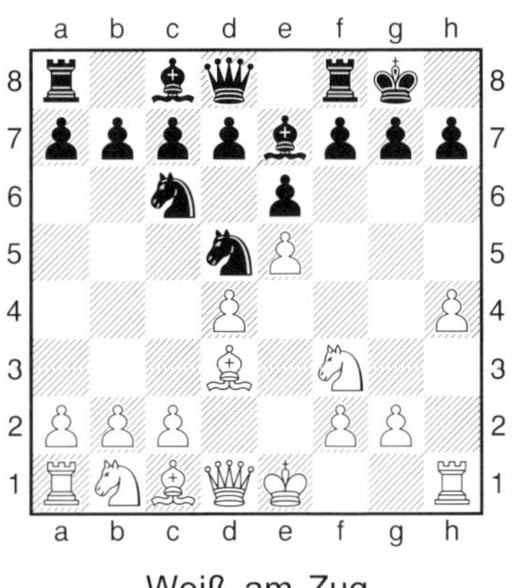

Weiß am Zug

Der vorgerückte Bauer h4, unterstützt vom Turm (siehe 3. Zug), macht den weißen Angriff unparierbar.

1.Lxh7+! Kxh7 2.Sg5+ Lxg5

2...Kg8 3.Dh5 Te8 4.Dh7+ nebst Dh8#; 2...Kh6 3.Sxf7+

3.hxg5+ Kg6 4.Dh5+ Kf5 5.Dh3+ Kg6 6.Dh7#

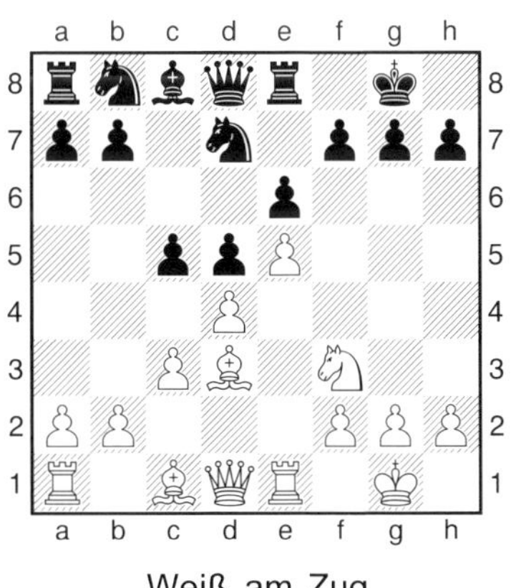

Weiß am Zug

Oft wird bei diesem Angriff der Turm als entscheidende Kraft über die dritte Reihe mit ins Spiel gebracht.

1.Lxh7+! Kxh7 2.Sg5+ Kg8 3.Dh5 Sf8 4.Dxf7+ Kh8 5.Te3 usw.

Und nun drei Beispiele aus der Turnierpraxis, wo diese Opferkombination allerdings seltener vorkommt, weil sie so bekannt ist, dass die Verteidiger auf der Hut sind.

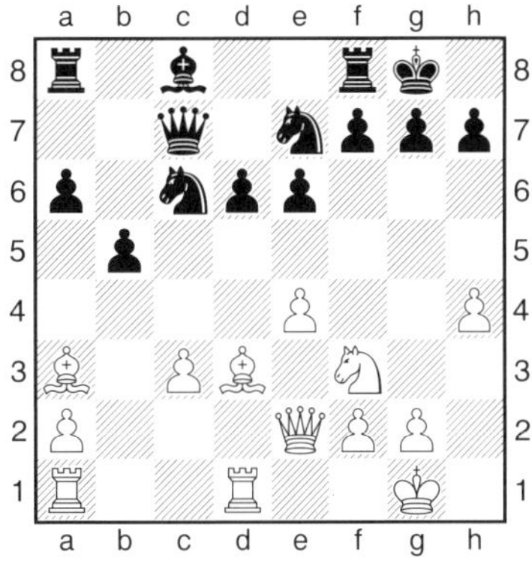

Weiß am Zug

Im Vergleich zu den reinen Lehrbeispielen unterscheidet sich diese Stellung (aus einer Partie Endt – Brenneisen) nur dadurch, dass der weiße Damenläufer momentan auf einer anderen als seiner angestammten Diagonale steht. Auch wird der Königsläufer noch vom Bauern e4 in seiner Sicht zum Opferpunkt h7 behindert. Dennoch gelingt es Weiß ziemlich einfach, das bekannte Stellungsmuster herbeizuführen.

1.e5! dxe5

1...Sxe5? 2.Lxd6; 1...d5 2.Lxh7+ läuft analog.

2.Lxh7+! Kxh7

2...Kh8 3.Le4 Lb7 4.Td7! Dxd7 5.Sxe5

3.Sg5+ Kg6 4.h5+! Kxg5

4...Kh6 5.Dd2

5.Lc1+ Kf6 6.Dg4 g6 7.h6!

Schwarz gab auf, da das Matt auf g6 nicht zu parieren ist.

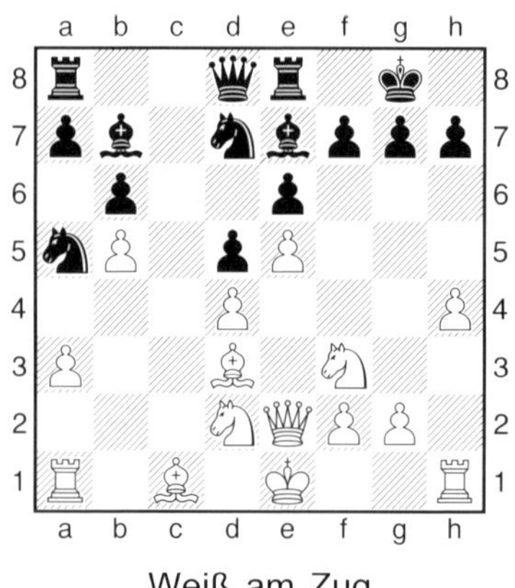

Weiß am Zug

Dies ist die Ausgangsstellung (aus einer Partie Giffard – Nikolajic, 1979) für eine schöne Kombination, die nicht nur den Mechanismus des klassischen Opfers beinhaltet, sondern auch einen unabhängigen Impuls im 5. Zug sowie ein eindrucksvolles Damenopfer zum krönenden Abschluss.

1.Lxh7+! Kxh7 2.Sg5+ Kg8 3.Dh5 Lxg5 4.hxg5 Kf8 5.a4!

Ein sehr wichtiger Augenblick, der von Anfang an eingeplant werden musste. Nun wird a3 für den Damenläufer frei, der somit entscheidend eingreifen kann. Dieses typische Verfahren sollte man sich unbedingt einprägen.

5...Dc7 6.La3+ Sc5 7.Dh8+ Ke7 8.Dxg7 Tg8 9.dxc5! Txg7

9...bxc5 10.Df6+ Ke8 11.Tc1

10.c6+!

Schwarz gab auf.

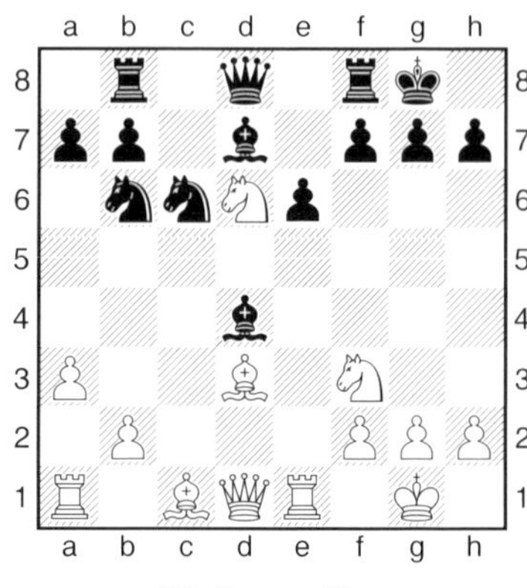

Weiß am Zug

In dieser Stellung (aus einer Partie Joksic – Corgnati, 1979) kann man eine längere Angriffskombination studieren, bei der das klassische Läuferopfer den Gegner in ausgeglichener Stellung nur mit möglichst komplizierten Problemen konfrontieren sollte.

1.Lxh7+ Kxh7 2.Sg5+ Kg6

2...Kh8 3.Sxd4 bzw. 2...Kg8 3.Dh5

3.Dd3+ f5 4.h4!

Die weiße Drohung ist deutlich erkennbar, denn nach folgendem 5.h5+ Kf6 6.Sh7+ Ke7 7.Sxf5 oder 5...Kxh5 6.Dh3+ Kg6 7.Dh7+ Kf6 8.Sgxf7 wäre schwarzer Materialverlust unvermeidbar.

4...Sc8 5.h5+

Verführerisch sieht 5.Dg3 aus, doch hat Weiß es auf eine Falle abgesehen.

5...Kf6?

Schon reingefallen! Nach 5...Kxh5!

6.Dh3+ Kg6 7.Dh7+ Kf6 8.Sf3 Sxd6! hätte Schwarz drei Figuren für die Dame sowie eine sichere Stellung erhalten.

6.Df5+!!

Nach diesem brutalen Zug gab Schwarz augenblicklich auf, da Matt nicht mehr abzuwenden ist: 6...exf5 7.Sh7# oder 6...Ke7 7.Txe6+ Lxe6 8.Dxe6#.

3. Aufgabe

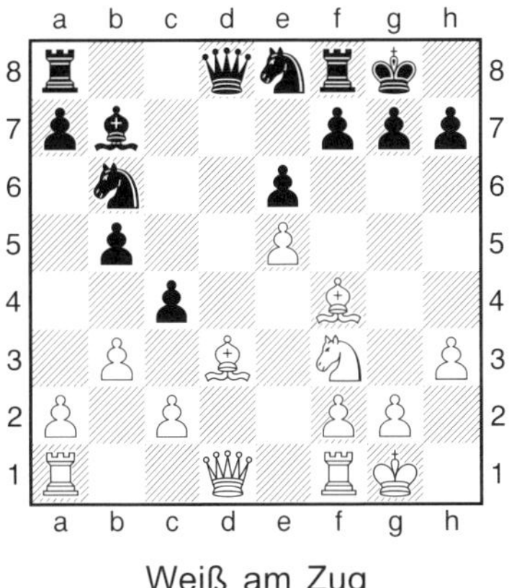

Weiß am Zug

Wird das klassische Läuferopfer auch hier von Erfolg gekrönt?

4. Kapitel

Angriff bei beiderseits kurzer Rochade

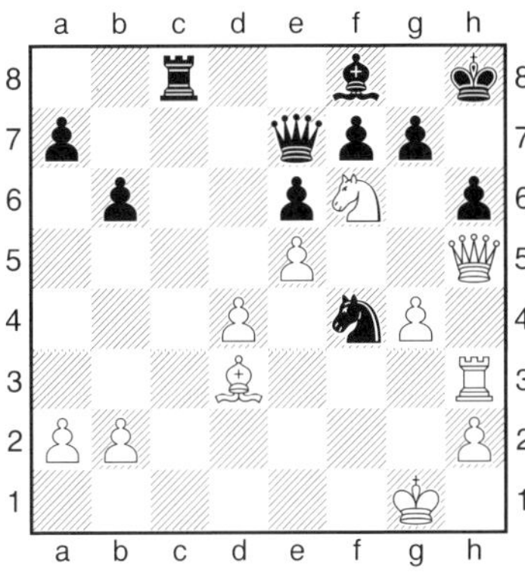

Weiß am Zug

Mit dieser Stellung (aus der Partie Winogradow – Fedin, 1973) setzen wir unsere Untersuchung des Königsangriffs bei beiderseits kurzer Rochade fort. Nach erfolgreich durchgeführter Vorbereitung kann Weiß nun die Früchte seiner Angriffsarbeit ernten.

1.Dxh6+! gxh6 2.Txh6+ Kg7 3.Th7+ Kf8 4.Th8+ Kg7 5.Tg8+ Kh6 6.g5#

Das Zusammenspiel aller Kräfte, ihre Ausrichtung auf den gegnerischen König sowie das energische Vorgehen mittels Damenopfer führten zu diesem effektvollen Mattfinale.

Ein ähnlich koordiniertes ‚Konzert' sämtlicher Kräfte sieht man häufig, wobei nur die ‚Solisten' jeweils andere sein können.

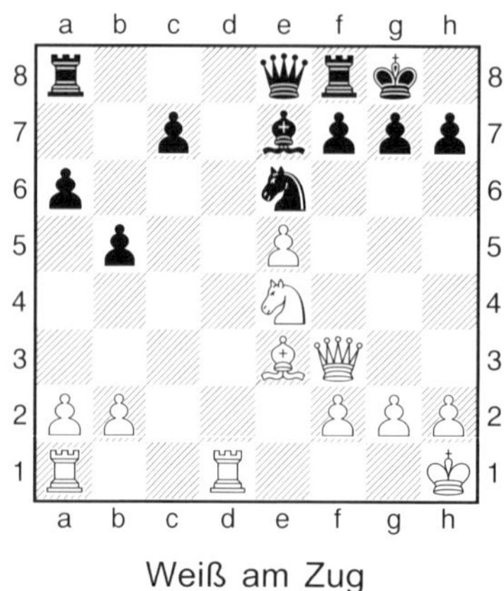

Weiß am Zug

So opferte Weiß in dieser Stellung (aus dem WM-Match Karpow – Kortschnoi, 1981) einen Springer.

1.Sf6+ Lxf6

Schwarz nahm das Opfer nicht an, da sich nach 1...gxf6 2.exf6 Ld6 3.Td5 ein unabwendbarer Angriff abzeichnet: 3...Kh8 4.Th5 Tg8 5.Txh7+ Kxh7 6.Dh5#.

Nach Vermeidung der unmittelbaren Mattgefahr ist die Partie jedoch schlicht strategisch verloren.

2.exf6 Dc8 3.fxg7 Td8

Auf g7 zu schlagen ist sehr gefährlich, da der Läufer die Herrschaft über die Diagonale a1-h8 erobern würde.

4.h4! c5 5.Tac1 Dc7 6.h5 De5 7.h6

Weiß steht total auf Gewinn, obwohl Schwarz erst zwanzig Züge später aufgab.

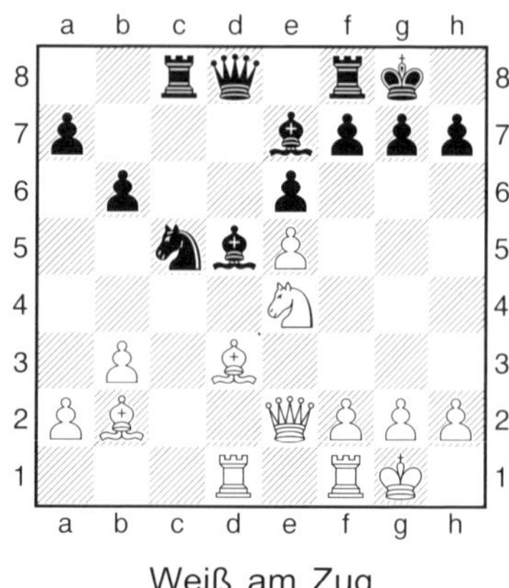

Weiß am Zug

In dieser Stellung (aus der Partie Michailtschischin – W. Schmidt, 1981) muss man die Kombination ähnlich wie im letzten Beispiel angehen. Nach **1.Sf6+!** ist Schwarz verloren. Den König wegzuziehen wäre sinnlos, und nach **1...gxf6 2.Dg4+ Kh8 3.exf6** darf nicht **3...Lxf6** geschehen wegen **4.Dh4!** mit Doppelangriff auf f6 und h7.

Die Alternative lautet **1...Lxf6 2.Lxh7+! Kxh7 3.Dh5+ Kg8 4.exf6,** und falls **4...gxf6**, so folgt **5.Dg4+ Kh7 6.Td4** usw.

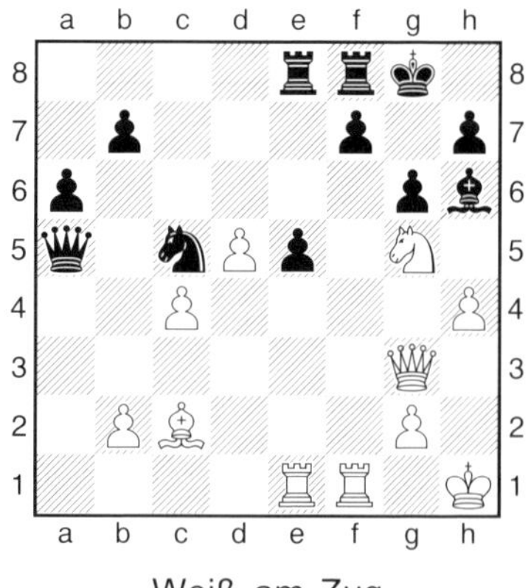

Weiß am Zug

Und hier noch ein Beispiel für die gegenseitige Unterstützung aller angreifenden Kräfte. In der abgebildeten Stellung (aus einer Partie S. Polgar – Spassow, 1981) ist der weiße Vorteil unübersehbar. Bei Schwarz nehmen Dame und Springer überhaupt nicht am Geschehen beim König teil und dessen Bauernschutz ist geschwächt, während alle weißen Figuren nur ein Ziel vor Augen haben. Die weiße Kombination mit reichlich Materialopfern ist typisch für solche Art von Missverhältnis.

1.Sxh7! Kxh7 2.Txf7! Txf7 3.Dxg6+ Kh8 4.Dxh6+ Kg8 5.Te3! Tg7 6.Lh7+! Kh8

6...Txh7 7.Tg3+ Kh8 8.Df6+

7.Lg6+ Kg8 8.Lxe8

Schwarz gab wenig später auf.

Das Schwierigste an solchen Kombinationen ist meistens die Vorbereitung. Der Figurenangriff wird nämlich nur dann erfolgreich sein, wenn die Entwicklung der Partie unter dem Gesichtspunkt des Königsangriffs geschieht.

Kupreitschik – Romanischin

Meisterschaft der UdSSR, 1976

Schottisch

1.e4 e5 2.Sf3 Sc6 3.d4

Die von Kupreitschik gewählte Eröffnung ist eigentlich schon etwas aus der Mode gekommen. Doch von Zeit zu Zeit sind solch altertümliche Eröffnungen selbst auf höchster Ebene anzutreffen. So wurde vor einigen Jahren sogar im WM-Match die Italienische Partie gespielt!

3...exd4 4.Sxd4 Lc5 5.Le3 Df6 6.c3 Sge7 7.Lb5 0-0 8.0-0 d6 9.Sxc6 bxc6 10.Lxc5 cxb5 11.Ld4 Dg6

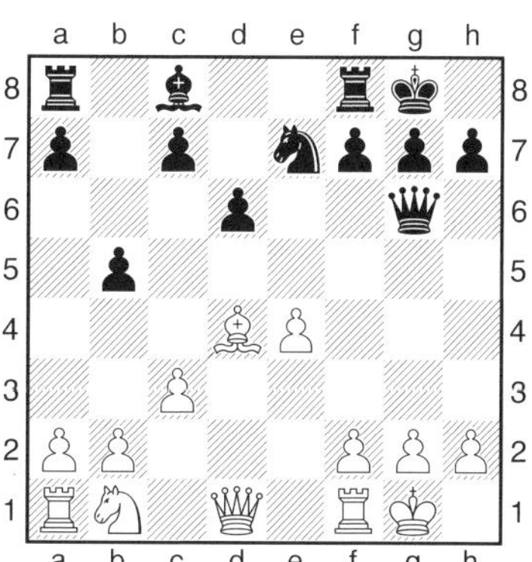

Bislang lief alles wie in der Partie Mieses – Tarrasch (1916). Schwarz konnte Ausgleich erreichen und plant nun einen kombinierten Angriff mit Bauern und Figuren.

12.Sd2 c5! 13.Le3 f5! 14.Df3 Ld7 15.Tfe1 Tae8

Die schwarzen Figuren stehen aktiver. Zur Veranschaulichung eine Phantasie-Variante: 16.Dg3 fxe4 17.Sxe4 Dxe4 18.Lg5 Dxe1+! 19.Txe1 Sf5! usw.

16.exf5 Sxf5 17.Dd5+ Le6 18.Dd3 c4! 19.Df1 Ld5

GM Romanischin hat es verstanden, seine Kräfte für einen Angriff zu formieren, dem Weiß praktisch schutzlos ausgesetzt ist.

20.Lxa7 Sh4 21.g3

21.Txe8 Lxg2 bzw. 21.f3 Txe1 22.Txe1 Lxf3 23.g3 Ld5

21...Df7 22.Txe8 Sf3+

Weiß gab auf.

Und hier noch ein Beispiel aus einer Partie Schülerin gegen Großmeister, gespielt in einer Simultanveranstaltung mit Uhrenhandicap an sieben Brettern. Tanja Saburowa, eine Spielerin der Kategorie I (beste Jugendkategorie; Anfänger beginnen in Kategorie IV), beendete als erste ihre Partie. Diese zeigt für Jugendliche typische Eigenheiten. In der Regel kennen sie einigermaßen die Theorie der gewählten Eröffnungsvariante, haben eine Vorstellung vom allgemeinen strategischen Plan im Mittelspiel und beherrschen die Standard-Angriffswendungen. Schlechter ist es hingegen in aller Regel um das Endspiel bestellt.

Balaschow – Saburowa

Moderne Benoni-Verteidigung

1.d4 Sf6 2.c4 c5 3.d5 e6 4.Sc3 exd5 5.cxd5 d6 6.Sf3 g6 7.Sd2

Gespielt wird eine scharfe Variante der modernen Benoni-Verteidigung. Die asymmetrische Stellung führt zu aktivem Spiel auf dem gesamten Brett und erfordert von beiden Seiten höchste Aufmerksamkeit. Mit dem Springermanöver 7.Sd2 wählt Weiß eine der populärsten Spielweisen. Zu deren Plan gehört die Festsetzung des Springers auf c4 in Verbindung mit den Bauernvorstöen e4 und f4. Schwarz hingegen versucht, Figurenspiel in der e-Linie (Posten e5) zu erreichen und kann je nach weißem Aufbau auf beiden Flügeln Bauern vormarschieren lassen.

7...Sbd7 8.e4

Da auf 8.Sc4 nun 8...Sb6 folgen könnte, wechselt Weiß in die solide Hauptvariante über.

8...Lg7 9.Le2 0-0 10.0-0 Te8 11.Dc2 a6 12.a4 Dc7 13.Ta3

Es ist eine theoretisch problematische Stellung entstanden. Die Idee des Turmzuges stammt von Petrosjan (aus seiner Partie gegen Ljubojevic, Mailand 1975), wobei der Turm von a3 aus sowohl für Angriffs- als auch für Verteidigungszwecke einsetzbar ist.

13...Se5 14.a5 Tb8

Eine kleine Ungenauigkeit, da nun der Springer von e5 vertrieben werden kann. Die Theorie sieht hier normalerweise 14...g5!? vor.

15.f4 Sed7 16.Sc4

Nachdem Schwarz zwei Tempi verloren hat, hätte Weiß gleich den Vorstoß e4-e5 vorbereiten sollen; z.B. mit 16.Sf3 b5 17.axb6 Txb6 18.Te1! usw.

16...b5 17.axb6 Sxb6 18.Kh1

Der Königszug soll denkbaren taktischen Überfällen vorbeugen. Möglich wäre auch 18.Sa5 oder 18.Te1 gewesen.

18...Sxc4 19.Lxc4 Tb4

Ein wichtiger Augenblick. Schwarz provoziert b2-b3, um den Ta3 vom Königsflügel abzuschneiden. Die Schwäche von a6 wird durch den Druck auf e4 abgefangen.

20.b3 De7 21.Ld2 Sg4 22.Sd1 Dh4 23.h3 Ld4

Der schwarze Angriff verläuft nach einem bekannten Standard-Schema.

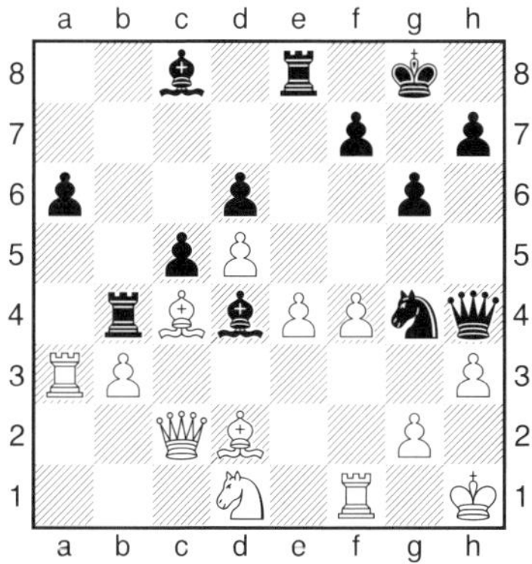

24.Dd3?

Zu nachlässig gespielt. Nach 24.Le1 Dh6 25.Lxb4 axb4 wäre der Angriff abgewehrt und Schwarz verbliebe mit guter Kompensation für die geopferte Qualität. So jedoch kann Tanja ihren im 21.Zug eingeleiteten Plan fortführen.

24...Txe4! 25.Dxe4?

Besser war die Schadensbegrenzung mit 25.Df3 Tb8 26.Lxa6 usw.

Der Turm ist natürlich tabu.

25...Dg3!

Weiß gab auf. Von zwei Übeln hätte Weiß mit 25.Lxb4 das geringere wählen sollen. Es zeigte sich ein weiteres Mal, dass Simultanpartien mit Uhrenhandicap auch für Großmeister kein leichtes Brot sind.

Und hier noch ein energischer Angriff von Kasparow, der in jedes Schachlehrbuch gehört. Als sechzehnjähriger Schüler nahm er 1978 am Qualifikationsturnier zur UdSSR-Meisterschaft teil und gewann klar vor 63 anderen und viel erfahreneren Spielern. In der Partie, aus der die Diagrammstellung stammt, war der damalige IM und heutige GM Palatnik sein Gegner.

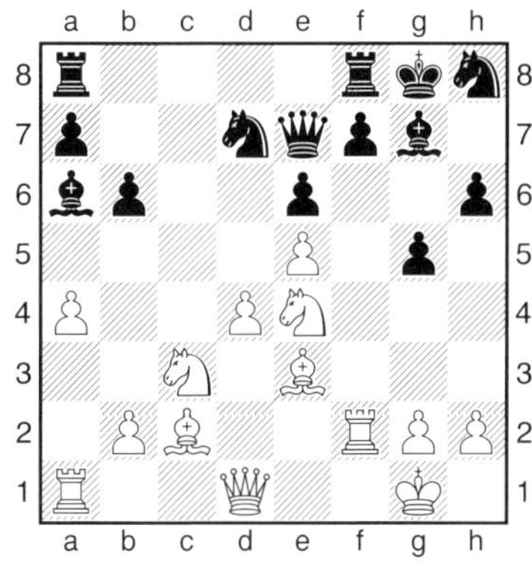

Weiß am Zug

Die schwarze Stellung bietet ein Bild des Grauens: Schwächen, wohin das Auge schaut – und ein sinnlos platzierter Figurenklumpatsch beim König mit dem Höhepunkt des auf h8 gelandeten ‚Schutz'-Springers. Kein Wunder also, dass Kasparow zu einem furiosen Angriff blasen kann, an dem sämtliche Figuren nach Kräften teilnehmen, während die schwarzen Verteidiger eigentlich zum bloßen Zuschauen verurteilt sind.

23.Lxg5!

Das ist natürlich stark genug, nur bleibt objektiv anzumerken, dass die weiße Überlegenheit ein Spiel auf Gewinn auch ganz ohne Opfer gestattete – nämlich 23.h4! mit der Hauptvariante 23...gxh4 24.Dh5 f5 25.exf6 Sxf6 26.Sxf6+ Txf6 27.Sd5! usw.

23...hxg5 24.Dh5

Mit der Hauptdrohung 25.Sf6+ nebst Matt auf h7.

24...f5

Zäher wäre wohl 24...f6 25.Sxg5 Tf7 gewesen.

25.Sxg5 Tf7

Nach 25...Lxe5 26.dxe5 Sxe5 27.Lb3 Lc4 28.Lxc4 Sxc4 29.Te1 kann Weiß den Angriff sogar bei Materialausgleich siegreich fortsetzen.

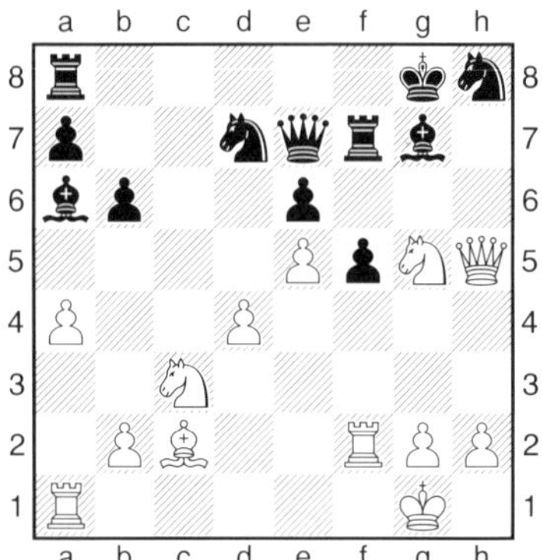

26.Lxf5! Txf5

Auf 26...exf5 folgt 27.Sd5! und nicht etwa 27.e6?? wegen 27...Sf6! 28.exf7+ Sxf7 29.Dxf7+ Dxf7 30.Sxf7 Kxf7 31.Txf5 mit weißem Minimalvorteil.

27.Txf5 exf5 28.Sd5 De8 29.Dh7+ Kf8 30.Dxf5+ Kg8 31.Dh7+ Kf8 32.Ta3! Tc8 33.Tf3+ Sf6 34.h3

Weiß steht dermaßen überlegen, dass er es sich erlauben kann, unter Aufrechterhaltung aller Drohungen zunächst den eigenen König zu sichern. Zu voreilig wäre nämlich 34.Sxf6 wegen 34...Tc1+ 35.Kf2 Tf1+ 36.Kg3 Txf3+ 37.gxf3 Lxf6 38.exf6 De1+ 39.Kh3 Lc8+ 40.Kg2 Dd2+ mit Remis durch Dauerschach.

34...Dg6 35.Txf6+! Lxf6 36.Se6+ Ke8 37.Sxf6+

Schwarz gab auf.

4. Aufgabe

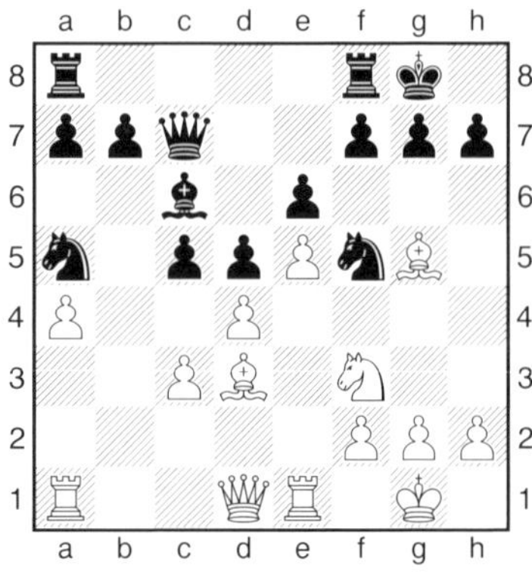

Weiß am Zug

Die weißen Figuren haben die schwarze Rochadestellung ins Visier genommen. Der Springer f5 ist die einzige Figur, die den König schützt. Wie muss Weiß vorgehen, um in Vorteil zu kommen?

5. Kapitel

Angriff bei beiderseits langer Rochade

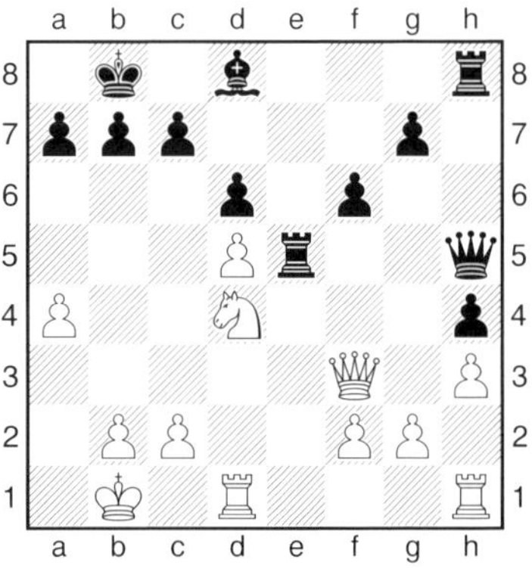

Weiß am Zug

Diese Stellung ergab sich in einem der Turniere des Moskauer Pionierpalastes zwischen dem elfjährigen Sascha Radionow und dem ein Jahr älteren Oleg Schabinski. Nach dem fehlerhaften letzten Zug (Dh7-h5?? statt De4) kann Weiß unmittelbar im Angriff durchdringen. Denn nach **1.Sc6+!** scheitert 1...bxc6? an 2.Db3+ Kc8 3.dxc6 nebst Matt in zwei Zügen, so dass Schwarz sich von einer Qualität trennen muss.

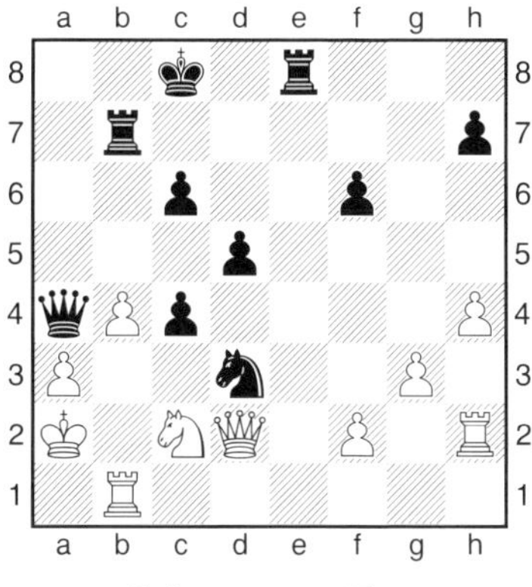

Schwarz am Zug

In dieser Stellung (aus einer Partie Kusmitschew Terentjew, 1980) führte Schwarz mit **1...Te1!!** mustergültig das taktische Kampfmittel der Ablenkung vor. Der Turm darf auf keine Weise geschlagen werden, da auf 2.Txe1 Db3+ nebst Matt folgen würde, während dieses Ergebnis nach 2.Sxe1 mittels 2...Dxa3+! erzielt würde. Und die harmlose Falle 2.Tb2, um nach 2...Sxb2?? 3.Dxe1 Dxc2 4.De8+ Dauerschach zu erzwingen, wird am einfachsten mit 2...Tbe7 unterlaufen.

Nun zwei Beispiele aus der Turnierpraxis. Der Däne Bent Larsen ist ein origineller Spieler, doch manchmal überschreitet er mit seinem Hang zur Originalität die Grenze des Erlaubten. So gelang es Ex-Weltmeister Boris Spasski schon mehrfach, Larsens Eröffnungs-Eskapaden zu bestrafen. Beim ‚Tournament of Stars' (Montreal 1979) wählte Larsen die Skandinavische Verteidigung und behandelte sie ziemlich riskant, so dass er bereits ab dem achten Zug zur Passivität verurteilt wurde.

1.e4 d5 2.exd5 Dxd5 3.Sc3 Da5 4.d4 Sf6 5.Sf3 Lf5 6.Ld2 Sbd7 7.Lc4 c6 8.De2! e6?

Es verbietet sich 8...Lxc2?? wegen 9.Sb5!, obwohl auch 9.Sg5 in Betracht kommt, mit der Absicht, 9...e6? mit 10.Sxf7 zu beantworten. Besser als der Textzug ist jedoch 8...Dc7 mit nur Minimalvorteil nach 9.0-0-0 usw.

9.d5! cxd5 10.Sxd5 Dc5 11.b4 Dc8 12.Sxf6+ gxf6

Denn 12...Sxf6? scheitert an 13.Lb5+ usw.

13.Sd4 Lg6

Nicht 13...Lg4? wegen 14.f3! Lh5 mit bereits durchdringendem Angriff nach 15.Lxe6! fxe6 16.Dxe6+ Kd8 17.Dd5 Lg6 18.0-0 usw.

14.h4 h5 15.f4 Le7 16.Th3! Dc7

Denn 16...0-0? 17.f5 exf5 18.Tg3! Kh7 19.Sxf5 führt zu weißem Gewinn.

17.0-0-0 Db6

17...0-0-0? 18.f5!

18.Le1 0-0-0

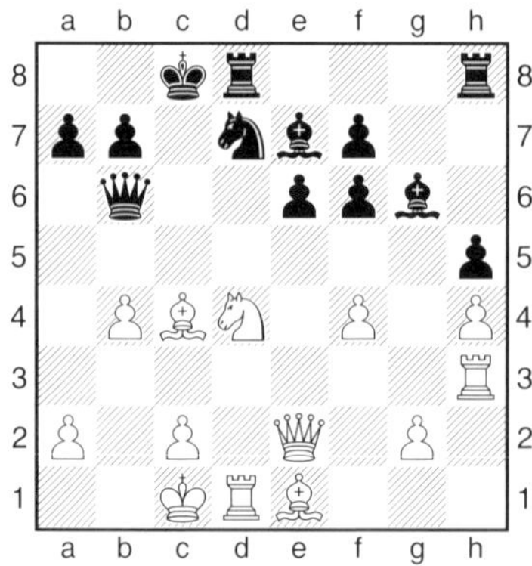

Zwar gelang es Schwarz zu rochieren, aber er ist noch längst nicht aus der Gefahrenzone, denn die weißen Figuren nehmen ideale Angriffsposten ein.

19.Sb5! Sb8 20.Txd8+ Kxd8

Der einzige Zug.

21.Lf2 Dc6 22.Lxa7 Sd7 23.a3

Weiß besitzt nun materielle und positionelle Vorteile.

23...De4 24.Le3 Lf5 25.Tg3 Dc6 26.Sd4 Da4 27.Sxf5 Dxa3+ 28.Kd1 Da1+ 29.Lc1 Lxb4

Auf 29...exf5 folgt 30.Ta3!

30.Lb5 Sb6 31.De4 Da5 32.Dxb7

Schwarz gab auf.

Womöglich ja, weil die lange Rochade langwierigerer Vorbereitung bedarf und mit manchem Eröffnungssystem überhaupt nicht zu vereinbaren ist, kommt sie seltener vor. Selbstverständlich muss man Angriffsmethoden gegen die lange Rochade dennoch ebenso gründlich einüben wie gegen die kurze.

In einer Partie Kasparow – Sokolow (Jugendmeisterschaft der UdSSR, 1975) entstand nach den einleitenden Zügen **1.e4 c5 2.Sf3 Sc6 3.d4 cxd4 4.Sxd4 Sf6 5.Sc3 d6 6.Lg5 e6 7.Dd2 a6 8.0-0-0 Ld7 9.f4 b5 10.a3 Le7 11.Lxf6 gxf6 12.f5 Db6 13.fxe6 fxe6 14.Le2 h5 15.Sxc6 Lxc6 16.Thf1 0-0-0** die folgende Stellung.

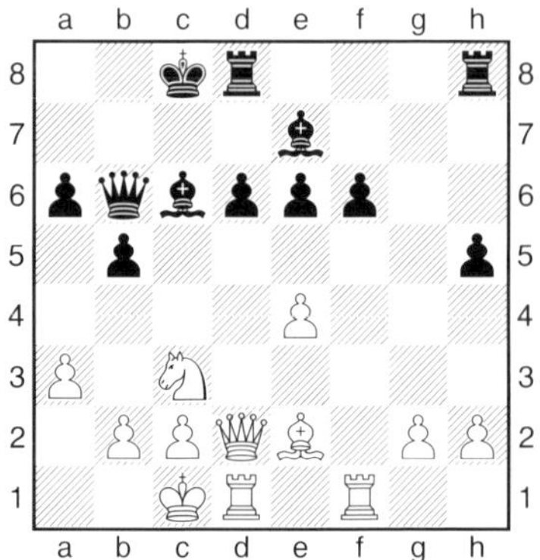

Obwohl Weiß rein optisch besser steht, gleicht das schwarze Läuferpaar die Chancen in etwa aus. Beide Seiten versuchen in der Folge, ihre Figuren günstiger umzugruppieren.

17.Lf3 Dc5 18.De2 De5 19.Df2 Kb7 20.Tfe1 Tc8

In diesem Stellungstyp spielt Weiß immer mit der Drohung Sd5. Der Textzug würde darauf den Erhalt des schwarzfeldrigen Läufers gestatten sowie eventuell auch dessen Überführung via d8 nach b6.

21.g3 h4 22.Td5!

Bei ruhigem Spiel kann Schwarz durch Druckerhöhung am Königsflügel unversehens die Initiative erlangen, so dass Weiß zwecks Spielverschärfung zu einer Abwandlung des Opfermotivs auf d5 greift.

22...Lxd5 23.exd5 Dg5+ 24.Kb1 e5

Denn andernfalls erhält Weiß die lange Diagonale sowie das Feld d5 für seine Leichtfiguren.

25.a4! hxg3 26.hxg3 b4

Schwerer fiel der weiße Kompensationsnachweis nach 26...Txc3 27.bxc3 Tc8 oder sogar 26...f5 27.axb5 a5.

27.a5!

Dieser Zug sichert das Eindringen der Dame und somit den Ausgleich.

27...Txc3??

Danach gibt es für die weiße Armee kein Halten mehr. Zwar verbot sich auch 27...Ld8?? wegen 28.Se4 nebst Sxd6, aber zur Eindämmung des Angriffs kam einzig 27...bxc3 in Betracht, wonach das Spiel weiterhin in der Schwebe geblieben wäre. Allerdings hatte Schwarz in dieser Variante wohl übersehen, dass nach 28.Db6+ Ka8 29.Dxa6+ Kb8 30.Db6+ Ka8 31.Te4

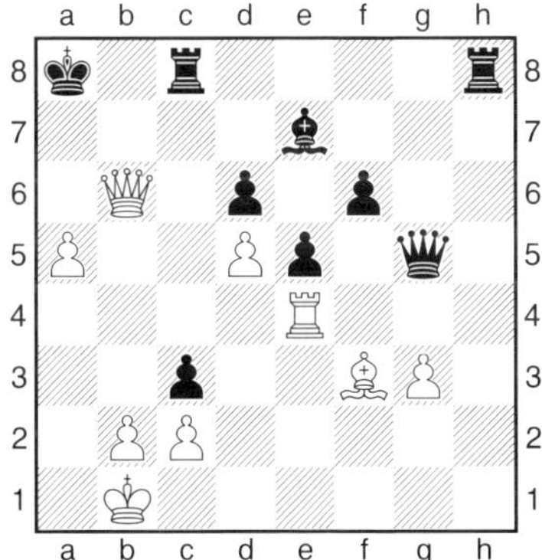

– der kleine Zug 31...cxb2 durch die Einbruchsdrohung Dc1+ das weiße Dauerschach erzwingt.

28.Db6+ Kc8 29.bxc3 Ld8 30.Dc6+ Lc7 31.Da8+ Lb8 32.Te4

Schwarz gab auf.

5. Aufgabe

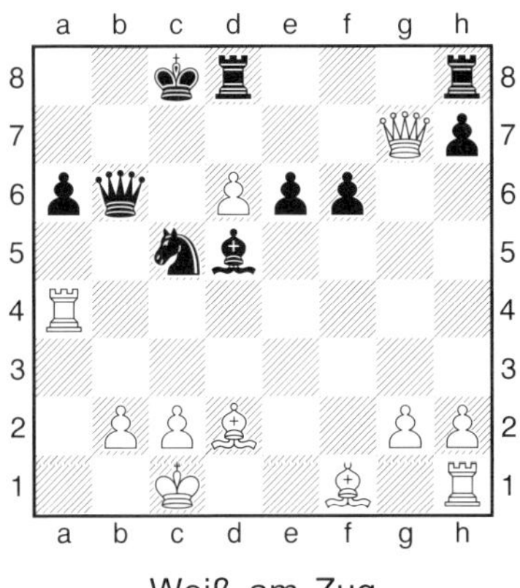

Weiß am Zug

Mit welcher Kombination kann Weiß hier am einfachsten gewinnen?

6. Kapitel

Angriff bei entgegengesetzter Rochade

Im Prinzip unterscheidet sich das Vorgehen beim Angriff auf die Königsstellung bei entgegengesetzter Rochade wenig von dem, was bisher gesagt und gezeigt wurde. Auch hier geht es um Bauernsturm und um das Eingreifen der Figuren – vor allem aber um das Zusammenwirken beider Methoden.

Allerdings gibt es auch Unterschiede. Da beide Seiten in aller Regel an unterschiedlichen Flügeln angreifen, kommt es speziell auf das Angriffstempo an, da man ja dem Gegner zuvorkommen muss. Häufig stehen beide Seiten vor einem unabwendbaren Matt und nur das Anzugstempo entscheidet über Sieg oder Niederlage.

Nun werfen wir einen Blick auf typische Figurenkonstellationen in solcher Art von beidseitiger Angriffsstellung. Der Ungar Sapi ist als guter Taktiker bekannt, doch in der folgenden Stellung wurde er selbst zum Opfer einer pointierten taktischen Wendung.

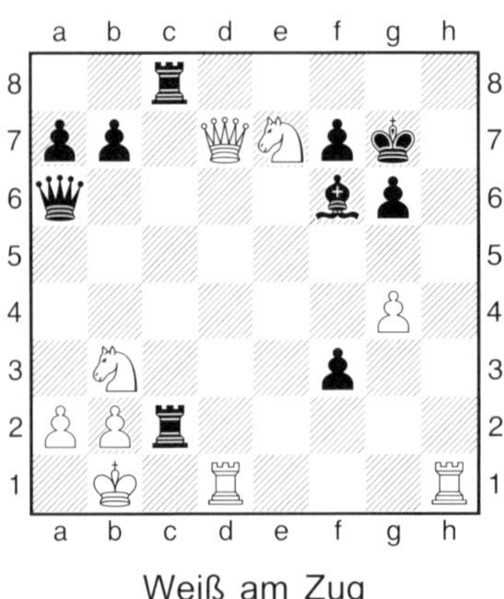

Weiß am Zug

1.Sf5+! gxf5

Dies ist erzwungen, denn die Alternativen führen zum Matt; nämlich 1...Kg8 2.Sh6+ bzw. etwas trickreicher 1...Kf8 2.Th8+! Lxh8 3.De7+ Kg8 4.Td8+ nebst matt.

2.Th7+!

Erst das ist die eigentliche Pointe der Kombination, denn erst nach Verschwinden des Bauern f7 führt der weiße Angriff zu einem zwangsläufigen Matt.

2...Kxh7 3.Dxf7+ Kh6

Noch schneller geht es nach 3...Lg7 4.Th1+ Dh6 5.Txh6+ Kxh6 6.Dh5#.

4.Dh5+ Kg7 5.Td7+ Le7 6.Txe7+ Kf6 7.Dh4+ Kg6 8.gxf5+ Kxf5 9.Sd4+ Kg6 10.Dh7+ Kg5 11.Df5+ Kh4 12.Th7+ Kg3 13.Dxf3#

Es ist schwierig, die Angriffsmethoden zu systematisieren, doch gibt es charakteristische Merkmale, die zum besseren Verständnis beitragen. Zunächst sollte man sich mit den anwendbaren Mitteln vertraut machen, wenn die Rochadestellung über eine zusammenhängende Bauernkette verfügt.

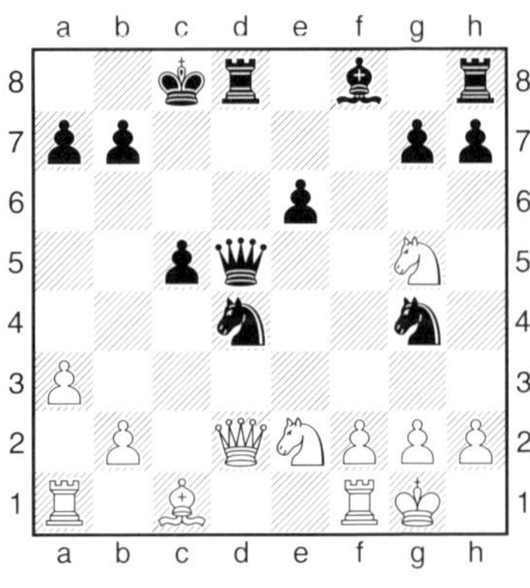

Schwarz am Zug

In dieser Stellung (aus einer Partie Moros – Rosenthal, 1978) steht Schwarz wegen der schrecklichen Unterentwicklung des gegnerischen Damenflügels eindeutig besser, aber es ist nicht einfach, den entscheiden Angriffsweg zu finden. Dies gelingt nur, wenn man auch Bereiche miteinbezieht, die nicht direkt beim weißen König liegen.

1...Dxg5!! 2.Dxd4

Denn 2.Dxg5 wird mit 2...Sxe2+ 3.Kh1 Sxf2+ nebst Grundlinienmatt abgefertigt.

2...Dh5 3.Df4 Ld6

Weiß gab auf.

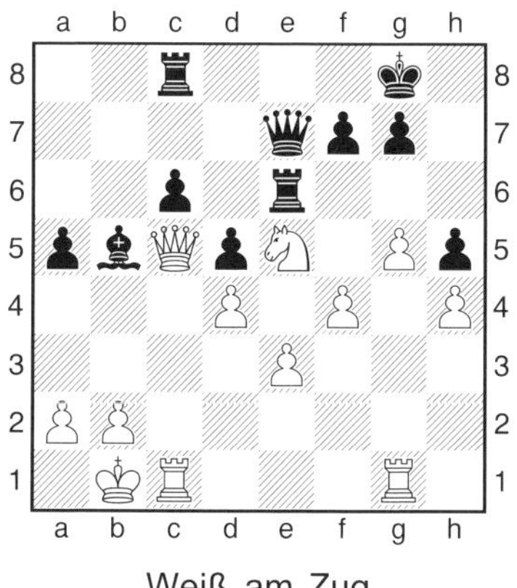

Weiß am Zug

Auch in dieser Stellung (aus einer Partie Holz – Müller, 1971) diente die Schwäche der Grundlinie als entscheidendes Motiv.

1.Dxb5! cxb5 2.Txc8+ Kh7 3.f5 Ta6 4.g6+ fxg6 5.fxg6+ Txg6

Und hier wählte Weiß (statt 6.Sxg6 De4+ nebst Dxg6) den noch überzeugenderen Abschluss **6.Th8+!** usw.

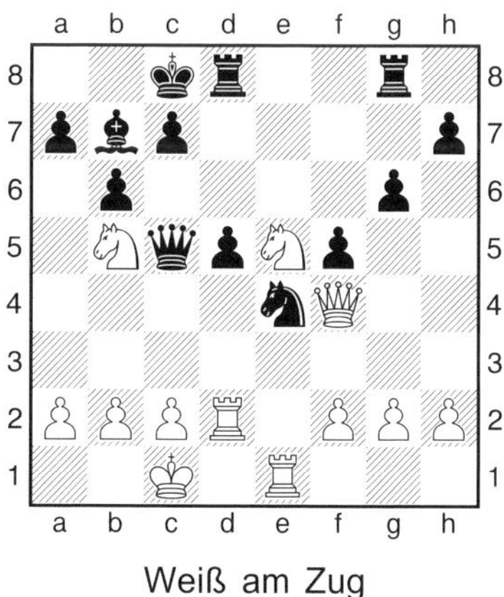

Weiß am Zug

Auch in diesem Beispiel zweier unbekannter Akteure werden die Kampfmittel von Überlastung und Lenkung spektakulär zur Anwendung gebracht.

1.Sc6!!

Nach diesem Blitz aus heiterem Himmel ist Schwarz ohne Verteidigung.

1...Tg7

1...Dxc6 2.Sxa7+; 1...Td7 2.Sbxa7#; 1...Sd6 2.Sbxa7+ Kd7 3.Te7#

2.Sbxa7+ Kd7 3.De5 Lxc6 4.Dxg7+ Kd6 5.f3

In Anbetracht der Folge 5...Sxd2 6.De7# gab Schwarz auf.

Und nun zu solchen Stellungen, in denen die Bauernstruktur beim König bereits beschädigt ist.

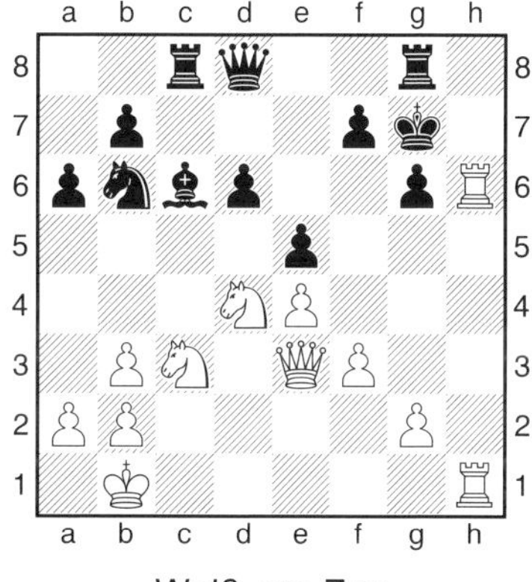

Weiß am Zug

In dieser Stellung (aus einer Partie Ossipow – Bytschkow, 1965) steht Weiß auf Gewinn und es gilt nun, der gegnerischen Stellung den entscheidenden Schlag zu versetzen.

1.Txg6+! Kf8

Nur mit dem ‚Damenopfer' 1...fxg6 (1...Kxg6 2.Dh6#) 2.Se6+ war Matt zu verhindern.

2.Txg8+ Kxg8 3.Dh6

Schwarz gab auf.

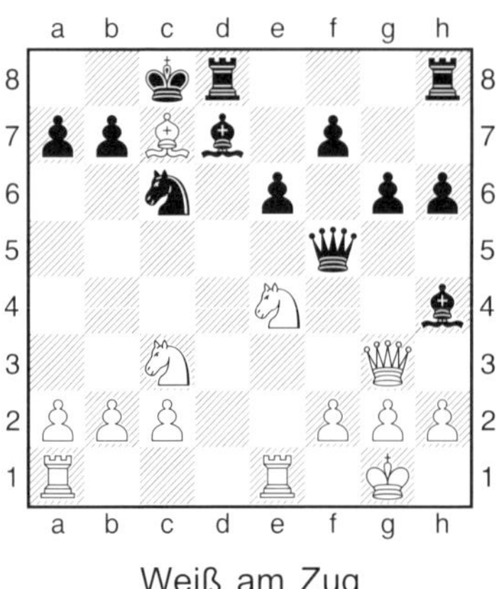

Weiß am Zug

In dieser Stellung (aus einer Partie Cohn – Kostic, 1911) dreht sich alles um das weiße Druckspiel in der Diagonale h2-b8.

1.Sd6+ Kxc7 2.Se8+! Kb6 3.Sa4+ Ka5

Leider fand Weiß nach diesem großartigen Auftakt nicht den korrekten Abschluss, und nach 4.b4+?? Sxb4 verlor er sogar. Zum Sieg geführt hätte **4.Dc3+!**, wonach 4...Kxa4? 5.Sd6 baldiges Matt nach sich gezogen hätte, 4...Sb4 5.Te5+ zunächst ‚nur' Damenverlust.

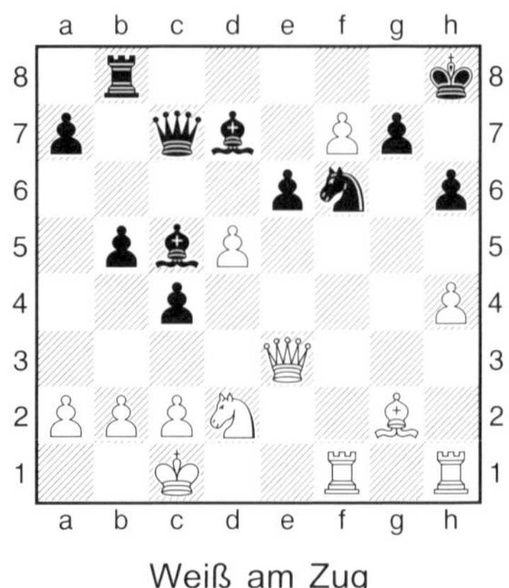

Weiß am Zug

Und zum Abschluss dieses Kapitels noch eine Stellung (aus einer Partie Popovic – Podgorny, 1979), bei der der entscheidende Schlag aus ziemlicher Entfernung erfolgt.

1.Txf6!! Lxe3 2.f8D+ Txf8 3.Txf8+ Kh7 4.Le4+ g6 5.Thf1! Ld4 6.T1f7+ Lg7 7.h5!

Schwarz gab auf.

6. Aufgabe

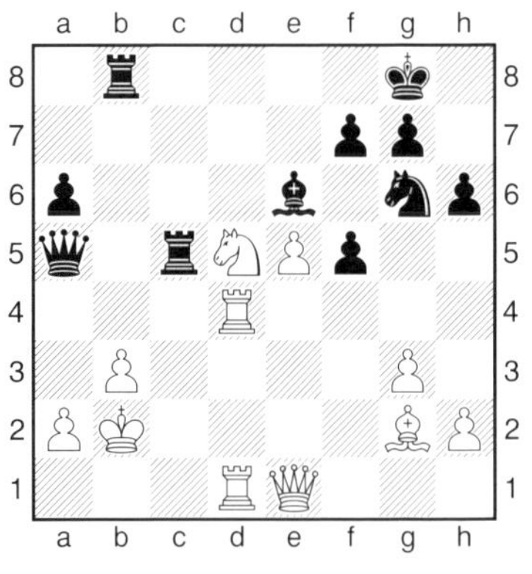

Schwarz am Zug

Hier zielt fast die gesamte schwarze Truppe auf den gegnerischen König, und es bedarf nur noch einer entscheidenden Opferwendung, um diesen ganz aus dem Häuschen zu bringen.

7. Kapitel

Bauernsturm oder Figurendruck bei entgegengesetzter Rochade?

Von den sieben Großmeistern, die früher selbst einmal im Moskauer Pionierspalast angefangen haben, weist zur Zeit Arthur Jussupow die größten Erfolge auf. Gewöhnlich führt er seine Partien im Stil des aktiven Manövrierens, doch in der folgenden (Jussupow – Gorelow, 1981) kam es nicht dazu. Die Partie ging ziemlich schnell zu Ende, weil Schwarz gleich zu Beginn freiwillig auf seinen Fianchetto-Läufer verzichtet hatte.

1.d5 Sf6 2.Sf3 g6 3.Lg5 Lg7 4.Sbd2 c5?!

Ist das originell, oder hat Schwarz sich verrechnet? Jedenfalls muss er in der Folge entweder auf den Fianchetto-Läufer verzichten oder auf den Bauern c5. **5.Lxf6! Lxf6 6.Se4 Lxd4 7.Sxd4 cxd4 8.Dxd4 0-0 9.Dd2 Sc6**

Die entstandene Stellung erinnert an die Sizilianische Drachenvariante, nur dass der ‚Drache' bereits den Kampfschauplatz verlassen hat. Danach ist der weiße Plan einfach: Nach der langen Rochade wird die schwarze Königsstellung durch einen kombinierten Bauern- und Figurenangriff gestürmt.

Dem hat Schwarz bei ‚normalem' Aufmarsch (wie eben im Sizilianer) wenig entgegenzusetzen, denn ohne den Fianchetto-Läufer ist nicht nur die Verteidigung der Rochade äußerst schwierig, sondern auch die Schaffung jeglichen Gegenspiels am anderen Flügel. Andrerseits fehlt noch der weiße Bauer auf e4, so dass Schwarz versuchen könnte, daraus Nutzen zu ziehen.

Also etwa 9...d5! 10.0-0-0 und nun 10...Db6!? 11.Dxd5 Lf5 oder 10...Sc6 11.Dxd5 Dc7 nebst Le6, Tac8 – in beiden Fällen mit ausgezeichneter Kompensation.

10.0-0-0

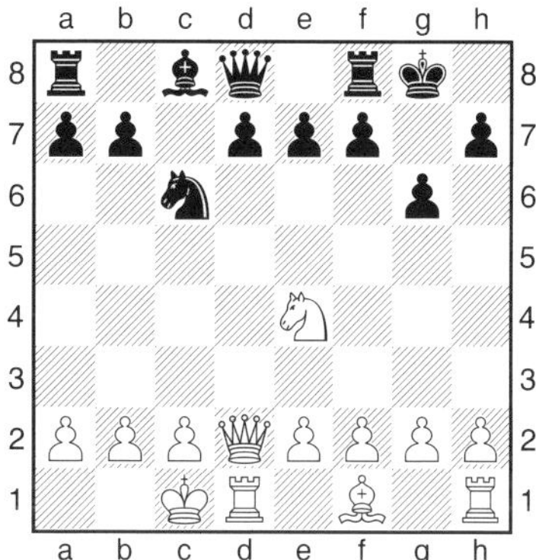

10...Da5

10...d5! 11.Dxd5 Dc7 siehe oben; 11.Dh6 f6 mit unklarem Spiel.

11.Sc3 d6 12.h4 Le6 13.Kb1 Tac8 14.e4 f6?!

Für den Fall der Öffnung der h-Linie will Schwarz das Feld f7 zur Defensive nutzen können. Damit geht jedoch eine erste Beeinträchtigung der Stellungsharmonie einher. Besser war die Aktivierungsmaßnahme 14...Tc7!, um mit Tfc8 nebst Se5 bzw. Sb4 fortzufahren – und um auf 15.h5 eventuell sogar mit der Vermeidung von Linienöffnung mittels 15...g5!? fortzufahren.

15.f4 b5?

Diese Gewaltmaßnahme verschlimmert die Lage zusehends. Dabei war Schwarz mit seinem Latein noch längst nicht am Ende, denn nach z.B. 15...Sb8! würde das Gegenspiel Txc3 thematisiert und am Königsflügel könnte der Vorstoß h4-h5 immer mit g6-g5 pariert werden.

16.h5 g5 17.fxg5 Se5?

Schwarz ist offenbar in Panik geraten, sonst hätte er wenigstens noch 17...b4 probiert, obwohl am weißen Vorteil nach 18.Sd5 natürlich nicht zu rütteln gewesen wäre.

18.gxf6 exf6 19.Sd5 Dxd2 20.Txd2 Lxd5 21.Txd5

Und Weiß gewann wenig später.

Die folgende Partie wurde 1978 beim 10. Turnier des landesweit organisierten Jugendclubs ‚Weißer Turm' gespielt. Zwei Dreizehnjährige trafen aufeinander, nämlich Leonid Schifman aus Leningrad und Sergej Sergienko aus Moskau.

1.e4 c6 2.d4 d5 3.Sc3 dxe4 4.Sxe4 Lf5 5.Sg3 Lg6 6.Sf3 Sd7 7.h4 h6 8.h5 Lh7 9.Ld3 Lxd3 10.Dxd3 Sgf6 11.Ld2 Dc7 12.De2 e6 13.c4 Ld6 14.Sf5

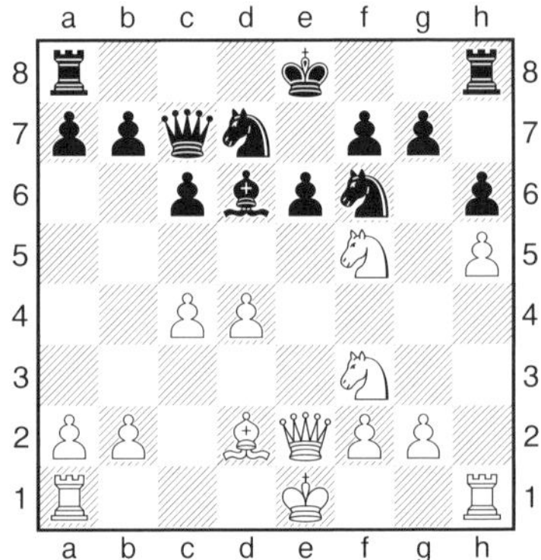

Die Eröffnungsbehandlung entspricht dem neusten Stand der Theorie. Die normale Fortsetzung wäre hier 14...Lf4 15.Lxf4 Dxf4 16.Se3 Dc7 17.0-0-0 b5 18.cxb5 cxb5+ 19.Kb1 0-0. Jedoch fand der junge Schwarzspieler hier eine interessante Neuerung.

14...0-0!

Dies erscheint auf den ersten Blick strategisch riskant zu sein, da Weiß ja nach baldiger langer Rochade am Königsflügel mit einem Bauernsturm gegen die Angriffsmarke h6 vorgehen darf. Doch hatte Schwarz richtig erkannt, dass er nicht ganz ohne Gegenchancen ist.

15.Sxd6 Dxd6 16.0-0-0 b5! 17.Se5 bxc4 18.Sxd7 Dxd7 19.Dxc4 Tfd8 20.Le3 Dd5 21.Da4?

Offensichtlich haben einige nicht wirklich überzeugende Züge von Weiß dem Gegner Minimalvorteil nebst Initiative überlassen. Nun jedoch führen nur *zwei* weitere Züge bereits zu einer Verluststellung.

Hier musste unbedingt 21.Dxd5 folgen (21.b3!?), um dann unter Bauernopfer mit aktiver Verteidigung fortzufahren, denn mit Damen auf dem Brett schwebt ständig auch der weiße König in Gefahr darf.

Nach 21...Txd5 22.Td3! könnte folgen 22...Sxh5 (22...Txh5 23.Txh5 Sxh5 24.Ta3 nebst Tc6; 22...c5 23.Kc2 Tad8 24.Thd1; 22...Tc8 23.Ta3 Tc7 24.Ta6 Sxh5 25.Kb1 nebst Tc1) 23.Tc3 Tc8 24.Kb1 Sf6 25.Thc1 Td6 26.Ta3 Td7 27.Ta6 und Schwarz bleibt weiterhin auf Minimalvorteil eingeschränkt.

21...Tab8 22.Lf4?

Zur Schadensbegrenzung musste unbedingt 22.Kb1 oder 22.b3 geschehen.

22...Tb5

Die erste konkrete Drohung des Schwarzen führt auch gleich die Entscheidung herbei.

23.The1 Ta5 24.Dc2?

Erleichert die schwarze Aufgabe noch einmal wesentlich; besser war 24.Db3.

24...Txa2 25.Kb1 Ta6 26.b3 Da5 27.Dc4 Sd5 28.Ld2 Da2+ 29.Kc1 Tb8 30.Dc2 Txb3 31.Dxa2 Txa2

Weiß gab auf.

Der Bauernangriff bildet die grundlegende und charakteristische Angriffsmethode bei entgegengesetzter Rochade. Manchmal erweist sich allerdings reiner Figurendruck als die bessere Möglichkeit. In der folgenden Partie des Juniorenweltmeisters von 1975, Valery Tschechow, kann man eben diese Vorgehensweise mitverfolgen.

Tschechow – Inkjow
Warschau 1981
Damengambit

1.d4 d5 2.c4 e6 3.Sf3 Sf6 4.Sc3 Lb4 5.cxd5 exd5 6.Lg5 h6 7.Lh4 c5 8.e3 Sc6 9.Le2

Weiß bietet ein Bauernopfer an, um den gegnerischen Königsflügel zu schwächen. Schwarz lässt sich dennoch darauf ein.

9...g5 10.Lg3 Se4 11.Tc1 Da5 12. 0-0 Lxc3 13.bxc3 Sxc3 14.De1 Sxe2+ 15.Dxe2 c4

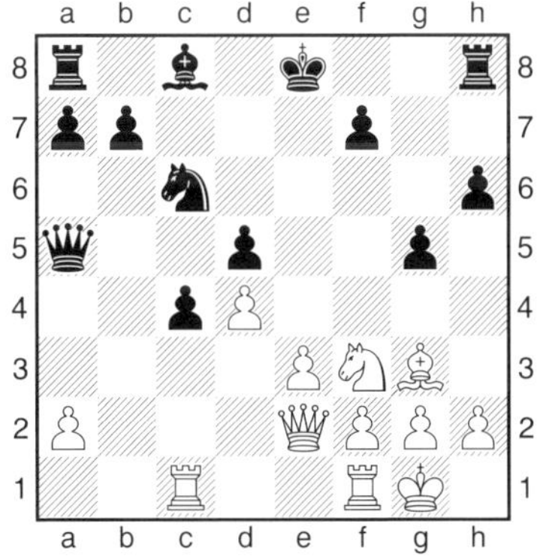

Schwarz versucht, den Damenflügel abzusperren, um dem König dort Schutz zu bieten, denn der Königsflügel kommt dafür ja nicht mehr in Frage. Allerdings ist Weiß besser entwickelt und kann als erster aktiv werden.

16.Se5! Sxe5 17.Lxe5 Tg8 18.f4! gxf4 19.exf4! Lg4 20.De3 0-0-0 21.f5!

Weiß bedroht den h-Bauern und ist gegebenenfalls bereit für die Umgruppierung Lg3 nebst De5. Es zeigt sich, dass er den gegnerischen König auch ohne Bauernangriff bedrohen kann, denn praktisch muss Schwarz die Defensive ja jetzt ohne den am Königsflügel abgeschnittenen Läufer führen.

21...Db6?

Es musste unbedingt 21...Da6 geschehen, um den jetzt möglichen weißen Damenschwenk zu verhindern. Und als Alternative käme höchstens noch 21...Tde8!? in Betracht.

22.Tb1?

Bei diesem quasi Austausch von Ungenauigkeiten versäumt Weiß den erwähnten Schwenk 22.Da3!, wonach ihm die Drohung Tb1 sofort beträchtlichen Vorteil eingebracht hätte.

22...Dc6??

Nach Vergabe der zweiten Chance ist Schwarz bereits rettungslos verloren. Hingegen hätte 22...Da6 wie bereits weiter oben das Gleichgewicht gesichert.

23.Da3! a6 24.Da5 c3 25.Tb6 Dc4 26.Tb4 Dc6 27.Tb6 Dc4 28.Tb4 Dc6

Diese Zugwiederholung soll herannahende Zeitnot mildern.

29.Tb3 Le2 30.Txc3 Lc4 31.Tb1 b5 32.a4! Kd7 33.axb5 axb5 34.Da7+ Ke8 35.Te3 Kf8 36.Da3+

Schwarz gab auf.

Nicht immer führt ein solcher Angriff jedoch zum Erfolg. In der nächsten Partie, gespielt bei der sowjetischen Meisterschaft der Mittelschulen, kann Mischa Krassenkow am ersten Brett des Moskauer Pionierspalastes den gegnerischen Angriff abwehren und per Konterattacke zum Sieg gelangen.

Sorokin – Krassenkow
Samarkand, 1979
Ponziani-Eröffnung

1.e4 e5 2.Sf3 Sc6 3.c3 d6 4.d4 Ld7 5.Lc4 De7

Der bevorstehende Kampf zeichnet sich in Umrissen schon ab: Schwarz bietet die Möglichkeit zu entgegengesetzter Rochade an, wonach dann beide Seiten mit einem Bauernsturm rechnen müssen.

6.0-0 h6 7.b3

Ein schwacher Zug, der nur als Falle gedacht ist. Falls nämlich jetzt 7...Sf6, so folgt 8.dxe5 und nach 8...dxe5 9.La3 nebst Lxf8 hätte Weiß Vorteil.

7...0-0-0 8.d5 Sb8 9.Le3 a6 10.b4 g6 11.a4 f5 12.exf5 gxf5 13.b5 a5

Schwarz muss natürlich jegliche Linienöffnung beim König tunlichst vermeiden.

14.b6 c6 15.Sa3 f4 16.Lc1 Sf6 17.dxc6 Sxc6 18.Sb5 Lg4 19.Sa7+ Kb8

Falls Schwarz auf a7 genommen hätte, wäre sein Turm außer Spiel geraten; nämlich 19...Sxa7 20.bxa7 Kc7 21.Tb1 Ta8 (21...e4? 22.Db3!) 22.Db3 Txa7 23.La3, und die weiße Initiative wird bedrohlich.

20.Ld5 De8 21.Dd3 Sxd5 22.Dxd5 Se7 23.De4 Dg6 24.Dxg6 Sxg6

In der nun erreichten ersten Phase des Mittelspiels konnte Weiß keinen effektiven Angriff aufbauen und hat sich statt dessen nur die Schwächen auf b6 und c3 eingehandelt. Diese Tatsache sowie das Übergewicht im Zentrum macht das schwarze Spiel aussichtsreicher.

25.Sd2 d5 26.Sb3 Td6 27.Sxa5 Txb6 28.Sb5 Le2 29.Te1 Ld3 30.Ld2 Tg8 31.Kh1 Lc5!

Der schwarze Vorteil ist jetzt unübersehbar.

32.f3 Lf2 33.Ted1 Le2 34.Le1 Lxd1 35.Lxf2 Ta6 36.Txd1 Txa5 37.Txd5 Txa4 38.h4 Ta1+ 39.Kh2 Ta2 40.Kg1 h5 41.Td7

Ein letzter Fehler. Es war nötig, den Turm nach d1 zurückzuziehen, Danach scheidet 41...Sxh4 42.Lxh4 Tgxg2+ 43.Kf1 Th2 wegen 44.Td8# aus.

41...e4! 42.fxe4 Ta1+ 43.Kh2 Se5

Weiß gab auf, weil ihn nach 44...Sg4+ und 45...Th1 das Matt erwartet.

7. Aufgabe

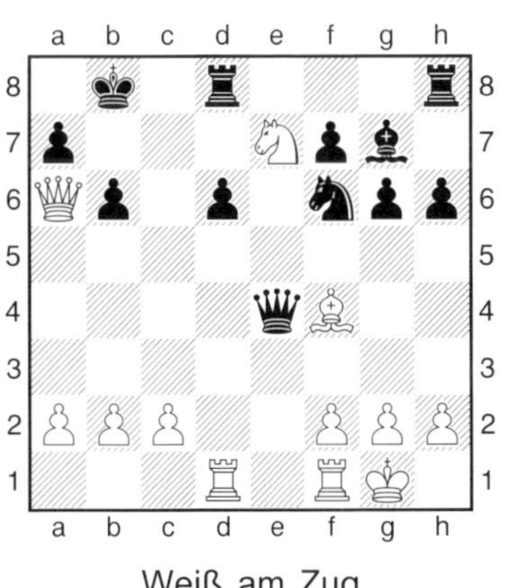

Weiß am Zug

Wie soll Weiß seinen deutlichen Vorteil zum Sieg führen? Mit einem Bauernsturm am Damenflügel oder durch reinen Figurendruck?

8. Kapitel

Prinzipien des Bauernendspiels

Bauernendspiele sind nur auf den ersten Blick einfach, bergen jedoch häufig zahlreiche komplizierte Feinheiten.

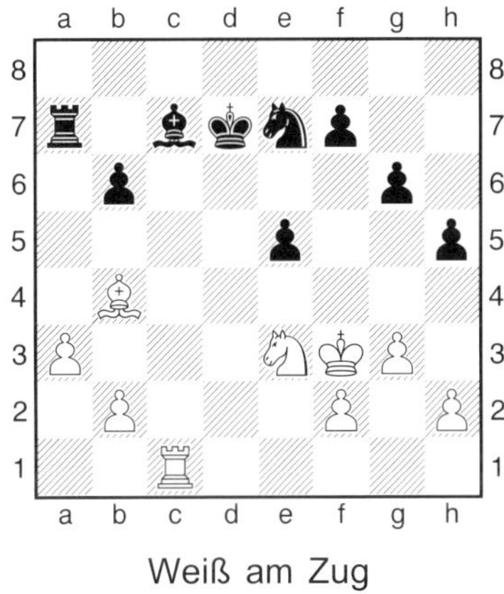

Weiß am Zug

In dieser Stellung (aus einer Partie Smyslow – Awerkin, 1979) steht Weiß wegen der größeren Figurenaktivität sowie der Bauernmajorität am Damenflügel besser. Er beschloss, die Gelegenheit zu nutzen und forciert ein Bauernendspiel herbeizuführen, welches er dann durch Freibauernbildung recht einfach zu gewinnen gedachte.

1.Lxe7 Kxe7 2.Sd5+ Kd6 3.Sxc7 Txc7 4.Txc7 Kxc7 5.Ke4

Besser wäre 5.h4.

5...Kd6 6.a4

Nach 6.b4? könnte Schwarz mit 6...b5 beide weißen Bauern blockieren.

6...f5+ 7.Kd3 Kc5 8.Kc3 g5!

Ein aktiver Verteidigungsplan: Schwarz kann gegebenenfalls weiter am Königsflügel vorstoßen.

9.b4+ Kd5 10.Kd3 g4 11.Kc3 Kd6! 12.Kc4 Kc6 13.a5 b5+!

Die Fortsetzung des aktiven Plans: Der schwarze König befindet sich im Quadrat des Bauern a5 und unterstützt gleichzeitig seinen Bauern e5...

14.Kd3 Kd6 15.Ke2 Kc6 16.Kf1 Kd6 17.Kg2 Kc6 18.f3 Kd6 19.fxg4 hxg4 20.h4 gxh3 21.Kxh3 Kd5 22.g4 fxg4 23.Kxg4 Kc6 24.Kf3 Kd5 25.Ke3 Kc6 26.Ke4 Kd6

Man einigte sich aus Remis. Durch kluge Vereidigung konnte Schwarz eine gefährliche Situation meistern.

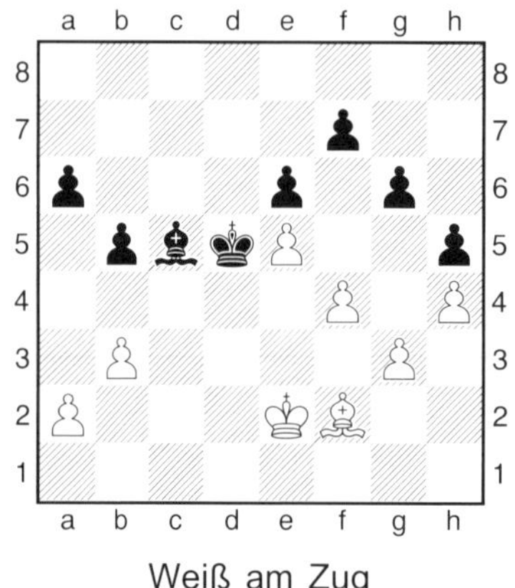

Weiß am Zug

In diesem Beispiel (aus einer Partie Sweschnikow – Kasparow, 1979) sieht das Bauernendspiel nach Remis aus. Bei fehlerhaftem weißem Spiel jedoch verschafft Schwarz sich an späterer Stelle ein Reserve-Tempo, das die Partie zu seinen Gunsten entscheidet.

1.Lxc5??

Nach 1.Le3 mit der möglichen Folge 1...Lxe3 2.Kxe3 Kc5 3.a3 bleibt die Stellung ausgeglichen.

1...Kxc5 2.Kd3 Kb4 3.Kc2 Ka3 4.Kb1 a5 5.Ka1 a4 6.bxa4 Kxa4!

Denn nun endet der Tempokampf nach

7.Kb1 Ka3 8.Ka1 b4 9.Kb1 b3

mit dem Resultat, dass der schwarze König ungehindert über die dritte Reihe zum anderen Flügel gelangt und dort reichlich Beute macht – nämlich sämtliche weißen Bauern. Weiß gab auf.

Offenbar können Bauernendspiele also sehr reich an Nuancen sein. Hier nun ein Überblick über die Grundprinzipien, veranschaulicht jeweils an einem Beispiel.

Opposition

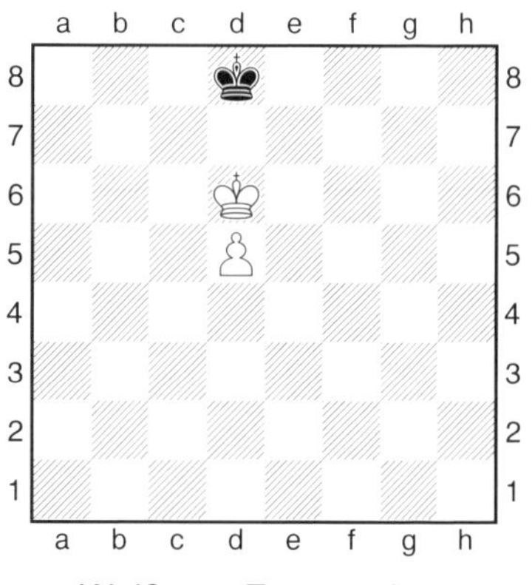

Weiß am Zug gewinnt

1.Ke6 Ke8 2.d6 Kd8 3.d7

Quadrat

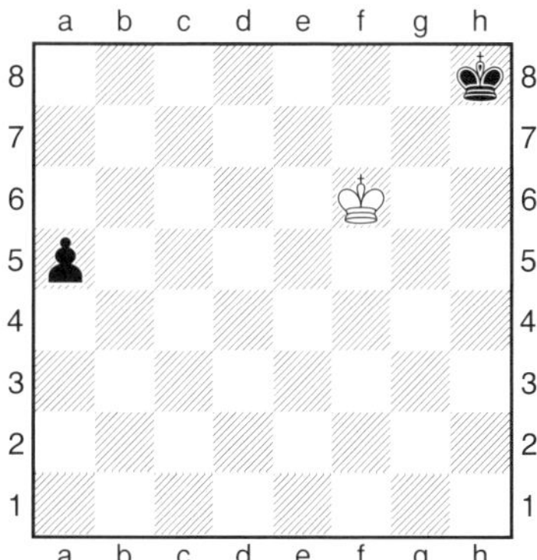

Weiß am Zug betritt mit **1.Ke5** rechtzeitig das Quadrat des schwarzen Freibauern, welches innerhalb der Eckfelder a5-e5-e1-a1 liegt.

Mit Schwarz am Zug würde sich dieses Quadrat nach **1...a4** auf a4-e4-e1-a1 verkleinern, so dass der weiße König zu spät käme.

Entfernter Freibauer

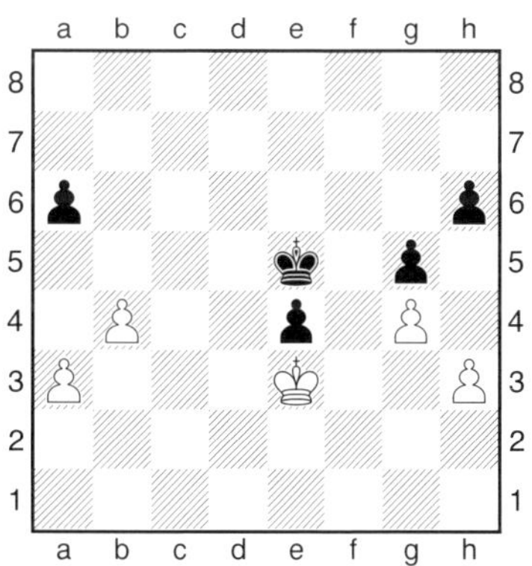

Weiß am Zug gewinnt durch Bildung eines Freibauern am Damenflügel, der von der Restmasse der Bauern entfernt ist.

1.a4 Kd5 2.b5

Und nun entweder

2...axb5 3.axb5 Kc5 4.Kxe4 Kxb5 5.Kf5

oder

2...a5 3.b6 Kc6 4.Kxe4 Kxb6 5.Kd5!

Nun entsteht der entfernte Freibauer durch Eroberung von a5, wonach es wiederum am anderen Flügel zu Ende geht.

Gedeckter Freibauer

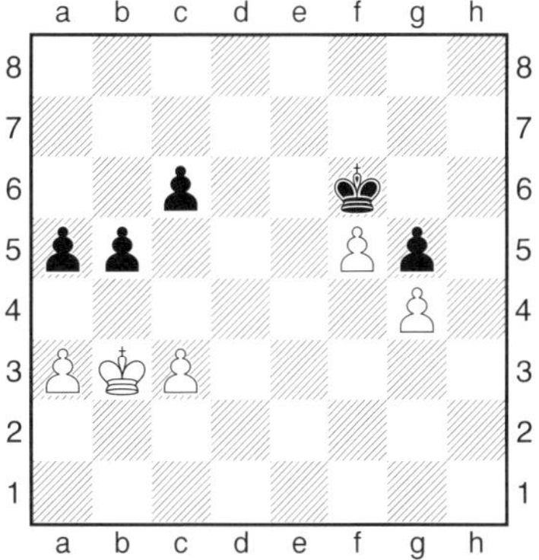

Weiß am Zug gewinnt durch Auflösung der Bauernmasse am Damenflügel, während sein gedeckter Freibauer nicht zu gefährden ist.

1.a4 Ke5 2.axb5 cxb5 3.c4 bxc4 4.Kxc4

Stände der schwarze c-Bauer in der Ausgangsstellung hingegen auf c5, so endet die Partie remis, weil Schwarz sich nach 1.a4 b4 ebenfalls einen gedeckten Freibauern verschaffen könnte.

Durchbruch

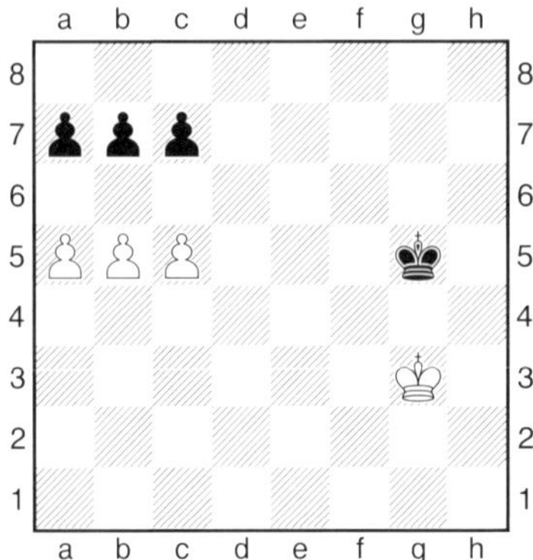

Weiß am Zug gewinnt, indem er mit dem Rammbock **1.b6!** eine Bresche in die gegnerische Bauernsperre schlägt. Ganz gleich, ob nun **1...axb6 2.c6** oder symmetrisch **1...cxb6 2.a6** – der letzte weiße Bauer gelangt jeweils zur Grundreihe.

Pattrettung

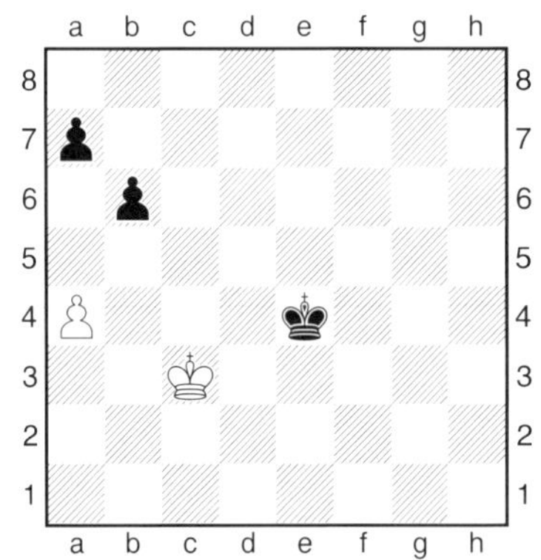

Weiß am Zug rettet sich mit **1.a5!**

Und nicht etwa 1.Kc4?? a6 2.Kc3 Kd5 3.Kd3 a5 mit Opposition und Gewinn.

1...b5 2.a6 Kd5 3.Kb4 Kc6 4.Ka5 Nun setzt **4...Kc5** Patt, während alles andere auf ‚normale' Weise zum Remis führen würde.

Zugzwang

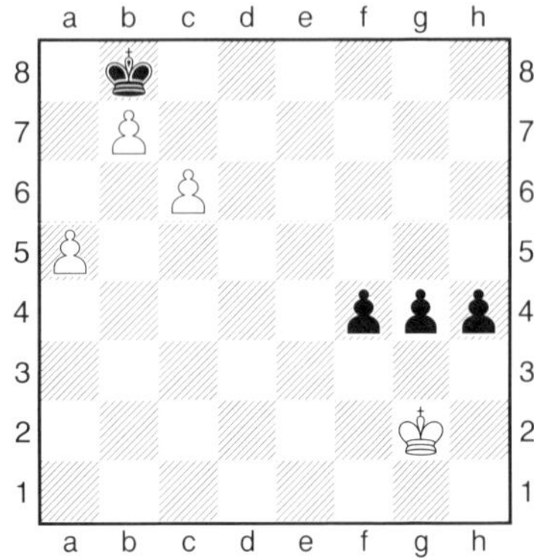

Weiß am Zug gewinnt, indem er den Gegner dergestalt in Zugzwang bringt, dass dessen König nicht mehr ziehen darf und alle schwarzen Bauern verloren gehen.

1.Kg1! Ka7

1...f3 2.Kf2, 1...g3 2.Kg2 und 1...h3 2.Kh2 läuft analog.

2.b8D+! Kxb8 3.a6!

Damit ist das erste Teilziel erreicht: Der schwarze König darf nicht mehr ziehen. so dass die Bauern in den Freitod laufen müssen.

3...f3 4.Kf2 h3 Kg3; **3...h3 4.Kh2 f3 5.Kg3**; **3...g3 4.Kg2** usw.

Randbauer

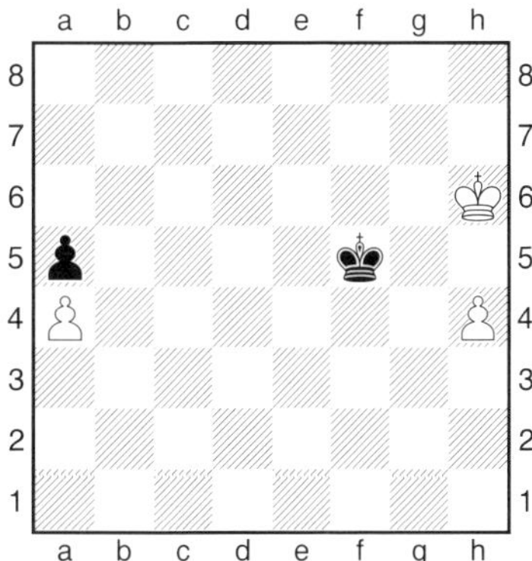

Hier endet das Spiel unabhängig vom Anzug remis.

1) 1.h5 (1.Kg7 Kg4) **1...Kf6 2.Kh7 Kf7 3.h6 Kf8 4.Kg6 Kg8 5.Kf6 Kh7 6.Ke5 Kxh6 7.Kd5 Kg7**

Und der schwarze König gelangt rechtzeitig zum anderen Flügel, um den dort entstehenden gegnerischen Freibauern zu blockieren, bzw. um den weißen König davor einzusperren.

2) 1...Kf6 2.h5 Kf7 3.Kg5 Kg7 4.Kf5 Kh6 5.Ke5 Kxh6 6.Kd5 Kg7 usw. wie oben.

Barriere

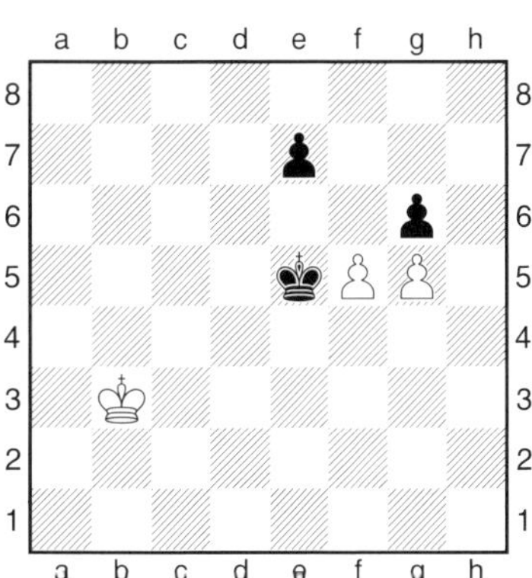

Weiß am Zug gewinnt, denn nach **1.fxg6 Ke6 2. Kc4** zwingen gegnerische (und eigene!) Bauern den König dazu, das Quadrat des Bauern g6 zu verlassen.

Dreieck

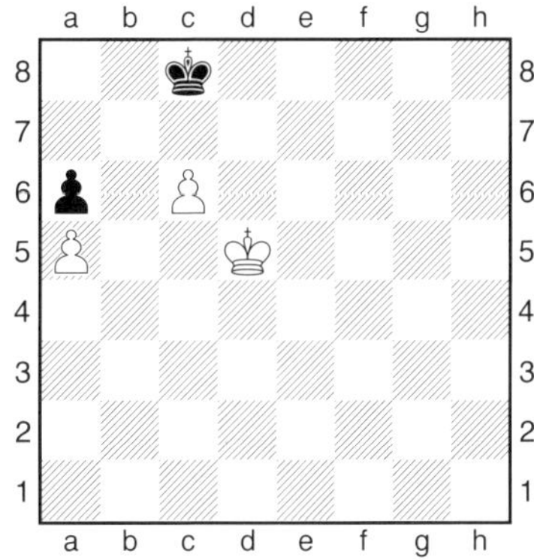

Weiß am Zug gewinnt.

Wäre Schwarz am Zug, würde Weiß unter Einsatz von Opposition und Zugzwang leicht gewinnen – 1...Kd8/Kb8 2.Kd6; 1...Kc7 2.Kc5 usw.

Die weiße Aufgabe besteht also darin, die Ausgangsstellung mit verändertem Anzug zu erreichen, und dies ist zu bewerkstelligen, indem man mit dem König ein Dreieck läuft, um absichtlich ein Tempo zu verlieren.

1.Kd4 Kd8 2.Kc4! Kc8 3.Kd5 mit Gewinn.

Umgehung

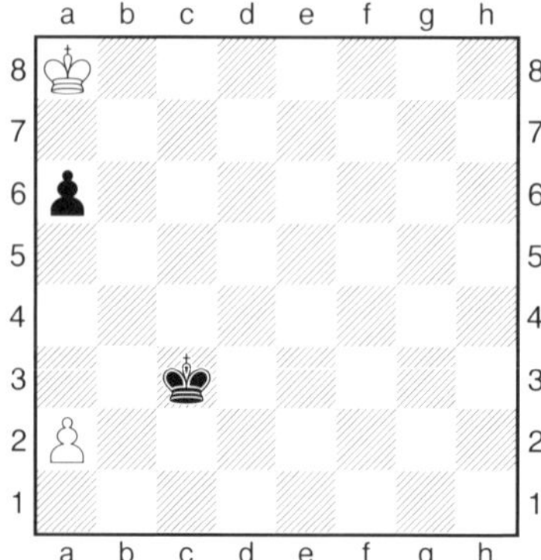

Diese Stellung kann Weiß nur remisieren, wenn er mit dem König ‚außen' um den gegnerischen herumläuft, um am Ende die Verwandlung des entstehenden schwarzen Freibauern zu verhindern.

1.Kb7 a5 2.Kc6 a4 3.Kd5 a3 4.Ke4 Kb2 5.Kd3 Kxa2 6.Kc2

Zwischenzug
oder auch
Reserve-Tempo

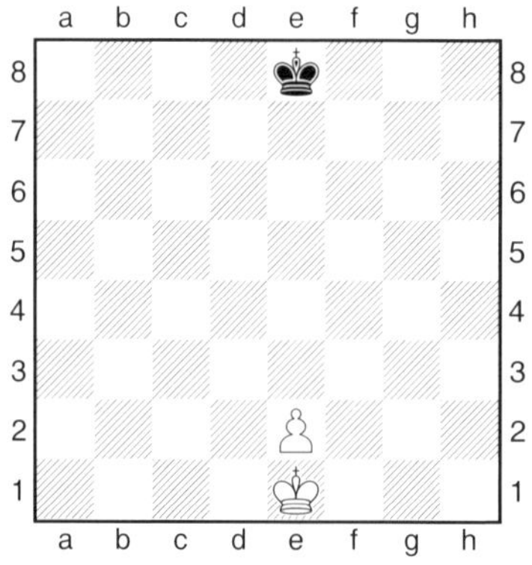

Weiß am Zug gewinnt

1.Kd2 Kd8 2.Ke3 Ke7 3.Ke4 Ke6

Schwarz hat die Opposition eingenommen, jedoch verfügt Weiß über den Zwischenzug (das Reserve-Tempo) **4.e3!**, um seinerseits die Opposition zu erreichen und zu gewinnen.

Wäre der Bauer in der Ausgangsstellung bereits auf e3, so bliebe das Spiel remis. Eine der zahlreichen Nuancen, von denen eingangs die Rede war.

8.Aufgabe

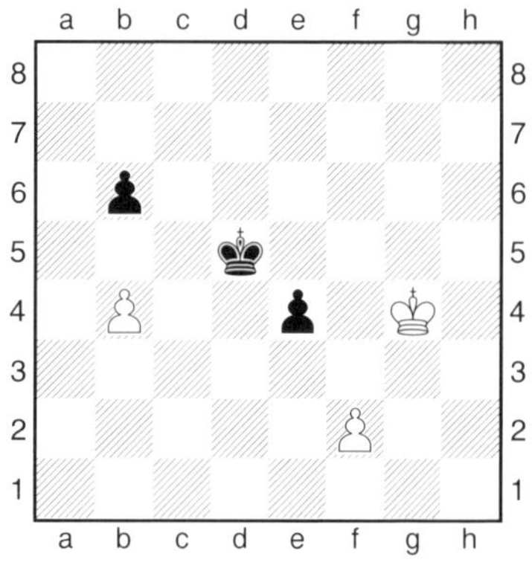

Schwarz am Zug gewinnt

9. Kapitel

Bauernendspiele II

Dass die im vorigen Kapitel vorgestellten Grundprinzipien des Bauernendspiels keine bloße Theorie sind, wird in den folgenden Beispielen aus der Praxis demonstriert.

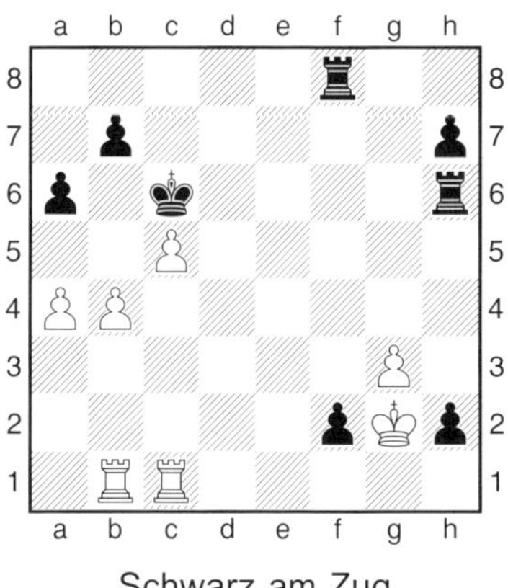

Schwarz am Zug

In dieser Stellung (aus einer Partie Barkowski – Tscherepkow, 1982) gelang Schwarz der Nachweis, dass sämtliche weißen Bauern am Damenflügel dem schwarzen König zum Opfer fallen, sobald sie die Deckung durch die Türme verlieren.

1...f1D+! 2.Txf1 Txf1 3.Txf1 h1D+! 4.Txh1 Txh1 5.Kxh1

Hier gab Weiß auf, ohne den Gewinnzug 5...a5! abzuwarten.

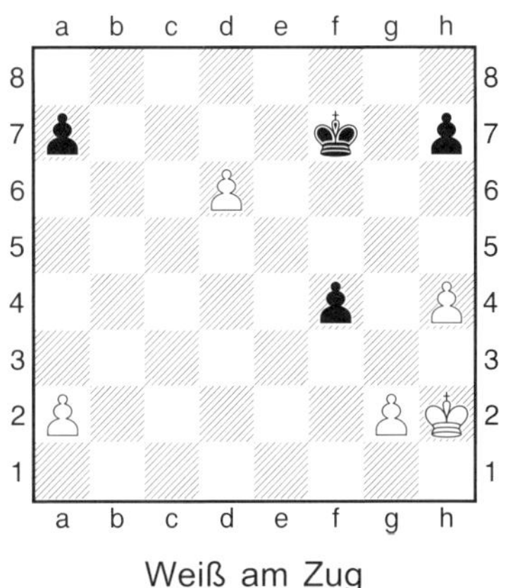

Weiß am Zug

Diese Stellung (aus einer Partie Beljawski – Foisor, 1980) ist für Weiß gewonnen, wenn er einen letzten Stolperstein umgeht.

1.h5!

Falsch wäre nämlich sogleich 1.Kh3?? wegen 1...h5! Nun wäre der Randbauer blockiert und das Spiel bliebe remis; z.B. 2.g4 fxg3 3.Kxg3 Ke6 4.d7 Kxd7 5.Kf4 Ke6 6.Kg5 Ke5 7.Kxh5 Kf5 usw.

1...Ke6 2.Kh3 Kxd6 3.Kg4 Ke5 4.Kg5 Ke4 5.Kf6 g6

5...Ke3 6.Kf5 h6 7.Ke5! und nicht etwa 7.Kg6?? wegen 7...Kf2 8.Kf5 Kg3! mit Remis.

6.a4 a5 7.Kg6

Schwarz gab auf.

Manchmal finden denkbare Bauernendspiele als Bausteine strategischer Pläne schon in der Eröffnung Berücksichtigung.

Dolmatow – Iwanow

Taschkent, 1980

Sizilianisch

1.e4 c5 2.Sf3 a6

Mit der O'Kelly-Variante will Schwarz ausgetretene Theoriepfade vermeiden. Dagegen wählt Weiß einen einfachen strategischen Plan: die Bildung einer Bauernmajorität am Damenflügel nebst stufenweisem Abbau des Figurenbestandes.

3.c3 d5 4.exd5 Dxd5 5.d4 Sf6 6.Le2 e6 7.0-0 Sc6 8.c4 Dd8 9.Le3 cxd4 10.Sxd4 Sxd4 11.Lxd4 Ld7 12.Lf3 Dc7 13.De2! Ld6 14.g3 0-0 15.c5!

Dieser Zug sichert den weißen Vorteil am Damenflügel.

15...Le7 16.Sc3 Lc6 17.b4

Die Bauernstruktur deutet bereits weißen Endspielvorteil an. Den folgenden Abtausch von allerlei Figuren kann Schwarz schlecht ausweichen.

17...Lxf3 18.Dxf3 Tfd8 19.Tfd1 Sd5 20.Sxd5 Txd5 21.Le3 Tad8 22.Txd5 Txd5 23.Td1 Txd1+ 24.Dxd1 g6 25.Dd4 Dc6 26.h4 f6 27.Dd3 Kf7 28.Db3 Dd5

Will Schwarz die Entstehung eines weißen Freibauern verhindern, muss er so spielen.

29.Dxd5 exd5 30.Ld4 Ke6 31.a4! Ld8 32.Kg2 h5 33.Kf3 Lc7 34.b5 axb5 35.axb5 Ld8

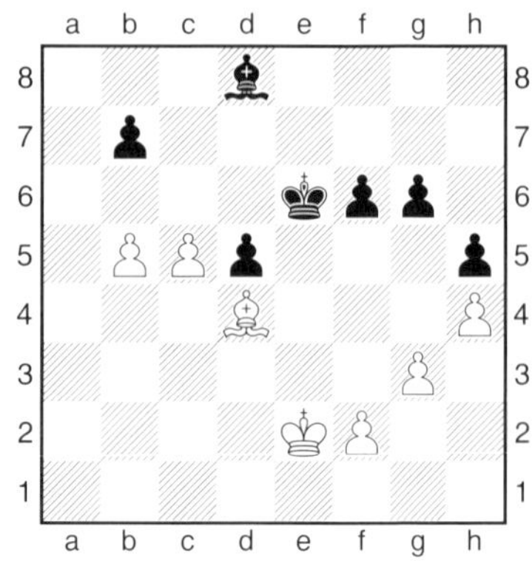

Der Vorteil von Weiß ist nun ganz klar. Mit dem nächsten Zug verschafft er sich einen gedeckten Freibauern.

36.c6! b6

Nach 36...bxc6? 37.b6 Kd7 38.b7 Lc7 39.La7 bzw. 38...Kc7 39.Lb6+! kostet der Bauer so oder so den Läufer.

37.g4 Lc7 38.Le3 hxg4+ 39.Kxg4 Ke7 40.Lf4 Le5 41.Lxe5 fxe5 42.Kf3

Schwarz gab auf.

Und zum Abschluss dieses Kapitels ein Beispiel aus einem Jugendturnier.

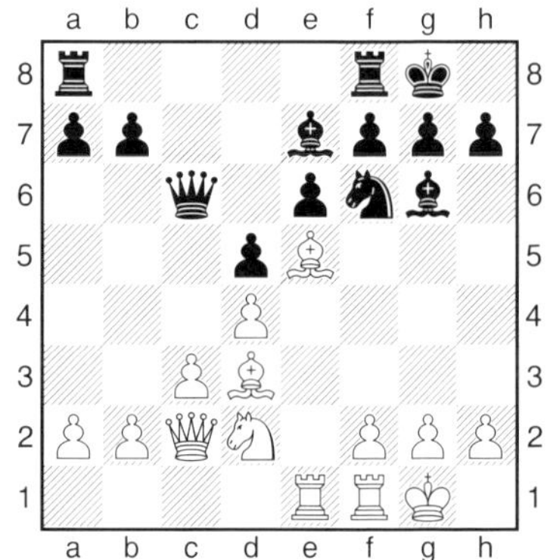

In dieser Stellung (aus einer Partie Awetissjan – Oll, Jugendmeisterschaft der UdSSR, 1983) ist noch längst kein Bauernendspiel zu erkennen. Jedoch ist es äußerst lehrreich zu verfolgen, wie Schwarz zunächst alle Drohungen abwendet, um anschließend in ein technisch gewonnenes Endspiel überzuleiten. Wobei zu ergänzen bleibt, dass Weiß ihm an mehr als einer Stelle hilfreich entgegenkommt.

1.f4 Sg4 2.f5 exf5 3.Lxf5?!

Eine erste Ungenauigkeit, statt derer 3.Sf3 das Gleichgewicht gesichert hätte. Denn der Versuch, den Mehrbauern mit 3...Dd7 zu halten, könnte nach 4.Lf4 mit der Absicht Se5 unversehens zu Nachteil führen.

3...Sxe5 4.Txe5

Nicht besser ist 4.dxe5 Lxf5, da sich 5.Dxf5? wegen 5...Db6+ nebst Dxb2 verbietet, während 5.Txf5 d4 den Minimalvorteil festhält.

4...Lf6!

Wegen der Röntgenwirkung des Lg6 wird so ein Bauer erobert.

5.Te2 Lxd4+ 6.cxd4 Dxc2 7.Lxc2 Lxc2 8.Te7 b6 9.Tc1?!

Statt dieser neuerlichen Ungenauigkeit musste 9.Tf3 oder 9.Tfe1 geschehen.

9...Tfc8 10.Te5?!

Und hier sollte mit 10.Sf3 oder 10.Sf1 rechtzeitig für die Verbesserung der Springerstellung gesorgt werden.

10...Ld3?

Auch Schwarz lässt sich eine Ungenauigkeit zu Schulden kommen, denn 10...g6! 11.Txd5 Lf5 12.Txc8+ Txc8 nebst Tc2 hätte bereits eine annähernde Gewinnstellung ergeben.

11.Txc8+ Txc8 12.Txd5 f6 13.Kf2?

Nach 13.Td7 hätte Schwarz wieder bei Minimalvorteil ansetzen müssen.

13...Te8! 14.Kf3?

Ein offenkundiges Schocksymptom, denn nach 14.Sf3 Te2+ 15.Kg1 Txb2 16.Td8+ Kf7 17.Td7+ Ke6 18.Txb7 g5 hätte Schwarz sich noch gehörig anstrengen müssen.

14...Te2 15.Sb3 Le4+!

Natürlich sollte auch 15...Txb2 gewinnen, aber im Bauernendspiel gibt es keine bösen Überraschungen mehr.

16.Kxe2 Lxd5 17.g3 Lxb3 18.axb3 Kf7

Der Plan ist einfach und von weiter oben her bekannt: Schaffung eines entfernten Freibauern am Königsflügel und Gewinn am Damenflügel. Weiß versucht, mit einem Freibauern am Damenflügel dagegenzuhalten, aber das ist viel zu langsam und verliert halt am Königsflügel.

19.Kd3 Ke6 20.g4 f5 21.d5+ Kxd5 22.gxf5 Ke5 23.Kc4 Kxf5 24.Kxd5 g5 25.b4 g4 26.b5 h5 27.Kc6 h4 28.Kb7 g3

Weiß gab auf.

9. Aufgabe

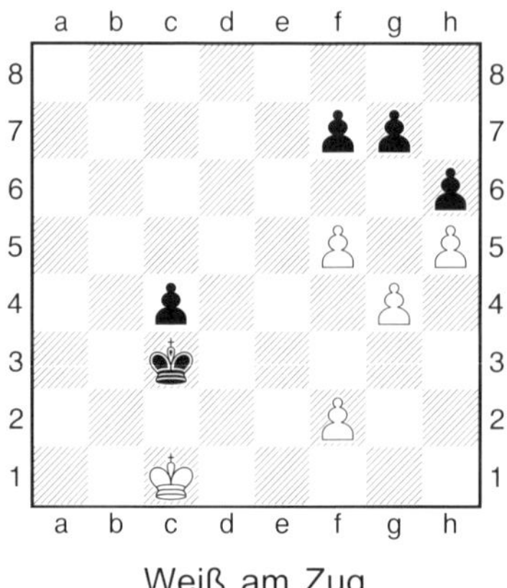

Weiß am Zug

Nach welchem Einleitungszug gelingt Weiß der Durchbruch?

1) **1.g4-g5**

2) **1.f5-f6**

3) **1.f2-f4**

10. Kapitel

Mattsetzen mit Springer und Läufer

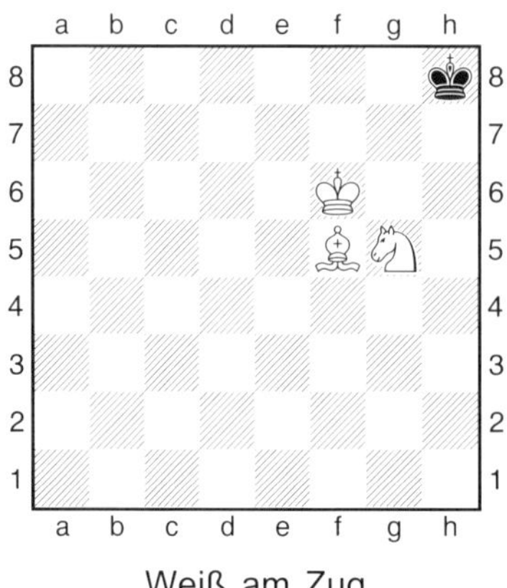

Weiß am Zug

Nun zu einer der grundsätzlichen Endspieltechniken: dem Mattsetzen mit Springer und Läufer. In der Diagrammstellung hat Weiß den ersten Teil des Problems bereits gelöst – nämlich, den gegnerischen König in eine Ecke zu drängen. Um ihn auch mattsetzen zu können, muss er nun in die Ecke gedrängt werden, die der Farbe des Läufers entspricht.

1.Sf7+ Kg8 2.Le4!

Auf diese typische Art verliert Weiß absichtlich ein Tempo und bringt dadurch den Gegner in Zugzwang.

2...Kf8 3.Lh7 Ke8 4.Se5!

Noch ein Standardmotiv. Ohne diesen Zug könnte der König über d7, c7, b6 entwischen.

4...Kd8 5.Ke6 Kc7 6.Sd7 Kc6 7.Ld3!

Nun ist der König am Damenflügel gefangen.

7...Kc7 8.Le4 Kd8 9.Kd6 Ke8 10.Lg6+ Kd8 11.Lh5!

Wieder Zugzwang!

11...Kc8 12.Sc5!

Und wieder das bereits bekannte Springermanöver.

12...Kd8 13.Sb7+ Kc8 14.Kc6 Kb8 15.Lg4 Ka7 16.Kc7 Ka6 17.Le2+ Ka7 18.Sd6!

Es folgt der letzte Schritt – die Umgruppierung zum Mattsetzen.

18...Ka8 19.Lb5! Ka7 20.Sc8+ Ka8 21.Lc6#

In der Praxis kann das Ganze auch etwas anders ablaufen, doch das Grundschema bleibt immer erhalten: Abdrängen des Königs in die Ecke, die vom Läufer beherrscht wird; Zugzwangmanöver mit dem Läufer; Dreiecksmanöver mit dem Springer (oder auch anschaulich ‚W-Manöver' genannt in diesem Fall g5-f7-e5-d7-c5-b7); Umgruppierung zur Mattsetzung. Dieses Schema sollte man sich einprägen, da es in der Praxis sogar schon Meisterspielern passiert ist, dass sie durch Unsicherheit in der Abwicklung dieser Endspieltechnik die 50-Züge-Regel nicht einhalten konnten und somit einen wertvollen halben Zähler verloren.

10. Aufgabe

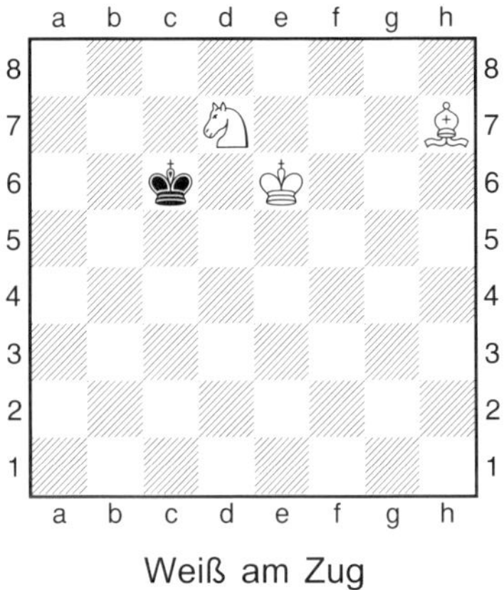

Weiß am Zug

Probieren Sie die Mattsetzung von der Diagrammstellung aus.

11. Kapitel

Das Endspiel Läufer gegen Bauern

Das Endspielduell zwischen einem Läufer und mehreren Bauern erfordert die Kenntnis einiger grundlegender theoretischer Positionen und typischer Vorgehensweisen. Im Normalfall schafft es ein Läufer selbstverständlich mühelos, einen Freibauern aufzuhalten, doch wird dies schwieriger, wenn zwei verbundene Freibauern mit Königsunterstützung unterwegs sind.

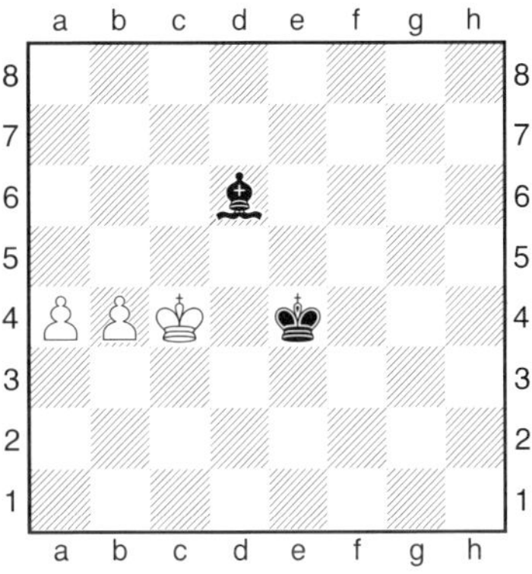

Schwarz am Zug hält remis

In dieser Studie (Henneberger, 1916) geht es um eben dieses Thema. Falls 1...Ke5, so folgt 2.a5 Ke6 3.a6 Lb8 4.Kc5 Kd7 5.Kb6 Kc8 6.a7 mit Gewinn. Remis kann man nur erreichen, wenn Schwarz eine korrekte Aufgabenteilung vornimmt: Der König muss die Bauern von hinten angreifen und sich um den hinteren kümmern, während der Läufer den weiter vorgerückten kontrolliert.

1...Lf4! 2.Kc5 Le3+ 3.Kc6 Kd4! 4.b5 Kc4 5.a5 (5.b6 Kb4 6.b7 La7) **5...Kb4**

6.a6 Ka5

Weiß könnte auch anders spielen, doch ebenfalls ohne Erfolg: 2.a5 Le3 3.b5 Ke5 4.b6 Kd6 5.Kb5 Kd7 6.Ka6 (6.a6 Kc8 7.Kc6 Lxb6!) 6...Kc6 7.Ka7 Lf2 usw.

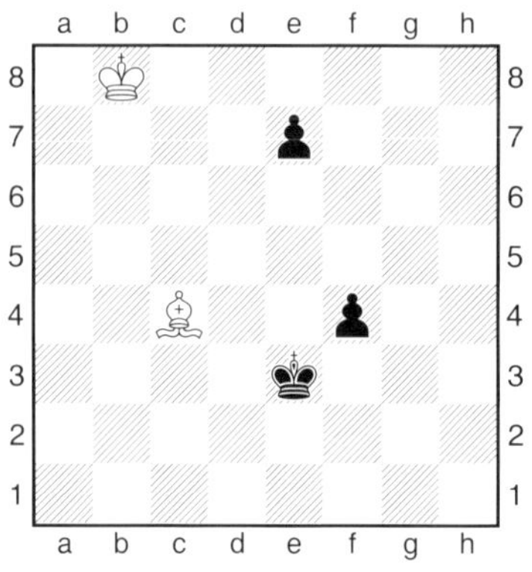

Weiß am Zug hält Remis

Auch in dieser Studie (Grigorjew, 1927) ist ein Remis wieder nur durch die richtige Aufgabenteilung zu erreichen. Zunächst müssen die Bauern daran gehindert werden, von Anfang an organisiert vorzulaufen.

1.Le6!!

Es verliert 1.Kc7? e5 2.Kd6 Kd4! (2...e4? 3.Ke5 f3 4.Lf1 f2 5.Lg2) 3.Le6 (falls 3.La6, so 3...e4 4.Ke6 f3 5.Kf5 e3) 3...e4 4.Lg4 f4 5.Ke6 f2 6.Lh3 e3 7.Lf1 Kc3! 8.Ke5 Kd2.

1...f3 2.Kc7 f2 3.Lh3

Nicht 3.Lc4? e5 4.Kd6 e4 5.Ke5 Kf3 nebst e3 usw.

3...Kf3!

Falls 3...e5 4.Kd6 Kd4, so 5.Ke6 e4 6.Kf5 e3 7.Lf1 Kc3 8.Kf4 Kd2 9.Kf3 usw.

4.Kc6! e5 5.Kd5 e4 6.Kd4 e3 7.Kd3 e2 8.Lg4+! Kxg4 9.Kxe2 Kg3 10.Kf1

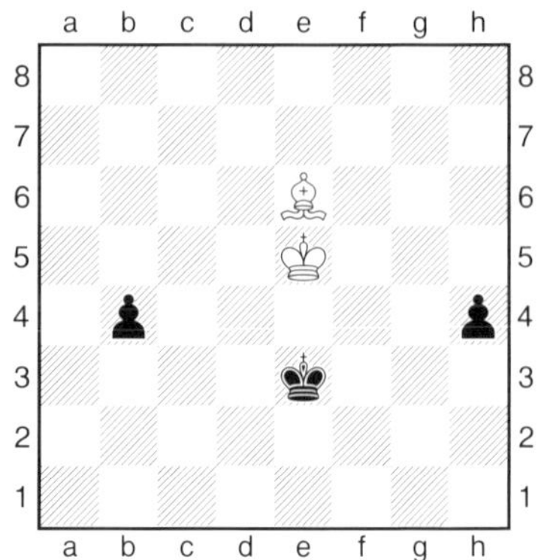

Weiß am Zug hält Remis

Auch in dieser Studie (Selesnjew, 1917) ist ein Remis wieder nur durch die richtige Aufgabenteilung zu erreichen.

1.Kd6!

Hingegen verliert 1.Kf6? Kf4 2.Kg6 Kg3 3.Kf5 h3 4.Ke4 h2, da der eigene König dem Läufer die Diagonale h1-a8 versperrt.

1...Kd4 2.Kc6! Kc3 3.Kd5!

Weiß hat den gegnerischen König abgelenkt, so dass der eigene zum h-Bauern laufen kann.

3...b3 4.Ke4 b2 5.La2

Der entscheidende Unterschied zum symmetrischen Ablauf am Königsflügel; Remis.

In den beiden folgenden Beispielen kann man erkennen, wie diese theoretischen Regeln in der Praxis angewendet werden.

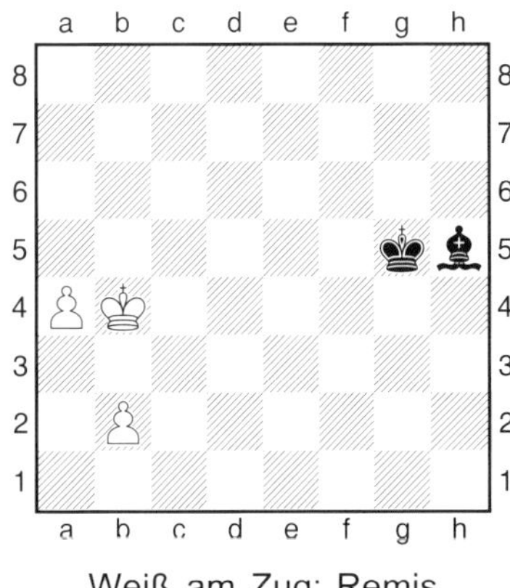

Weiß am Zug; Remis

Hätte Weiß (in einer Partie Gawrikow – Tschikowani, 1979) 1.Kc5 gezogen, so wäre das Remis ganz leicht zu erreichen: 1...Kf6 2.Kd6 Ld1 3.a5 Le2! und nun z.B. 4.b4 Kf7 5.Kc6 Ke8 6.b5 Kd8 7.b6 Kc8 8.b7+ Kb8 9.Kb6 Lf3 10.a6 Lxb7.

Stattdessen folgte jedoch:

1.Ka5 Kf6 2.b4 Ke5!

Der König nimmt Kurs auf den hinteren Bauern. Schlecht wäre 2...Ke7? wegen 3.b5 Kd8 4.Ka6! Kc7 5.Ka7! usw.

3.b5 Kd4! 4.Kb6 Lf3 5.a5 Kc4 6.a6 Kb4 7.a7 La8!

Wegen der Folge 8.Ka6 Kc5 9.b6 Kc6 einigte man sich auf Remis.

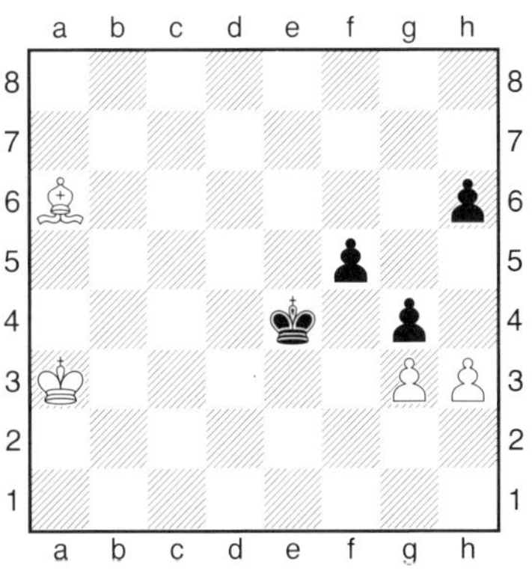

Weiß am Zug hält Remis

In einer Partie Platonow – Doroschkjewitsch (1978) war eine ähnliche Stellung entstanden, in der Weiß unter Befolgung der bekannten Technik Remis erreichen konnte.

1.Lb7+ Ke3 2.hxg4 fxg4 3.Kb4 Kf2 4.Kc4 Kxg3 5.Kd4 h5 6.Ke5 h4 7.Kf5 h3 8.Kg5 h2 9.Lh1 Remis

Alternativ wäre übrigens auch 6.Ke3 h4 7.Lc8! möglich gewesen (nur nicht 7.Ke2?? Kh2) 7...h3 8.Ld7 h2 9.Lc6 Kh3 10.Kf2 oder am einfachsten 8.Lxg4 Kxg4 9.Kf2.

11. Aufgabe

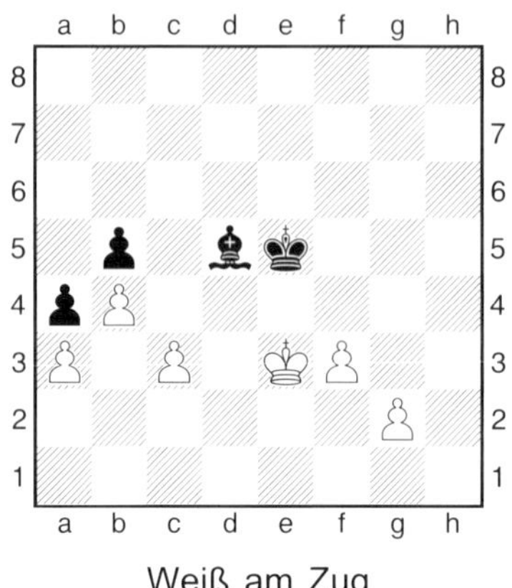

Weiß am Zug

Auf den ersten Blick besitzt Schwarz die besseren Chancen. Wie aber kann Weiß Remis erreichen?

12. Kapitel

Kann ein Springer gegen zwei verbundene Freibauern bestehen?

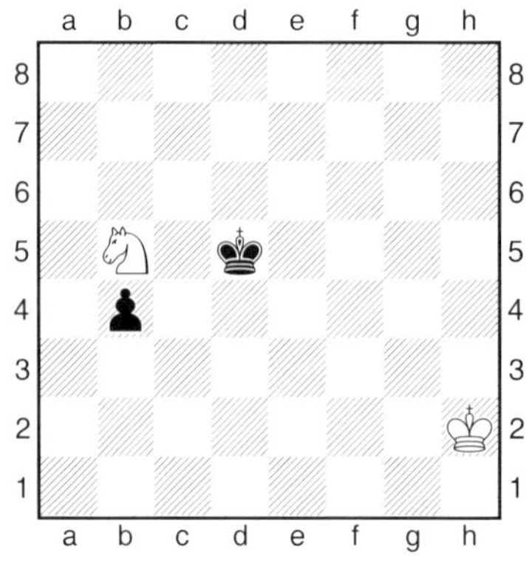

Weiß am Zug hält Remis

In den Endspielen Springer gegen Bauer muss man sich an grundlegenden Remisstellungen und typischen Vorgehensweisen orientieren. Im letzten Diagramm ist die Endphase einer Studie (Grigorjew, 1938) zu sehen, wobei die wichtigsten Ideen dieses Endspieltyps deutlich werden.

1.Sc7+!

Will Weiß eine Remisstellung erreichen, muss sich sein Springer in dem Moment, in dem der Bauer das Feld b2 erreicht, auf a3, c3 oder d2 befinden. Dies ist offenbar nur über einen kleinen Umweg zu bewerkstelligen.

1...Kc4

Ganz schlecht ist natürlich 1...Kc5 wegen 2.Sa6+. Die Bewegungsfreiheit des schwarzen Königs ist also auch nicht grenzenlos.

2.Se8!!

Das weiße Spiel beruht darauf, mit Hilfe eines späteren Schachgebots zu einem rettenden Tempogewinn zu kommen. Zu diesem Zweck behält der Springer sich die alternativen Reiserouten c7-b5-a3 bzw. f6-e4-d2 vor.

2...Kc5

Erst nachdem er dem Springer wichtige Felder genommen hat, wird Schwarz den b-Bauern vorziehen. Falls nämlich 2...b3 so folgt 3.Sd6+ Kb4 4.Se4 nebst Sd2 bzw. 3...Kd3 Sb5 nebst Sa3.

3.Sf6 Kd4

3...b3 4.Se4+ nebst Sd2

4.Se8! Ke5

Der letzte Versuch, den Springer zu verdrängen.

5.Sc7! Kd6 6.Se8+!

Das rettende Schachgebot! Es verliert nämlich 6.Sb5+? Kc5 7.Sc7 b3 8.Se6+ Kc4! usw.

6...Kc5 7.Sf6 Kd4 8.Se8 b3

Die Königsmanöver haben nichts eingebracht.

9.Sd6 Kc3 10.Se4+!

Und nicht 10.Sb5+, denn nach 10...Kb4! hat der Springer keine Felder mehr.

10...Kc2 11.Sd6! b2 12.Sc4!

So hat Schwarz die Remisstellung erreicht, denn auf 12...Kb3 folgt 13.Sd2+ Kc3 14.Sb1+ Kc2 15.Sa3+ usw.

Im Kampf gegen eine Randbauern hat ein Springer größte Mühe, weil seine Bewegungsfreiheit am Brettrand stark eingeschränkt ist. So verliert er in aller Regel, wenn der Bauer die 2. bzw. 7. Reihe erreicht hat. Doch manchmal kann er in Zusammenarbeit mit dem König ein Remis erreichen.

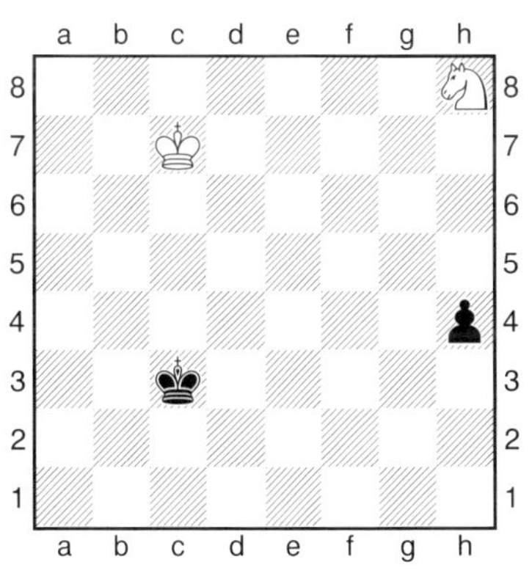

Weiß am Zug hält Remis

In dieser Studie (Grigorjew,1932) erreicht der weiße König die Remis sichernde Zone.

1.Sf7! h3 2.Sg5 h2 3.Se4+ Kc2

Schwarz ist gezwungen, die Barriere (d3/d4) zu umgehen; z.B. 3...Kd3 4.Sg3! – und 4.Ke3 scheitert an 4...Sf1+.

4.Sg3!

Fehlerhaft wäre 4.Sf2?, da somit einige Barrieren aufgehoben werden. Entsprechend folgt 4...Kd2 5.Kd6 Ke2 6.Sh1 Kf3 mit Gewinn.

4...Kd1 5.Kd6 Ke1 6.Ke5 Kf2 7.Kf4 Remis

Gegen verbundene Freibauern kann der Springer nur bestehen, wenn diese noch nicht die 3. bzw. 6. Reihe erreicht haben. Ist diese Bedingung erfüllt, hängt alles von der Position des Königs ab.

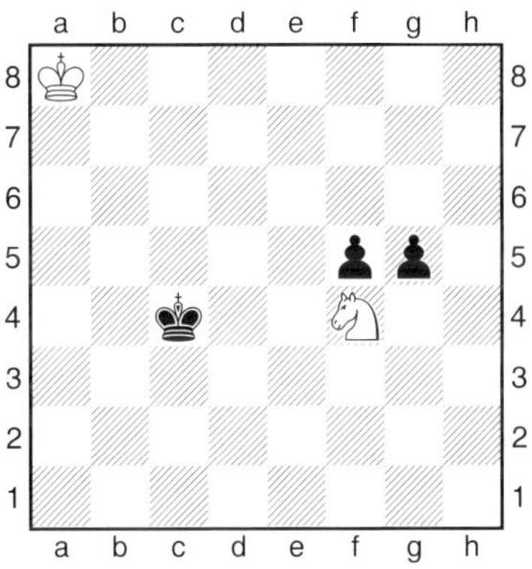

Weiß am Zug hält Remis

In dieser Studie (Tschechower, 1955) besteht der Rettungsplan darin, die Bauern auf eine Weise anzugreifen, dass einer von ihnen durch eine Gabel verloren geht, während der andere auf bekannte Art gestoppt wird.

1.Se6! g4 2.Sg7! f4

2...g3 3.Sxf5 g2 4.Se3+

3.Sh5! f3 4.Sf6! g3

4...f2 5.Sxg4 f1D 6.Se3+

5.Se4! g2 6.Sd2+ nebst Sxf3 mit Erreichen der bekannten Remisstellung.

Voneinander getrennt laufende Bauern kann der Springer selbstverständlich nur mit Hilfe des Königs aufhalten.

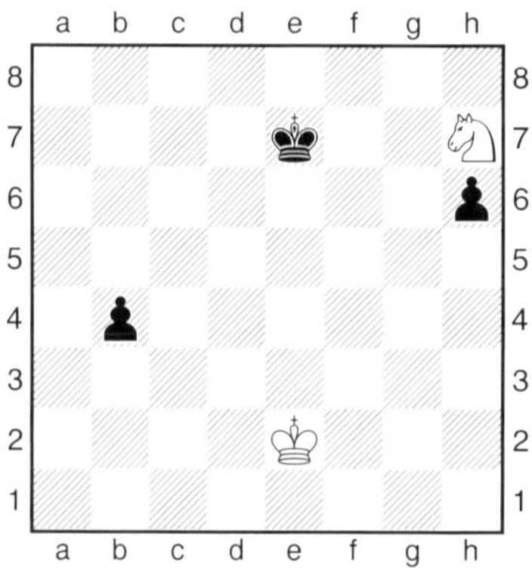

Weiß am Zug hält Remis

In dieser Studie (Grigorjew, 1934) gelingt das Remis nur durch harmonisches Zusammenspiel beider Figuren.

1.Kd3 Kf7 2.Kc4 Kg6!

Schlecht wäre 2...Kg7, da nach 3.Kxb4 Kxh7 4.Kc3 usw. der weiße König rechtzeitig am Königsflügel eintrifft.

3.Sf8+ Kf5 4.Sd7 h5 5.Sc5!!

Über diesen Knotenpunkt gelangt der Springer rechtzeitig in die Nähe des Schlüsselfeldes f1.

5...h4 6.Sb3!!

Schlecht ist 6.Sd3? h3 7.Sf2 h2 8.Kxb4 Kf4 9.Kc4 Kf3 usw.

6...h3 7.Sd2 h2

Der König kann dem Bauern nicht mehr helfen: 7...Kf4 8.Sf1 Kf3 9.Sh2+ Kg3 10.Sf1+ Kg2 11.Se3+ Kf2 12.Sg4+ Kg3 13.Se3 usw.

8.Sf1! h1D 9.Sg3+ Remis

Die Kenntnis solcher typischen Stellungen hilft auch in der Praxis, vorausgesetzt natürlich, dass man sie auch korrekt anwendet. Aber manchmal sind ja die einfachsten Stellungen besonders schwierig.

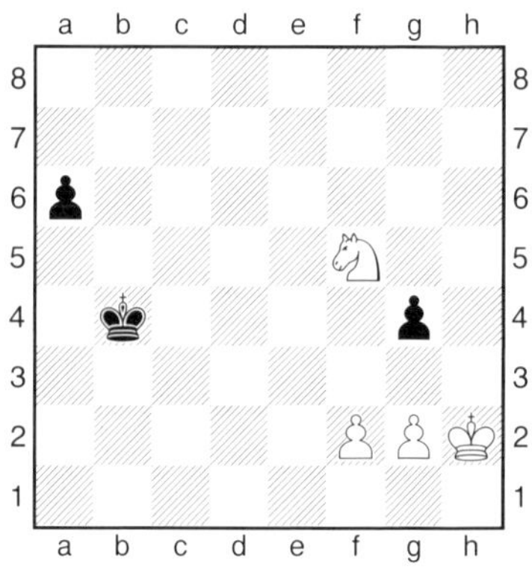

Weiß am Zug gewinnt

In dieser Stellung (aus einer Partie Portisch–Velimirovic, 1979) schaffte Weiß es, seinen Vorteil mühelos in einen Sieg umzuwandeln.

1.Se3 a5 2.f4 gxf3 3.g4 Kc3 4.g5 Kd4 5.Sg4 Kd5 6.Kg3 Ke6 7.Se3

Schwarz gab auf.

12. Aufgabe

Weiß am Zug

Kann Weiß Remis halten?

13. Kapitel

Der Mehrbauer im Läuferendspiel

Auch die Realisierung eines Mehrbauern im Läuferendspiel erfordert zunächst die Kenntnis gewisser Grundtechniken.

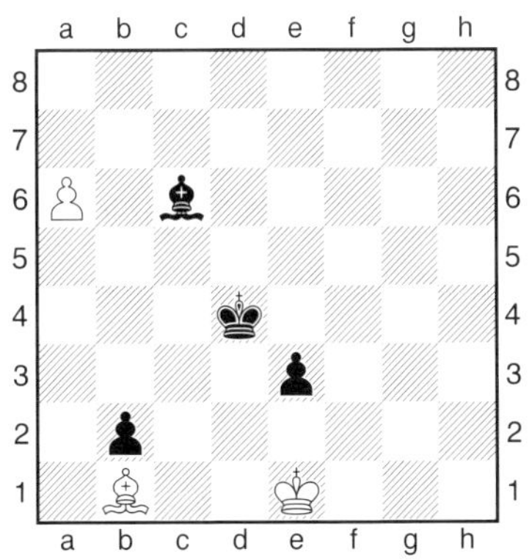

Schwarz am Zug gewinnt

Zunächst ein praktisches Beispiel (aus einer Partie Karibyschew – Lipiridi, 1982), in der es einen leichten Gewinnweg gibt.

1...Lf3 2.a7 Kc5 3.Kf1 Kb6 4.a8D Lxa8 5.Ke2 Kc5 6.Kxe3 Kb4 7.Kd4 Kb3 8.Kd3 Lb7 9.Kd2 La6 10.Lf5

10.Ke1 Kc3 11.Kd1 Lc4 12.Ke1 Ld3 13.La2 Kc2

10...Ka2 11.Kc3 Lc8 12.Le4 Le6 13.Lg6 Ka1 14.Kb4 La2 15.Ka3 Lb1 16.Lf7 Le4 17.La2 Lf5

Weiß gab auf. Die hier von Schwarz angewandte Gewinnmethode sollte jedem qualifizierten Spieler bekannt sein.

Und nun zu theoretischen Betrachtungen. Es gibt drei Grundtypen von Remisstellung.

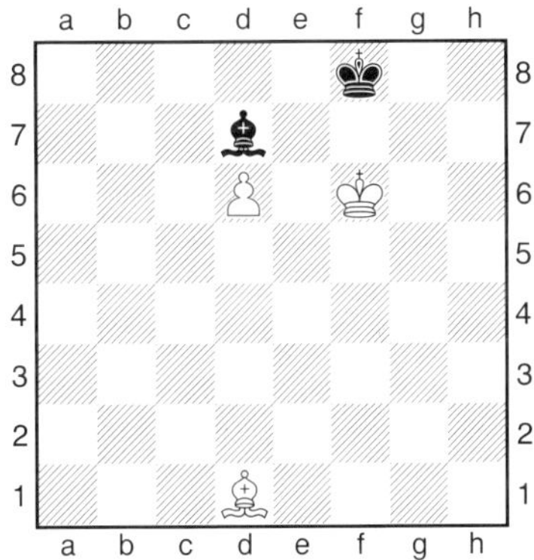

Diese Stellung ist remis – und zwar unabhängig vom Anzug.

1) Das Remis ist zu erreichen, wenn der verteidigende König ein Feld vor dem Bauern erreichen kann, das nicht von der Farbe des gegnerischen Läufers ist.

Mit Schwarz am Zug ist dies leicht zu erreichen (Ke8-d8). Mit Weiß am Zug entsteht nach **1.Lh5 Lh3 2.Lg6 Ld7! 3.Lf5 Ke8 4.Lxd7 Kxd7** eine bekannte Remisstellung aus dem Bauernendspiel.

Dabei war übrigens 2...Ld7! der einzige Zug, da Schwarz nach z.B. 2...Lg4? 3.Lf5 Lxf5 4.Kxf5 Kf7 5.Ke5 im Kampf um die Opposition verliert.

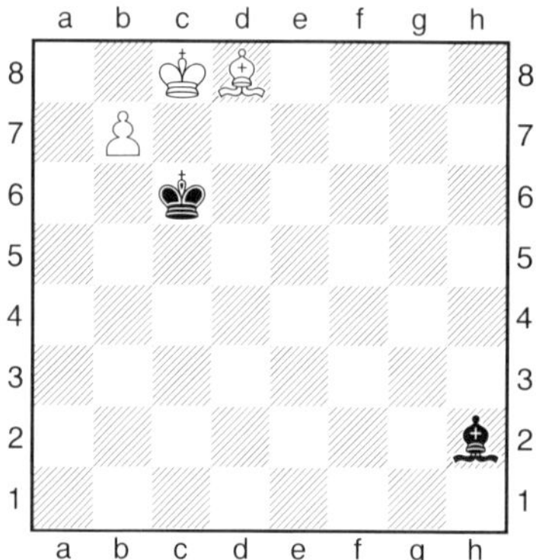

Diese Studie (Centurini,1847) ist für Weiß unabhängig vom Anzug gewonnen, da die Diagonale a7-b8 zu kurz ist, als dass sich der Läufer von Schwarz darauf halten könnte.

2) Das Remis ist erreichbar, wenn es der verteidigenden Seite gelingt, erfolgreich um die entscheidende Angriffsdiagonale des gegnerischen Läufers zu kämpfen.

Falls es dem weißen Läufer gelingt, a7 zu erreichen, so gewinnt in der Folge die Verfolgungsjagd Lb8 Lg1 – Lg3 La7 – Lf2. Also darf man dies nicht zulassen.

1.Lh4 Kb5 2.Lf2 Ka6

Nun könnte Weiß versuchen, ein Tempo zu gewinnen – z.B. mit 3.Le3 (3.Ld4) 3...Lg3 4.Lg5 Kb5 5.Ld8 Kc6 6.Lh4 Lh2 7.Lf2. Allerdings zieht Schwarz besser 3...Ld6!, denn nach 4.Lg5 Kb5 5.Ld8 Kc6 6.Le7 Lh2! kontrolliert der König das Feld c5.

Zum Sieg führt einzig und allein **3.Lc5! Lf4 4.Le7 Kb5 5.Ld8 Kc6 6.Lg5! Lh2 7.Le3**, denn der Läufer gelangt nach a7.

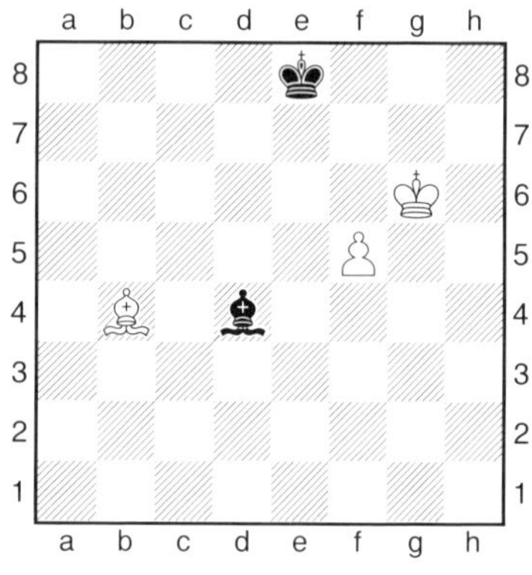

Weiß am Zug hält remis

3) Remis kann man erreichen, wenn es gelingt, die Läuferdiagonale durch Abdrängung oder Blockade zu neutralisieren, um in ein ausgeglichenes Bauernendspiel überzuleiten.

Die obige Studie (Awerbach,1954) illustriert diese Regel.

1.Ld2 Kf8! 2.Lg5 Kg8! 3.Lf6 Lf2 4.Le5 Lh4 5.Lf4 Le7 6.Lg5 Lxg5! 7.Kxg5 Kf7

Zum Abschluss dieses Kapitels noch eine kuriose Stellung (aus einer Partie Capablanca – Janowski, 1916).

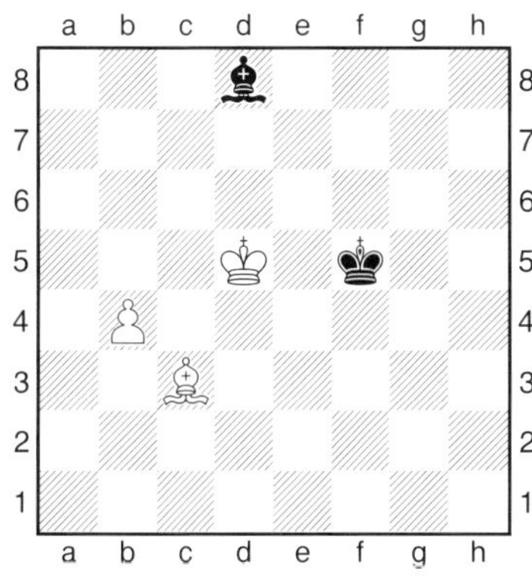

Schwarz am Zug hält Remis

Schwarz gab hier auf, aber 50 Jahre später konnte der Endspielexperte Awerbach beweisen, dass Schwarz Remis halten konnte. Er hätte nämlich mit angemessenen Königsmanövern das Abdrängen seines Läufers von der Schlüsseldiagonale a5-d8 verhindern können.

1...Kf4! 2.Ld4

2.Le5+ Ke3 3.b5 Kd3 4.Kc6 Kc4

2...Kf3! 3.b5

3.Lc5 Ke2! 4.Kc6 Kd3! 5.Kd7 Lg5 6.b5 Kc4

3...Ke2! 4.Kc6 Kd3 5.Lb6 Lg5 6.Kb7! Kc4 7.Ka6 Kb3! 8.Lf2 Ld8 9.Le1 Ka4!

Und der König kann das Feld a8 unter Kontrolle nehmen.

13. Aufgabe

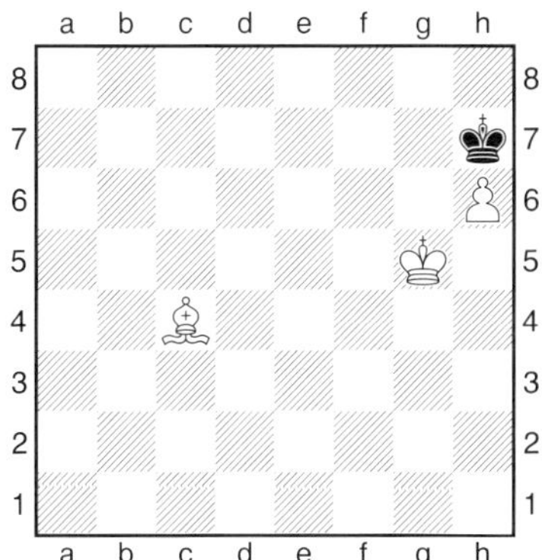

Kann Weiß am Zug gewinnen?

14. Kapitel

Der Mehrbauer im Springerendspiel

Wie in allen anderen Endspieltypen gibt es auch im Springerendspiel eigens dafür charakteristische und typische Techniken und Wendungen. Die wichtigste ist die Ablenkung des Springers mittels Opfer des gegnerischen Exemplars.

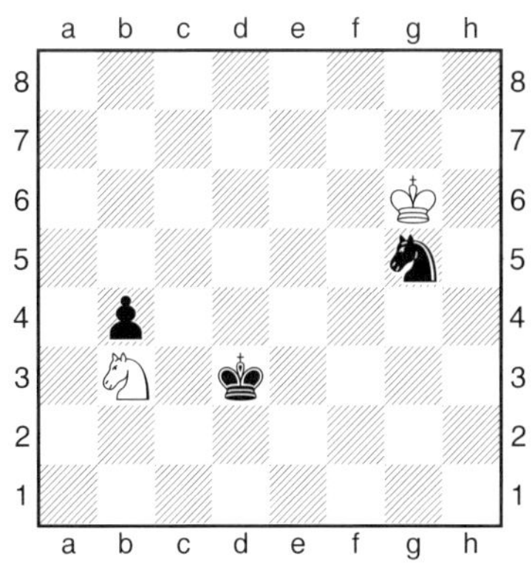

Schwarz am Zug gewinnt

Hier ein praktisches Beispiel (aus einer Partie Eingorn – Tschiburdanidze, 1982).

1...Se6! 2.Kf6 Kc3 3.Sa5 Sd8! 4.Kf5 (4.Ke5 Sc6+!) **4...Sc6 5.Sb7 Kd4! 6.Sd6 b3 7.Sb5+ Kd3 8.Sa3 b2 9.Ke6 Sd4+**

Weiß gab auf, denn nach 10.Kd5 entscheidet 10...Sb5.

Und nun einige theoretische Stellungen.

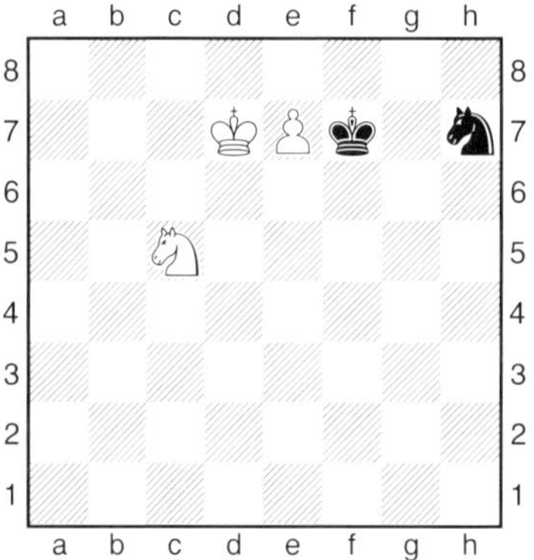

Schwarz am Zug – Weiß gewinnt

Wenn der Bauer die 7. Reihe erreicht hat (wie in dieser Studie von Awerbach, 1980), kann die schwächere Seite kaum noch Remis halten. Stünde der weiße Springer weiter weg, so könnte Schwarz mit 1...Sf8! 2.Kd8 Se6+ Dauerschach erzielen. Die Kontrolle des Feldes e6 erlaubt Weiß jedoch ein typisches Manöver zwecks Gewinn.

1...Sf6+ 2.Kd8 Se8

Auf einen Königszug folgt 3.Sd7.

3.Se6! Sd6

Oder 3...Sf6 4.Sg5+ nebst 5.Se4! mit Gewinn.

4.Kd7 Se8 5.Sg5+!

Verlegt man die ganze Konstellation eine Reihe tiefer, wächst die Beweglichkeit des Springers und Remis wäre möglich.

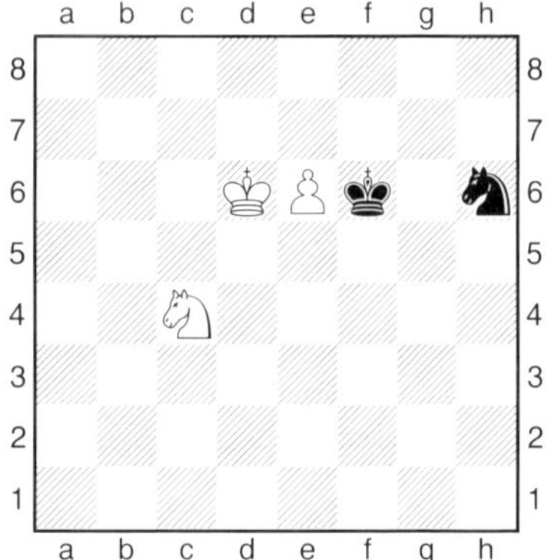

1...Sg8

Oder auch 1...Sf5+ 2.Kd7 Se7 3.Se5 Sf5 4.Sg4+ Kg7 5.Sxe3 Sxe3 6.e7 Sd5! usw.

2.Kd7 Kg7 3.Se3 Kf8 4.Sd5 Kg7 5.Ke8 Sh6!

Remis, da der Bauer nach 6.e7 verloren geht.

Je näher sich ein Bauer am Brettrand befindet, umso schwieriger wird die Verteidigung.

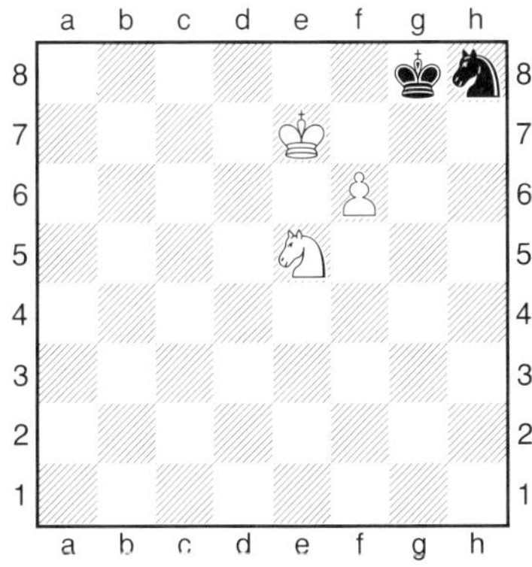

Weiß gewinnt – und zwar unabhängig vom Anzug (Chèron, 1952).

1...Kh7 2.Kf8 Kh6 3.Kg8 Kg5 4.Kg7 Kf5 5.Sd7 Sg6 6.f7 Kg5 7.Se5 Sf4 8.Kg8 Se6 9.Sf3+ nebst **10.Sd4**

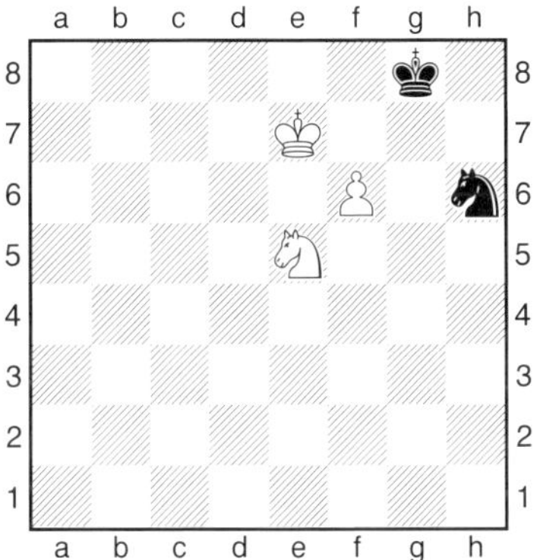

Stünde der Springer in der Ausgangsstellung auf h6, könnte er den Bauern aufhalten bzw. Dauerschach erzwingen.

1.Ke8 Kh7 2.Kd7

2.Sg4 Kg6 3.Ke7 Sg8+

2...Kh8 3.Kd8 Kh7 4.Ke8 Kg8 5.Ke7 Sf5+ 6.Ke8 Sg7+ usw.

Randbauern sind für einen Springer besonders gefährliche Gegenspieler.

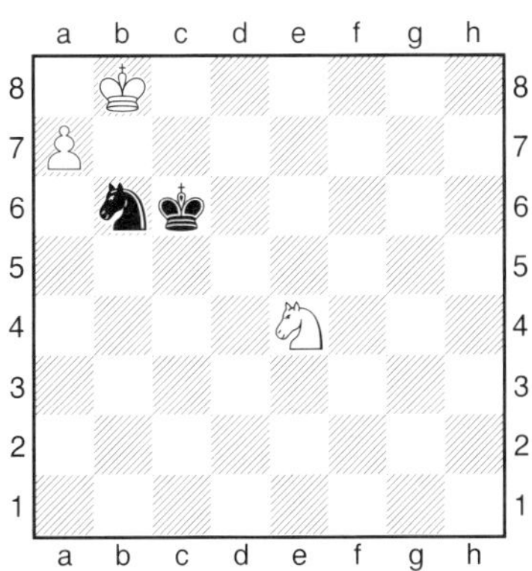

Weiß am Zug gewinnt
Schwarz am Zug hält remis

In dieser Studie (Awerbach, 1980) droht Schwarz mit dem Dauerschach 1...Sd7+ usw., so dass Schwarz diese Gefahr abzuwenden versucht.

1.Sf6 Sa8!

Falls 1...Kc5, so 2.Kb7 Kb5 3.Sd5 usw.

2.Sd5!

Aber nicht 2...Kxa8? Kc7! mit Remis.

2...Sd7 3.Kb7 Kd8 4.Sb6 Sc7 5.Kc6

Verlegt man die Ausgangsstellung eine Reihe tiefer, so wird der Gewinn noch leichter.

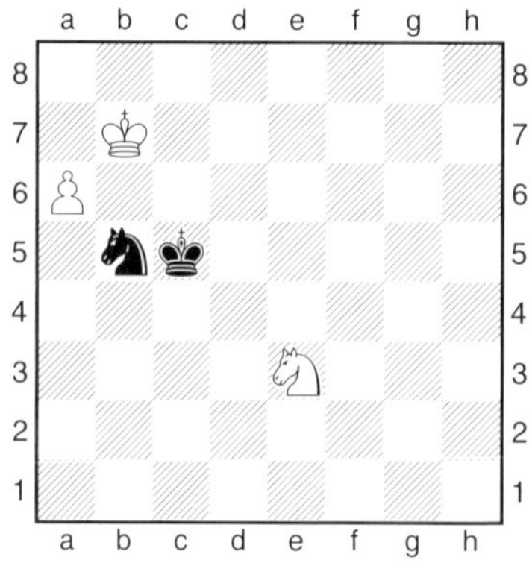

1.Sf5! Kb4 2.Kb6 Kc4 3.Sd4! Sd6 4.Kc7 Se8+ 5.Kc6 usw.

Die beiden nächsten Stellungen stammen wiederum aus praktischen Partien.

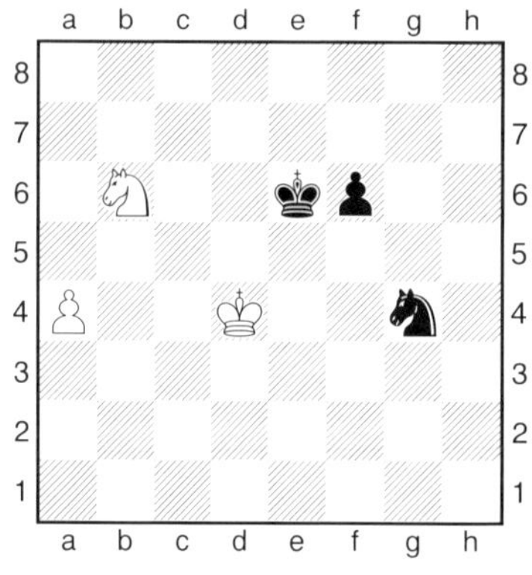

Weiß am Zug gewinnt

Es sieht so aus, als ob die Aussichten gleich sind, doch kann Weiß seine Möglichkeiten schneller nutzen, denn der König unterstützt den eigenen Bauern, während der Springer den gegnerischen blockiert.

1.Kc5!

Mit 1.a5? vergibt man den Sieg, da Schwarz nach 1...Kd6 2.a6 Se5 den Punkt c6 kontrolliert.

1...f5

Denn der Springer käme nun zu spät: 1...Se5 2.a5 Sd7 3.Sc6.

2.a5 f4 3.a6 f3 4.Sc4! f2 5.Sd2 Sf6 6.Kc6! (sonst 6...Se4+) **6...Se4 7.Sf1**

Schwarz gab auf.

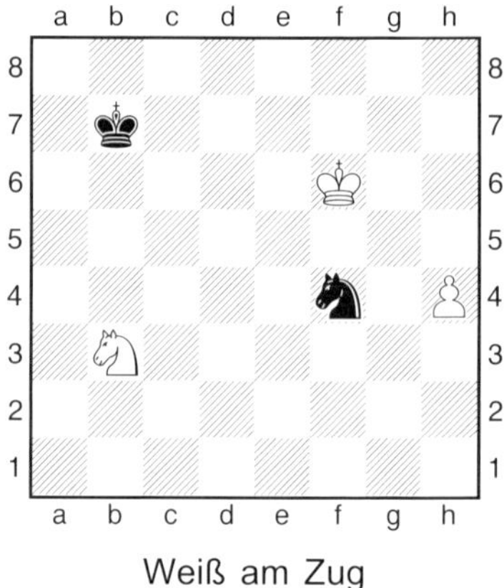

Weiß am Zug

Diese Stellung (aus einer Partie Podgajets – Tal, 1969) wird von Awerbach folgendermaßen kommentiert:

Der schwarze König ist zu weit vom Bauern entfernt, und Weiß bleibt nur noch die Aufgabe, den Springer abzudrängen. Am einfachsten könnte man dies mit dem stillen Zug **1.Sd4!** erreichen; z.B. **1...Kc8** (1...Kc7 2.Se6+) **2.Kf5 Sh5 3.Se2!**

Nun droht Springergewinn.

3...Sg7+ 4.Kf6 Se8+ 5.Kg6 Sc7

5...Kd7 6.h5 Ke7 7.h6 Sf6 8.Sf4

6.Sf4, und der Bauer ist nicht zu halten.

Weiß wählte jedoch eine fehlerhafte Fortsetzung.

1.Sc5+? Kc6 2.Sd3 Sh5+!

Der Springer darf nicht genommen werden, wonach sich zeigt, dass der Sd3 ungünstig steht.

3.Kg6 Sg3 4.Sf2 Kd6 5.Sh1 Se2! 6.Kf6 Sf4 7.Sg3 Kd7

Eine Ungenauigkeit, die die schwarze Aufgabe erschwert. Richtig wäre 7...Sd5+ gewesen.

8.Kf7

Man hätte auch 8.Se2 probieren können. Schwarz hätte mit 8...Sd5+ 9.Kf7 Se3 10.h5 Sg4 fortsetzen müssen. Weiterhin wäre möglich 11.Sg3 Se5+ 12.Kf6 Sg4+ 13.Kg5 Se5 14.Kf5 Sf7 15.Kf6 Sh6 16.Kg6 Sg4 und Weiß hat nichts erreicht. Oder 15...Ke8 16.Kg7 Ke7 17.Sc6+ Ke8 mit Remis.

In der Partie folgte noch **8...Kd6! 9.Se2 Sxe2**, bevor man sich auf Remis einigte.

14. Aufgabe

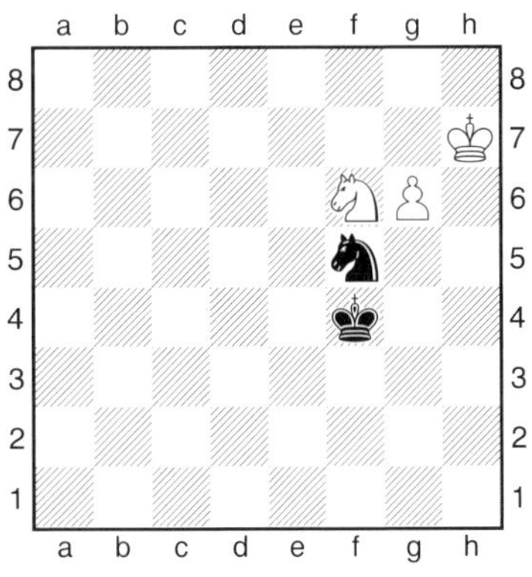

Weiß am Zug gewinnt

15. Kapitel

Was ist im Endspiel stärker: Springer oder Läufer?

Nun wenden wir uns Stellungen zu, in denen verschiedene Leichtfiguren gegeneinander kämpfen. Alle typischen Ideen werden nach der Art der Vorteilsrealisierung eingeteilt – nämlich entweder positionell oder materiell.

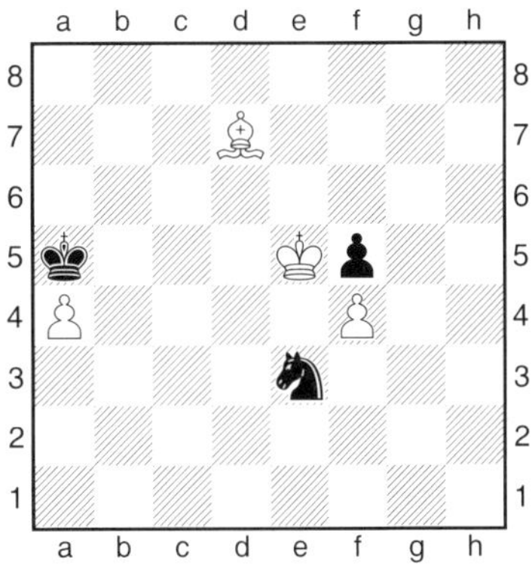

Weiß am Zug gewinnt

Diese Stellung entstand in einer praktischen Partie, in der Weiß nun nicht sofort den richtigen Gewinnweg fand. Die zu lösende Aufgabe besteht darin, den Springer von seinen günstigen Feldern fernzuhalten, und dies wäre folgendermaßen zu bewerkstelligen:

1.Lxf5 Kxa4 2.Ke4 Sg2 3.Ld7+ Kb4 4.f5 Sh4 5.f6 Sg6 6.Lf5 Sh8 7.Kd5 Kb5 8.Ke6 Kc5 9.Lh7 Kd4 10.Lb1 Kc5 11.Ke7 Kd5 12.Kf8 Ke5 13.Kg7 Ke6 14.Ld3 Ke5 15.La6 Kf5 16.Lc8+ nebst **17.Lh3** und Schwarz gerät in Zugzwang.

In der Partie folgte hingegen:

1.Lc6 Sc2 2.Lb5 Se3 3.Ld7 Kb4 4.Lc6 Sc2 5.Kd5 Ka5 6.Kc4 Sb4 7.Le8 Sc2 8.Kc3 Sb4 9.Kc4 Sc2 10.Kd3 Sb4+ 11.Kd4 Sc2+ 12.Kd5 Se3+ 13.Ke6 Kb4 14.Ld7 Ka5 15.Ke5 Kb4 16.Lxf5!

Endlich ist Weiß auf der richtigen Fährte!

16...Kxa4 17.Ke4 Sf1 18.Lg6 Kb4 19.Kd4 Sg3 20.Ke3 Sf1+ 21.Ke2 Sh2 22.Lh5 Kc5 23 Kf2 Kd5 24.Le2 Kd4 25.Kg2 Ke3 26.f5 Kxe2 27.Kxh2

Schwarz gab auf.

Muss ein Freibauer von einem Springer blockiert werden, so bedeutet dies natürlich für die andere Seite größere Bewegungsfreiheit.

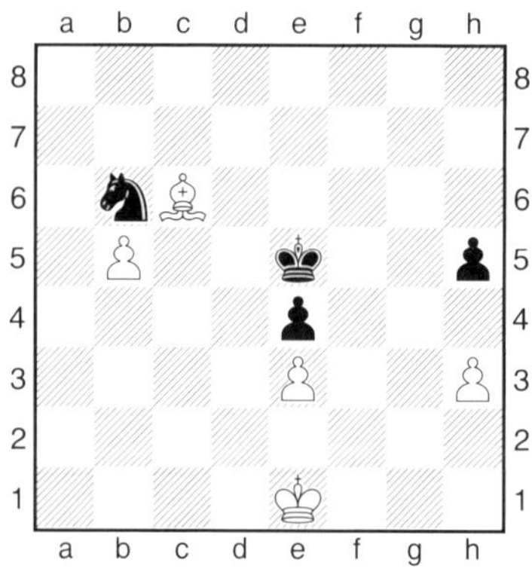

Weiß am Zug gewinnt

Schwarz droht 1...h4, was zwei Fliegen mit einer Klappe schlagen würde. Der Bauer verlässt das weiße Feld und gleichzeitig wird der weiße König daran gehindert, zukünftig am Königsflügel einzudringen. Also ist der erste weiße Zug klar:

1.h4 Kf5

Schwarz darf sich nicht mehr passiv verhalten – 1...Sc4 2.Ke2 Sb6 3.Le8 oder 2...Kf5 3.Ld7+ Kg6 4.Le8+ Kh6 5.Lc6 Sd6 6.b6 usw. Es bleibt also nur der Königsmarsch zum h-Bauern, wonach allerdings der Springer von b6 vertrieben werden kann.

2.Kd2 Kg4 3.Kc3 Kxh4 4.Kd4 Kg4!

4...Kg3 5.Ke4 h4 6.Kf5

5.Lxe4!

Eine wichtige Feinheit! Nach 5.Kxe4? h4 6.Ke5 h3 erreicht Schwarz Remis.

5...h4 6.Kc5 Sa4+ 7.Kc6 Kg3 8.Ld5 Kf2 9.e4 Sc3

Einen anderen Ausweg gibt es nicht, doch das Damenendspiel ist für Schwarz verloren.

10.b6 h3 11.b7 h2 12.b8D h1D 13.Df4+ Ke2 14.Lc4+ Kd1 15.Dd6+

Schwarz gab auf.

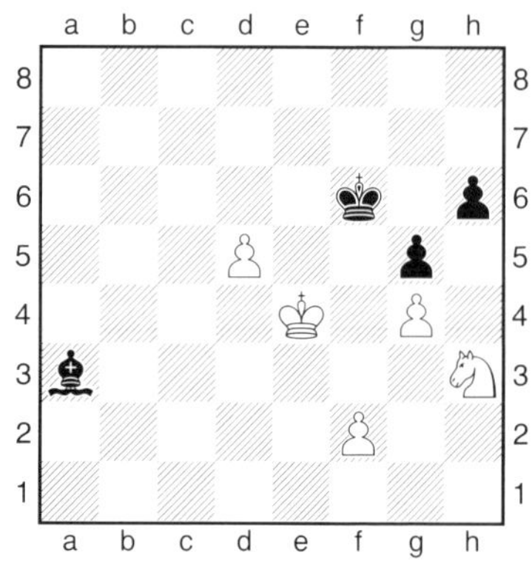

Weiß am Zug gewinnt

In dieser Stellung (aus einer Partie Palewitsch – Lusnjak, 1981) sieht der Plan zur Vorteilsrealisierung folgendermaßen aus: König und Läufer des

Gegners werden an die Bewachung von d8 gebunden, so dass der weiße König über f5 eindringen kann.

1.Sg1! Lc5 2.Sf3 Lxf2 3.Sd4 Kg6 4.d6 Lg3 5.d7 Lc7 6.Se6 La5 7.Ke5 Kf7

Im Falle von 7...h5 gewinnt Weiß mit 8.Kd6 hxg4 9.Sc7 Lb4+ 10.Ke6 usw.

8.Kd6 Lb4+ 9.Sc5 La5 10.Sb7! Lb4+

Falls 10...Lb6, so folgt 11.Kc6 Ke7 12.Sd6 nebst 13.Sf5.

11.Ke5 Le7 12.Kf5

Schwarz gab auf. Für den d-Bauern muss er den Läufer hergeben und den h-Bauern darf er nicht gegen den g-Bauern tauschen.

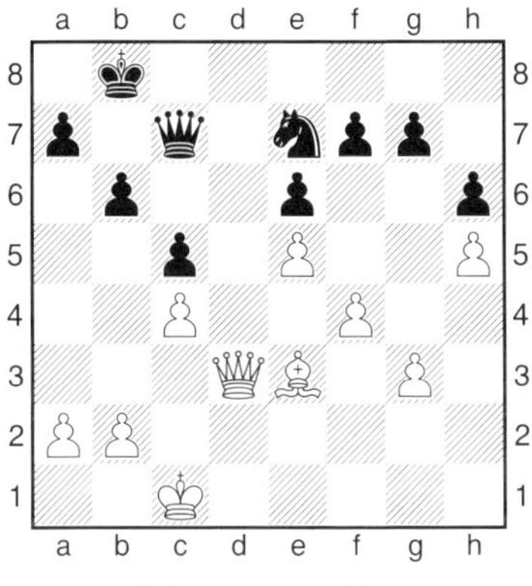

Schwarz am Zug

Diese Stellung (aus einer Partie Ljubojevic – Karpow, 1981) hat geschlossenen Charakter und es geht zunächst um die Nutzung positioneller Vorteile. Der Läufer ist von den eigenen Bauern eingeschlossen, so dass der Springer ihm weit überlegen ist. Der schwarze Plan ist typisch: Bauernschwächen schaffen, Damen tauschen und dann mit dem beweglichen Springer gegen den unbeweglichen Läufer auf Bauerngewinn ausgehen.

1...g6! 2.hxg6 fxg6 3.a3 a5 4.b3 h5 5.De4 Sf5 6.Lf2 Dd7 7.a4 Kc7 8.Kc2 Dd8 9.Kc1?!

Eine erste Ungenauigkeit. Nach 9.Dh1 konnte Schwarz keine Fortschritte erzielen, weil auch die weiße Dame bereit steht, gegebenenfalls nach a8 vorzudringen.

9...g5! 10.fxg5

Dieser Abtausch ist nicht zu vermeiden.

10...Dxg5+ 11.Kc2

Und hier musste 11.Kb2 Se7 12.De3 Df5 13.Le1 versucht werden.

11...Se7 12.Dh7

Auf 12.Le1 folgt 12...Df5 13.Kd3 (13.Dxf5 exf5) 13...Sc6 14.Lc3 Df1+ usw.

12...Kd7 13.De4 Df5!

Nachdem Schwarz die Bauernschwäche e5 geschaffen hat, tauscht er die Damen ab.

14.Dd3+ Kc6 15.Dxf5 exf5!

Schwarz schlägt mit dem Bauern, um dem König den Weg zum Feld e6 freizumachen.

16.Le3 Sg6 17.e6 Kd6 18.Lg5 Kxe6 19.Kd3 f4! 20.gxf4 h4??

Das ist allerdings eine grobe Ungenauigkeit, statt derer 20...Kf5 ziemlich einfach gewonnen hätte.

21.Ke3??

Offenbar ist Weiß eingeschüchtert, und weil er eine Falle vermutet, verwirft er 21.Ke4! wegen des vermeintlichen Verlusts nach 21...h3 22.f5+ Kd7 23.Kf3 Se5+ 24.Kg3 h2, obwohl er sich nach 25.Kg2! Sf3 26.Lf6 hätte verteidigen können.

21...h3 22.Kf3 Kf5 23.Kg3 Sxf4! 24.Ld8 Se2+ 25.Kxh3 Sd4 26.Lxb6 Sxb3 27.Ld8 Ke4 28.Kg4 Kd4 29.Kf4 Kxc4 30.Ke4 Kc3 31.Lf6+ Kc2 32.Le5 c4 33.Ke3 c3 34.Lf6 Sc5 35.Ke2 Kb3

Weiß gab auf.

15. Aufgabe

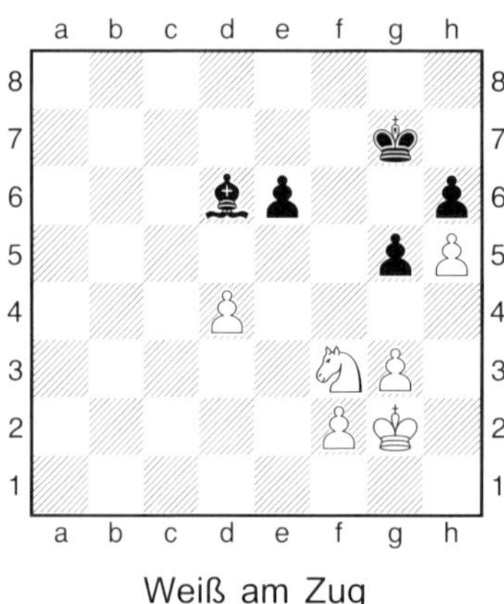

Weiß am Zug

Weiß gewinnt wegen der festgelegten Schwäche h6. Letztendlich gehört sein König nach g6 – nur *wie* kommt er dorthin?

16. Kapitel

Wie hält ein Turm gegen einen oder mehrere Bauern Remis?

Zum Auftakt dieses Kapitels sollte man unbedingt mit einer Studie von Lasker beginnen, die veranschaulicht, wie hilflos ein ansonsten ja kraftstrotzender Turm gegen ein einziges Bäuerlein wirken kann. Diese gewinnt ihren besonderen Reiz noch dadurch, dass es gegen Ende Hoffnung auf eine ‚geniale' Rettung zu geben scheint, die jedoch durch eine auch nicht gerade dumme Pointe zunichte gemacht wird.

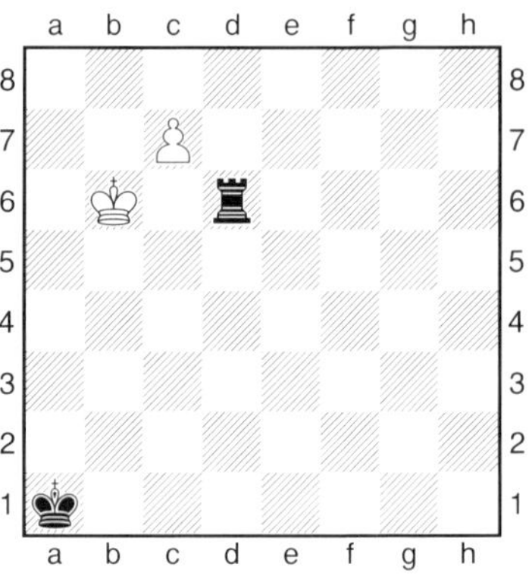

Weiß am Zug gewinnt

Wegen der Umgehung Td1 nebst Tc1+ darf der König nicht zu früh auf die c-Linie schwenken. Also:

1.Kb5 Td5+ 2.Kb4 Td4+ 3.Kb3

Hier führt 3.Kc3 Td1 4.Kc2 zum selben Resultat, aber der Textzug veranschaulicht die zugrunde liegende Methodik besser.

3...Td3+ 4.Kc2

‚Das Ende der Fahnenstange', möchte man kommentieren – aber halt!

4...Td4!

In Erwartung des triumphalen Einzugs 5.c8D?? Tc4+ 6.Dxc4 Patt!

5.c8T!!

Nach dieser Geste der Bescheidenheit erzwingt die Drohung Ta8+ den Schluss **5...Ta4 6.Kb3!** mit der Doppeldrohung Matt bzw. Turmgewinn.

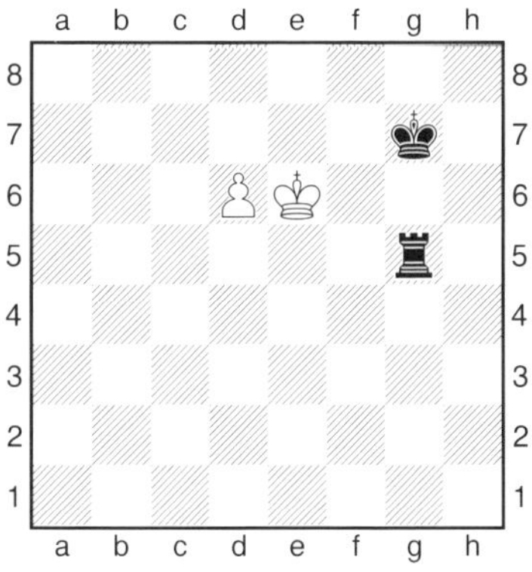

Weiß am Zug gewinnt

Nach der aussagekräftigen Einleitung dürfte die Lösung dieser Studie (Troitzky, 1895) nicht mehr schwer fallen.

1.d7 Tg6+ 2.Ke5!

Denn nach dem überstürzten 2.Ke7? Tg1 3.d8D Te1+ nebst Td1+ bleibt die Sache remis. Verglichen mit dem obigen Beispiel muss Weiß hier – um im dort gewählten Bilde zu bleiben – einmal die Fahnenstange runterlaufen und dann einmal wieder rauf, denn das zu erreichende Versteck für den König befindet sich auf c7!

2...Tg5+ 3.Ke4 Tg4+ 4.Ke3 Tg3+ 5.Kd2 Tg2+ 6.Kc3 usw. bis c7, wonach kein Schachgebot mehr möglich ist.

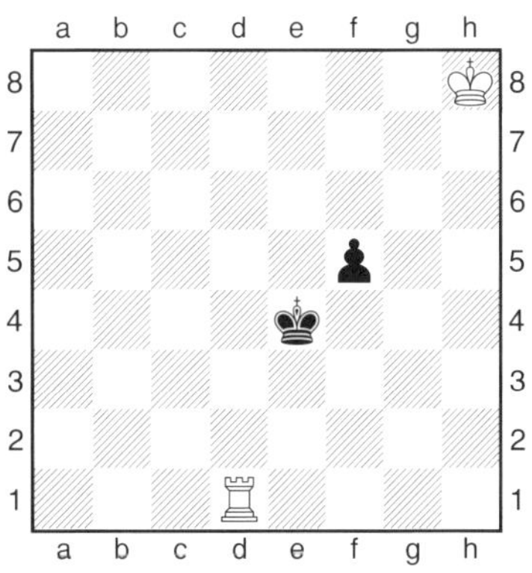

Weiß am Zug gewinnt

Zur sicheren Beurteilung solcher Problemstellung hat Euwe eine Art von modifizierter Quadratregel entwickelt, und die besagt:

Man vergrößere das Quadrat des Bauern um die Zahl von Feldern, die der verteidigende König noch von der Kontrolle des Einzugsfeldes entfernt ist – in diesem Fall also zwei. Kann der angreifende König dieses Quadrat betreten, so kann der Bauer aufgehalten werden.

Zwar erstreckt sich das gegebene Quadrat hier bis nach h7 und der weiße König könnte es mit 1.Kg7 unmittelbar betreten, wobei allerdings außer Acht gelassen würde, dass einer der schwarzen Königszüge mit Angriff auf den Turm und ergo mit Tempogewinn geschehen würde.

(Mit dem Turm auf a1 würde das direkte Herangehen leicht gewinnen: 1.Kg7 f4 2.Kf6 f3 3.Kg5 f2 4.Kg4 Ke3 5.Kg3 Ke2 6.Kg2.)

Der korrekte Ansatz besteht in der Verlegung des Turms vor den Bauern, und zwar unter Tempogewinn – also:

1.Te1+! Kd3

Auch nicht besser ist 1...Kf3 2.Tf1+ Kg4 3.Kg7 f4 4.Kf6 f3, nur ist hier zu beachten, dass der weiße König einen anderen Weg einschlagen muss, um nicht vom gegnerischen gestört zu werden; und zwar 5.Ke5 Kg3 6.Ke4 usw.

2.Tf1 Ke4

So wurde das entscheidende Tempo gewonnen und der König kann nun in das vergrößerte Quadrat eindringen.

3.Kg7 f4 4.Kf6 f3 5.Kg5 Ke3 6.Kg4 f2 7.Kg3 mit Gewinn.

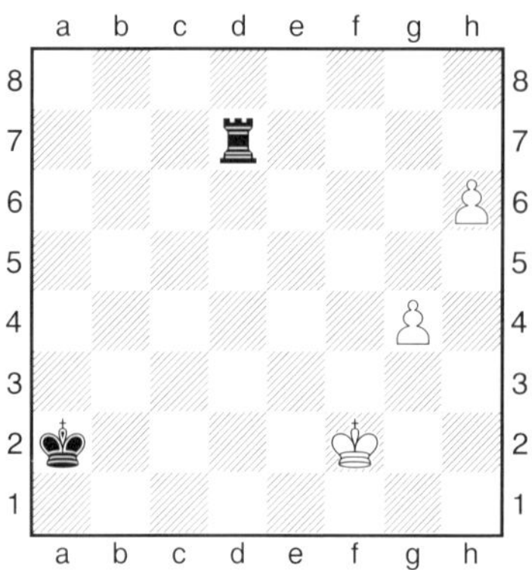

Schwarz am Zug hält Remis

Auch beim Kampf eines Turms gegen zwei verbundene Freibauern hilft eine Abwandlung der Quadratregel, und zwar: Wenn der Turm von hinten den vorderen Bauern stoppen – und der König in das Quadrat des hinteren Bauern eindringen kann, bleibt die Partie remis.

In der gegebenen Stellung gibt es sogar zwei Wege dorthin.

1) 1...Td1 2.g5 (2.Kg2 Td6 3.g5 Tg6) **2...Th1 3.Kf3 Kb3 4.Kf4 Kc4 5.Kf5 Kd5** Der rettende Schritt ins Quadrat! **6.Kg6** (6.g6 Th5+!) **6...Ke6 7.Kg7 Kf5 8.g6 Tg1 9.h7 Txg6+** usw.

2) 1...Td3 2.g5 (2.Kg2 Td6! 3.g5 Tg6 4.Kh3 Txg5 5.Kh4 Tg1) **2...Th3 3.Kg2 Th5 4.Kg3 Txg5 5.Kh4 Tg1**

Und hier ein analoges Beispiel aus der Praxis.

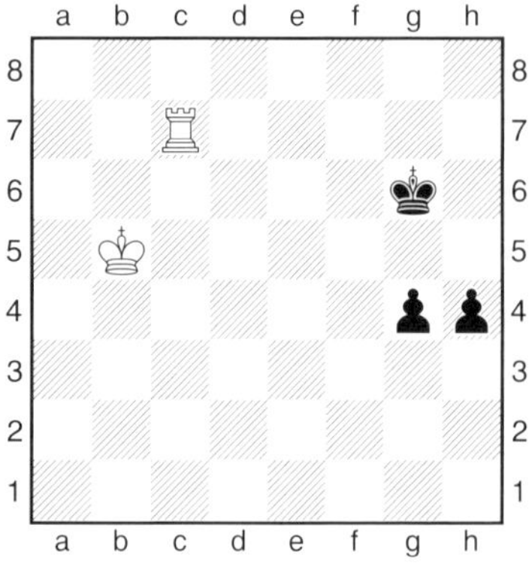

Weiß am Zug hält Remis

In dieser Stellung (aus einer Partie Penrose – Perkins, 1972) besteht die weiße Schwierigkeit in der angemessenen Aufgabenverteilung zwischen König und Turm. So führte das unsinnige 1.Kc4? h3 2.Kd3 h2 3.Tc1 g3 zur Niederlage.

Wie von weiter oben bekannt, muss der Turm den vorderen Bauern von hinten angreifen, so dass zunächst **1.Tc8!** erforderlich ist. Nun hat Schwarz zu entscheiden, welcher Bauer zuerst vorgehen sollte.

1) Auf **1...h3** folgt **2.Th8 Kf5 3.Kc4 Kf4 4.Kd4 (**Der rettende Schritt ins Quadrat!) **4...Kf3** (4...g3 5.Th4+!) **5.Ke5**, und Schwarz hat die erforderliche Umgruppierung geschafft.

2) Mehr Probleme stellt **1....g3 2.Tg8+ Kf5 3.Kc4 Kf4 4.Kd4! Kf3 5.Tf8+ Kg2 6.Ke3 h3 7.Th8 Kh2** (7...h2 8.Kf4) **8.Tg8 g2 9.Kf2 Kh1 10.Tg7 h2 11.Txg2** Patt.

Und nun einige Bemerkungen zu Endspielen vom Typ ‚Turm + Bauer gegen Turm'. Eins der analytischen Standardwerke, die sich mit diesem Thema befassen, stammt von N. Grigorjew (1936). Darin geht es vor allem um Stellungen, in denen der verteidigende König von dem Bauern um eine oder mehr Reihen abgeschnitten ist. Von entscheidender Bedeutung sind dann u.a. die Fragen, wie weit der Bauer vorgedrungen ist und von wo aus der verteidigende Turm seine Aufgabe erledigen muss.

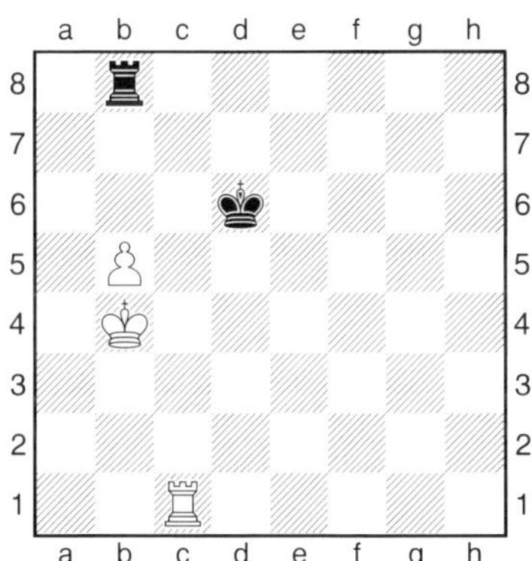

Schwarz am Zug – Weiß gewinnt

Mit dem Bauern bereits auf der 5. Reihe verliert Schwarz sogar dann, wenn er am Zug ist.

1...Kd7

Dies droht offenbar 2...Tc8, um dem König den Weg über die c-Linie freizukämpfen.

2.Ka5! Ta8+ 3.Kb6 Tb8+ 4.Ka6 Ta8+ 5.Kb7

Und Weiß kann den Bauern unter Anwendung des bekannten ‚Brückenbaus' zur Dame führen.

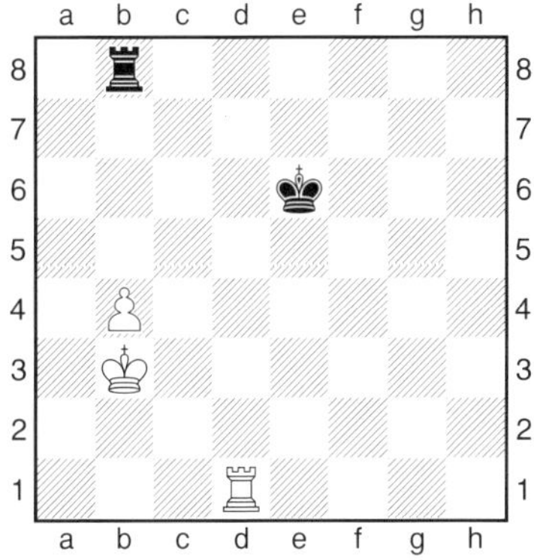

Weiß am Zug – Remis

Steht der Bauer noch auf der 4. Reihe, so spielt es auch keine Rolle, wenn der verteidigende König sogar um zwei Reihen abgeschnitten ist, denn Weiß hat keine Möglichkeit, den Bauern vorwärts zu bringen.

1.Td4 Ke5 2.Kc3 (2.Td7 Ke6) **2...Tc8+ 3.Tc4 Tb8 4.Tc6 Kd5 5.Ta6 Tc8+ 6.Kb3 Tc6!** usw.

Übrigens gewinnt Weiß, wenn der schwarze König auf e4 stünde, mit dem Manöver 1.Td6 Ke5 2.Ta6 Kd5 3.Ka4 usw.

Andernfalls ist der Sieg mit einem Springerbauern nur dann problemlos möglich, wenn der gegnerische König um mindestens vier Reihen abgeschnitten ist.

Bei Läufer- bzw. Mittelbauern ergeben sich ganz andere Möglichkeiten.

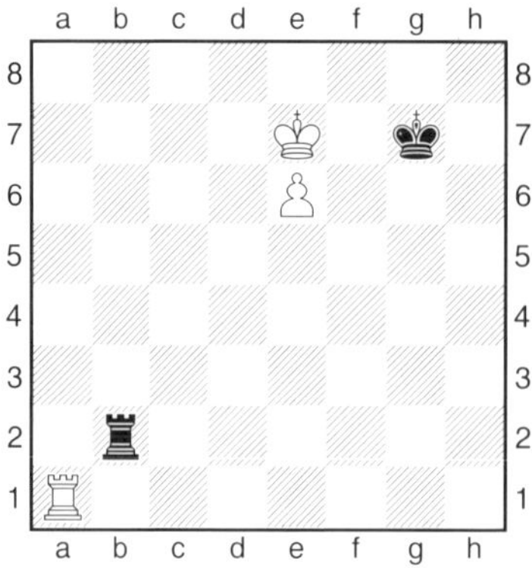

Schwarz am Zug hält Remis

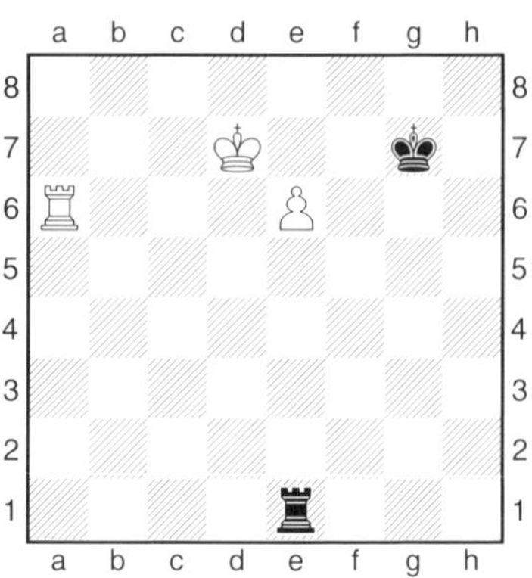

Schwarz am Zug hält Remis

Das Diagramm zeigt eine theoretische Stellung von Awerbach. Die schwarzen Figuren sind korrekt für eine erfolgreiche Verteidigung verteilt – nämlich der König auf der kurzen Seite und der Turm auf der langen. Doch kann das Remis nur erzielt werden, wenn der Turm mindestens drei Reihen seitlich vom Bauern operiert, weil ihn der angreifende König ansonsten erreichen könnte.

Im gegebenen Fall kann Schwarz den Turm erfolgreich umsetzen.

1...Tb7+ 2.Kd6 Tb6+ 3.Kd7 Tb7+ 4.Kd8 Tb8+ 5.Kc7 Tb2 6.Tf1 Ta2 7.e7 Ta7+

Und nun kann Weiß den seitlichen Schachgeboten nicht mehr ausweichen, ohne dass Schwarz den Bauern erobern würde.

Auch dies ist eine Studie von Awerbach. Es muss Schwarz gelingen, die Schachgebote wiederum von der Seite zu geben.

1...Kf6 2.Tc6 Te2! 3.Td6 Te1 4.Td2 Ta1!! 5.Tf2+ Kg7 6.e7 Ta7+

Und weiter wie im obigen Beispiel.

Abschließend sei zu Turmendspielen gesagt, dass sie in der Praxis am häufigsten vorkommen, was ihr Studium entsprechend lohnend macht. Und hier noch eine entsprechende Partie aus einem Schülerturnier von 1982.

Prokofjew – Gelin
Sizilianisch

1.e4 c5 2.Sf3 Sc6 3.d4 cxd4 4.Sxd4 g6 5.Sc3 Lg7 6.Le3 Sf6 7.Lc4 d6 8.f3 Db6

Die Drachenvariante erfreut sich bei Jungendturnieren großer Beliebtheit. Allerdings wählt Schwarz hier eine ziemlich seltene Fortsetzung und auch Weiß verlässt bald die Empfehlungen der Theorie, um lieber eigene Wege zu gehen.

9.Lb5

Denn 9.Sf5 Dxb2 10.Sxg7+ Kf8 führt nur zu etwas Theaterdonner.

9...Dc7 10.Sd5 Sxd5 11.exd5 a6

Bislang verlief alles gemäß einer Partie Bychowski – Stein (1965), in der jetzt 12.Lxc6 bxc6 13.Sxc6 Lb7 14.Ld4 Lxd4 15.Dxd4 0-0 16.0-0-0 Lxc6 17.dxc6 Dxc6 mit Ausgleich folgte.

12.Sxc6 axb5 13.Ld4

Weiß sucht den Übergang zu einem technischen Endspiel.

13...0-0

Besser war es wohl, mit 13...bxc6 die Bauernstellung zu reparieren, denn nach 14.Lxg7 Tg8 wäre 15.Lh6 g5! äußerst zweischneidig, während 15.Lc3 cxd5 16.Dxd5 Db7 klaren Ausgleich ergäbe.

14.Lxg7 Kxg7 15.Dd4+ Kg8 16.Sb4

Nun steht Weiß etwas bequemer.

16...Dc4 17.c3?!

Weiß ist weiterhin um Originalität bemüht, obwohl der natürliche Zug 17.0-0-0 eher geeignet war, Minimalvorteil nachzuweisen.

17...Dxd4 18.cxd4 Lf5 19.Kd2 Tfc8 20.Thc1 Tc4?!

Eine erste Ungenauigkeit, denn auf c4 entsteht eine unnötige Bauernschwäche. Nach einer Maßnahme zur Sicherung der Läuferdiagonale wie 20...h5 oder 20...g5 sollte der König angenähert werden, wonach der schwarzen Stellung nichts gefehlt hätte.

21.Txc4 bxc4 22.Kc3 Tc8 23.a4 Ld7?!

Diese weitere Ungenauigkeit gestattet dem Weißen die Springerumsetzung, die zum Gewinn des c-Bauern führt. Besser war 23...Kg7, um sich die Option freizuhalten, bei Gelegenheit mit dem König in den weißen Königsflügel einzudringen.

24.Sc2 Kf8 25.Se3 e6 26.a5 Lb5 27.Kb4 La6 28.Tc1 exd5 29.Sxd5

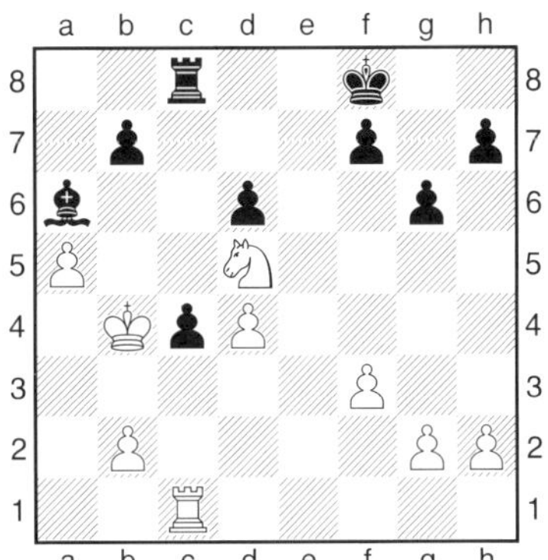

29...Tc6?

Und hier versäumt Schwarz die letzte Gelegenheit der Gegenspielsuche mit 29...Te8 30.Tc2 Te1, wonach Weiß noch einen weiten Weg vor sich gehabt hätte.

30.Sb6 Ke8

Mehr Probleme stellte 30...d5!?, denn 31.Sxd5?! Td6 32.Sb6 (32.Kc5 Tc6+) 32...Txd5 33.Sxc4 macht nicht den genauesten Eindruck. Besser wäre jedoch 31.Kc3! Td6 32.Te1 f6 33.Kb4!, um 33...Tc6 diesmal siegreich mit 34.Sxd5 Td6 35.Sc7! zu beantworten.

31.Tc3 Tc7 32.Sxc4 Lxc4?!

Ohne Leichtfigur entsteht ein für Weiß leicht gewonnenes Turmendspiel.

33.Txc4 Te7 34.Tc2 Kd7 35.Kb5

Und Weiß gewann im 50. Zug.

16. Aufgabe

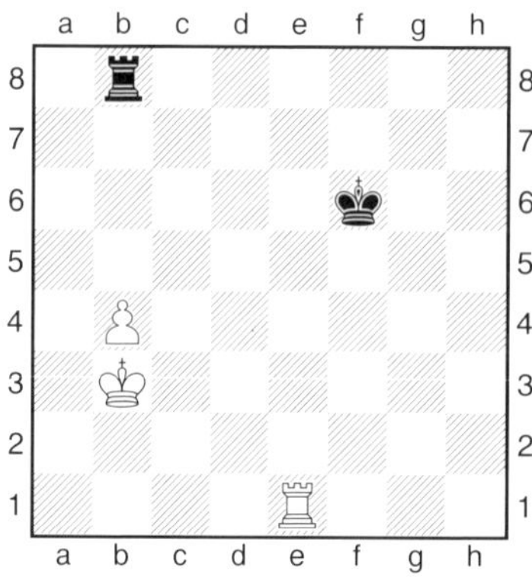

Weiß am Zug gewinnt

17. Kapitel

Schwerfiguren auf offenen Linien

Eines der wichtigsten strategischen Mittel im Schach ist das Spiel mit den Schwerfiguren, schließlich sind diese ebenso kraftvoll wie weitreichend und können somit enorme Wirkung in immer neuen Brettabschnitten zeigen.

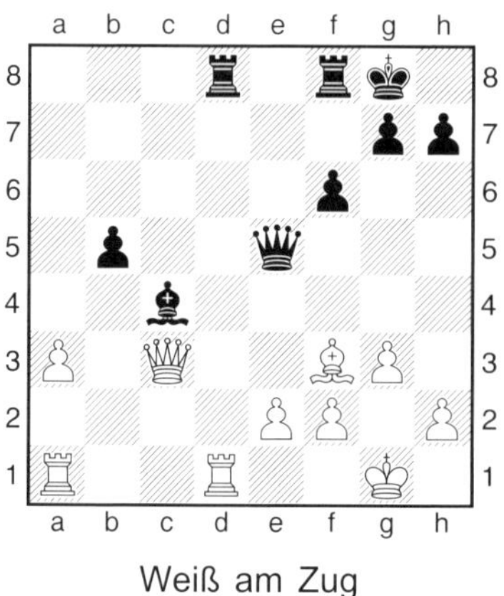

Weiß am Zug

In dieser Stellung (aus einer Partie Waganjan – Psachis, 1982) unterlief Weiß der schreckliche Fehler **1.Tdc1?? Td1+** und 0-1.

Zu erklären ist ein solches Malheur wohl folgendermaßen. Der weiße Vorteil steht außer Frage, aber die technischen Hürden (noch kein Freibauer vorhanden!) bei der Verwertung des Mehrbauern sind doch noch beachtlich. Und da Weiß sich im klaren war, dass weder 1.Dxe5 fxe5 2.a4 noch 1.Db4 in die Nähe einer wirklichen *Gewinn*stellung führen würde, vergaß er alle momentan gegebene Taktik und wählte den Zug, der unter etwas anderen Umständen tatsächlich der beste gewesen wäre.

Ungeachtet ihrer Stärke können Schwerfiguren dennoch leicht zum Opfer von Fallen und trickreichen Manövern (wie Ablenkung oder Fesselung) werden.

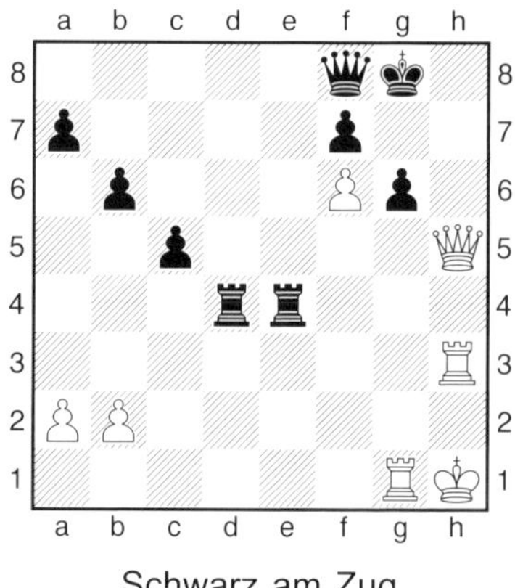

Schwarz am Zug

Auf den ersten Blick scheint Schwarz hoffnungslos verloren – auf den zweiten gibt es jedoch gleich *zwei* Rettungswege zu entdecken.

Der kompliziertere besteht in **1...Th4! 2.Txh4 Da8+**, wonach Weiß Dauerschach zulassen muss, da ja 3.Tg2?? Dxg2+ 4.Kxg2 gxh5 5.Txh5 Td6 sogar verlieren würde. Also **3.Kh2** und nun entweder **3...Td2+ 4.Kh3 Td3+** oder **3...Db8+ 4.Kh1 Da8+** usw.

Der einfachere Rettungsweg wäre gleichzeitg der einzige, wenn man den Bauern c5 nach c6 zurücknimmt, und zwar **1...Dg7!!** mit der absehbaren Zugwiederholung **2.Dg5 Df8** usw.

Dies war ein relativ einfaches Beispiel. Schwieriger wird es in Stellungen, in denen der Kampf der Schwerfiguren sich über längere Zeit erstreckt.

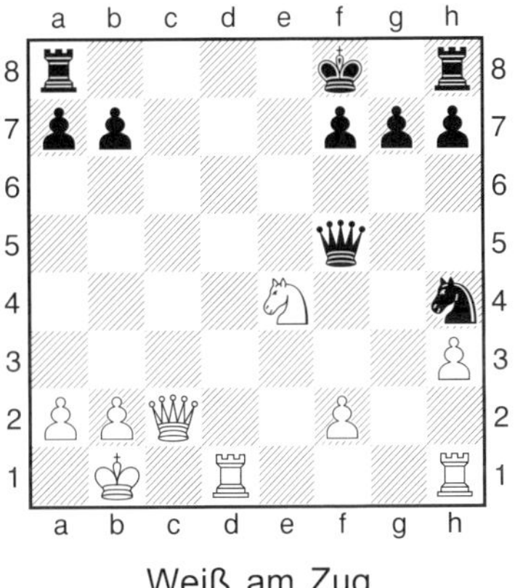

Weiß am Zug

In dieser Stellung (aus einer Partie Knaak – Möhring, 1981) hat Weiß zwar einen Bauern weniger, jedoch hat Schwarz größte Verteidigungsprobleme, da es noch einige Züge lang an der Koordination auf seiner Grundreihe hapern wird.

1.Td3!

Mit diesem feinen Zug leistet Weiß gleich dreierlei: Die Türme werden verdoppelt; der Springer wird beweglich, ohne dass es zu Damentausch käme; die Dame darf sich u.U. bewegen, da der Springer nicht mehr mit Schach geschlagen würde.

1...h5?

Der vorangegangene Kraftzug zeigt prompte Wirkung beim Gegner, denn das gewählte Luftloch ist wegen der Schwächung von g5 eine Nummer zu groß geraten. Nach hingegen 1...h6 2.Thd1 Kg8 konnte Schwarz sich verteidigen, da Weiß ja zunächst einen Bauern *zurück*gewinnen muss. Nach etwa 3.Sd6 (3.Td8+? Txd8 4.Txd8+ Kh7 5.Td5 Dg6 =) 3...Df6 4.Sxb7 Sg6 oder 3.Td5 Dc8 hätte Weiß nur Minimalvorteil.

2.Thd1 Kg8 3.Td5?!

Der einfache Gewinnweg bestand in 3.Td8+ Txd8 4.Txd8+ Kh7 5.Td5 usw.

3...Dg6?

Eine zähere Defensive war mit 3...Dc8 4.Dd3 Th6 usw. möglich.

4.Td6?

Und wieder führte 4.Td8+ usw. zum Gewinn.

4...f6 5.Ka1

Die Stellung ist nahezu ausgeglichen und Weiß möchte seinen Figuren für einen eventuellen Neuanlauf freie Fahrt gewährleisten. Und dieser Neuanlauf wird ihm unerwartet rasch gewährt.

5...Kh7??

Nach 5...Te8 wäre noch alles offen gewesen.

6.Txf6! gxf6 7.Td7+ Kg8 8.Dc4+ Kf8 9.Dc5+ Kg8 10.Dd5+

Schwarz gab auf.

Rachimow – Ruderfer

Baku 1981

Vierspringerspiel

1.e4 e5 Sf3 Sc6 3.Sc3 Sf6 4.d4 exd4 5.Sxd4 d6

Natürlich wäre 5...Lb4 oder 5...Lc5 aktiver, aber Meister Ruderfer war wohl der Ansicht, dass ein dreizehnjähriger Schüler früher oder später in Schwierigkeiten geraten würde, solange man selbst keinen wirklichen Fehler macht.

6.g3

Mit 6.Lb5 konnte Weiß in die Steinitz-Variante der Spanischen Partie einlenken, jedoch möchte er offenbar lieber eigene und weniger erforschte Wege gehen.

6...Ld7 7.Lg2 Le7 8.0-0 0-0 9.b3 Sxd4 10.Ddx4 Lc6?!

Besser erscheint 10...Te8 oder 10...h6 mit annäherndem Ausgleich.

11.Lb2 Se8?!

Wenn Schwarz auf Vereinfachung durch Abtausch abzielt, so sollte dies besser mit 11...Sd7 geschehen, denn nach 12.Sd5 Lf6 13.Sxf6+ Dxf6 14.Dxf6 Sxf6 wäre 15.Lxf6 gxf6 harmlos, während es nach 15.e5 dxe5 16.Lxe5 bei weißem Minimalvorteil bliebe.

12.Sd5

Noch stärker war 12.Tad1!? Lf6 13.De3 nebst f4 usw.

12...Lxd5 13.Dxd5 c6

Die dadurch entstehende Bauernschwäche d6 muss Schwarz früher oder später in Kauf nehmen, weil Weiß nach 13...Dc8 die Türme zentralisiert, während Schwarz Mühe hat, die eigenen wenigstens zu verbinden; z.B. 14.Tad1 Lf6 15.Lc1! De6 16.f4 usw.

14.Dd3 Lf6 15.Ld4 Lxd4 16.Dxd4 Db6?

Schwarz sollte prinzipiell die Dame behalten, weil diese momentan den einzigen Gegenspielfaktor bildet; also besser 16...Da5.

17.Tad1 Dxd4 18.Txd4 f6

Nach dem aktiveren 18...f5?! ist 19.Tb4! fxe4 20.Txb7 d5 21.Lh3 recht gefährlich.

19.Lh3 Kf7 20.c4 Ke7 21.Tfd1

Hier kam bereits stark 21.c5 in Betracht.

21...c5

Damit möchte Schwarz sich rigoros den soeben vom Gegner versäumten c-Bauernhebel vom Leib halten, obwohl die somit hervorgerufenen Schwächungen offensichtlich sind. Indes fällt es schwer, etwas wirklich besseres zu empfehlen.

22.Td3 Td8 23.f4 Sc7??

Die vorhergehende Phase hatte auf die mächtige schwarze Verunsicherung hingewiesen, so dass ein solcher Bock nicht mehr ganz so überraschend wirkt. Natürlich hat Weiß auch nach 23...Td8 24.c5 oder 23...b6 24.b4 nachhaltigen Angriffsdruck, aber der Textzug verliert auf der Stelle.

24.e5 Se6

Offenbar hatte Schwarz im Falle der d-Linienöffnung das Schach auf d7 übersehen. Nun war 24...Se8 25.exd6+

Sxd6 26.Te1+ Kf7 deutlich zäher, denn der Rest ist wirklich ein Kinderspiel.

25.exd6+ Kd7 26.Lxe6+ Kxe6 27.Te3+ Kd7 28.Te7+ Kc6 29.Tc7+ Kb6 30.Txg7 Tfe8 31.Te7 Kc6 32.Kf2

Schwarz gab auf.

17. Aufgabe

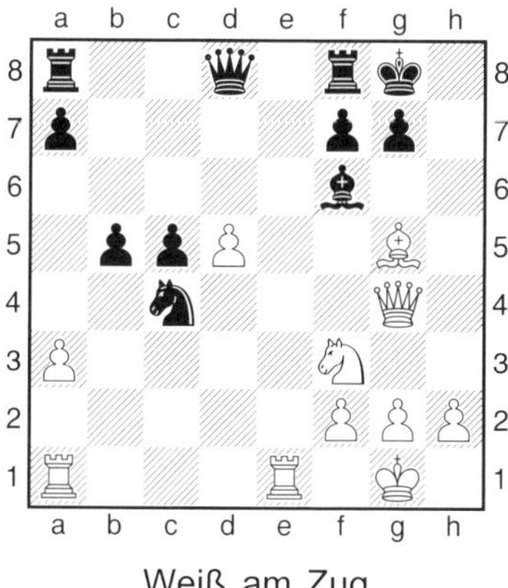

Weiß am Zug

Wie kann Weiß seinen a-Turm ins Spiel bringen?

18. Kapitel

Der Plan und seine Realisierung

Die Formel von Großmeister Kotow

Widmen wir uns nun der Planfassung in der Partie, einer der wichtigsten Grundlagen erfolgreicher Spielführung überhaupt. Im folgenden Beispiel ist der Plan mit der Entfaltung des Figurenspiels verbunden.

Bouaziz – Ribli
Leningrad 1979
Sizilianisch

1.e4 c5 2.Sf3 d6 3.d4 cxd4 4.Sxd4 Sf6 5.Sc3 a6 6.Le2 e6 7.0-0 Le7 8.f4 0-0 9.Kh1 Dc7 10.a4 Sc6 11.Sb3 b6 12.Lf3 Lb7 13.De1 Tac8 14.Le3 Tfe8 15.Tc1

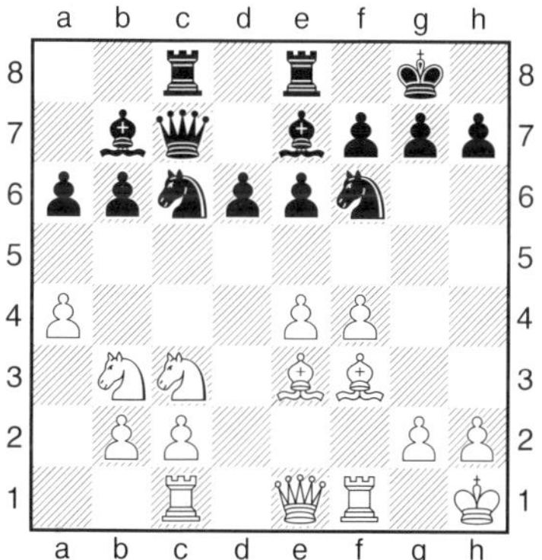

Weiß hat sich nach bekannten Vorbildern solide aufgebaut, aber mit dem Textzug (besser 14.Df2 Sd7 15.Tad1) überschreitet er die Grenze zwischen solide und passiv. Als Reaktion darauf entscheidet Schwarz sich für Aktionen am Damenflügel und geht zu entsprechenden Umgruppierungen seiner Kräfte über.

15...Sd7

Ein elastischer Zug, der die Punkte b6, c5 und e5 im Auge hält.

16.g4?

Weiß schätzt die Stellung vollkommen verkehrt ein, denn ohne dazugehörigen Königsangriff ist dieser Zug eine reine Schwächung der eigenen Königsposition. Angebracht war weiter abwartendes Verhalten.

16...Sa5!

Die veränderte Situation auf dem Brett erlaubt dem Schwarzen die Inangriffnahme konkreter Aktionen im Zentrum, wobei er die Anfälligkeit des gegnerischen Damenflügels bestens nutzen kann. Nach Räumung der langen weißen Diagonale soll der Sprengungszug d6-d5 folgen, um sich Zugang zum weißen König zu verschaffen.

In diesem Zusammenhang sei an einen Satz des sowjetischen Großmeisters Kotow erinnert: „Der Plan besteht aus der Gesamtheit aufeinander folgender strategischer Operationen, die jeweils aufgrund konkret gegebener Ideen entstehen und die dabei stets auf die jeweils veränderten Erfordernisse abgestimmt werden."

17.Sxa5 bxa5 18.Ld2 Sc5

Auch 18...Sb6!? kam stark in Betracht.

19.b3 Db8

Interessant war auch 19...d5!? (19...Lf6; 19...Lf8) 20.exd5 exd5 21.Sxd5 Dd7 22.Se3 Ld6 mit starkem Angriff.

20.De2 Da8

Die Krönung des Damenmanövers, das die Erkenntnis der modernen Schachschule von Réti und anderen befolgt, dass nämlich eine Figur nicht im Zentrum postiert sein muss, um aufs Zentrum zu wirken.

21.g5?

Zu versuchen war 21.Dg2 Lf6 22.e5!? Lxf3 23.Txf3 dxe5 24.g5 nebst fxe5 oder 22.g5!? Lxc3 23.Lxc3 Lxe4/Sxe4 24.Lxa5 usw.

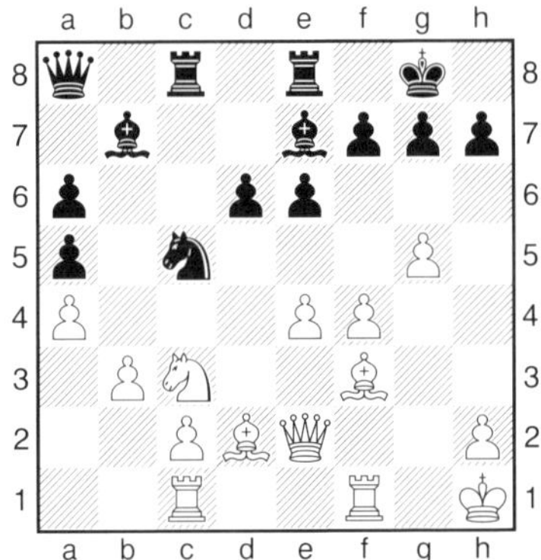

21...d5! 22.exd5 exd5 23.Dg2 Se4 24.Sb1 Sxd2 25.Dxd2

Nach 25.Sxd2 La3 geht der c-Bauer verloren.

25...Lb4 26.c3 d4!

Diese feine Kombination krönt das schwarze Spiel.

27.cxb4?

Wesentlich zäher war 27.Lxb7 Dxb7+ 28.Dg2 Dxg2+ 29.Kxg2 dxc3 30.Tc2 usw.

27...Lxf3+ 28.Kg1 Te2 29.Txf3 Txd2 30.Txc8+ Dxc8 31.Sxd2 Dc1+ 32.Sf1 axb4 33.Kg2 Dc2+ 34.Kg3 Kf8

Weiß gab auf.

Die Schwächung der Rochadestellung sowie die allgemeine gegnerische Passivität erlaubten es dem schwarzen, die strategische Operation in der zunächst noch versperrten Diagonale zu planen. Alle weiteren Schritte (Damenmanöver; taktische Schläge) wurden zur Verwirklichung des Hauptplanes unternommen. Selbstredend ist es schwieriger, einen Plan bei fehlerfreier Gegenwehr in die Tat umzusetzen, aber dazu mehr im folgenden Kapitel.

Auch Fernpartien sind ungeachtet der längeren Bedenkzeit nicht immer fehlerfrei. Hier ein Beispiel dafür, wie der Nachziehende seinem Gegner den korrekten Angriffsplan geradezu aufdrängt.

1.e4 c5 2.Lc4 e6 3.Sc4 d6 4.Sf3 Sf6 5.d4 cxd4 6.Sxd4 a6 7.Lb3 Le7 8.Le3 Ld7

18. Aufgabe

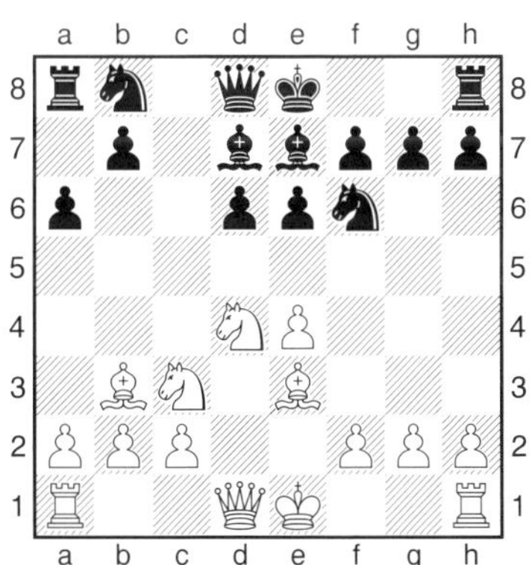

Ohne lange nach geschehenen Fehlern zu suchen: Welcher Angriffsplan bietet sich für Weiß an? Zu welcher Seite sollte er rochieren?

19. Kapitel

Das strategische Meisterstück von Akiba Rubinstein

Widmen wir uns nun der Planfassung in Stellungen, die mangels gröberer Fehler noch weitgehend ausgeglichen sind. Dies ist ein schwieriges Unterfangen, und umso mehr gilt es, den Satz Kotows aus dem vorigen Kapitel zu beherzigen – nämlich *schrittweise* vorzugehen.

Rubinstein – Duras
Karlsbad 1911
Englisch

1.c4 e5 2.Sc3 Sf6 3.g3 Lb4 4.Lg2 0-0 5.Sf3 Te8 6.0-0 Sc6 7.Sd5 Lf8 8.d3 h6 9.b3 d6 10.Lb2 Sxd5 11.cxd5 Se7 12.e4 c5 13.dxc6 Sxc6 14.d4 Lg4 15.d5 Se7

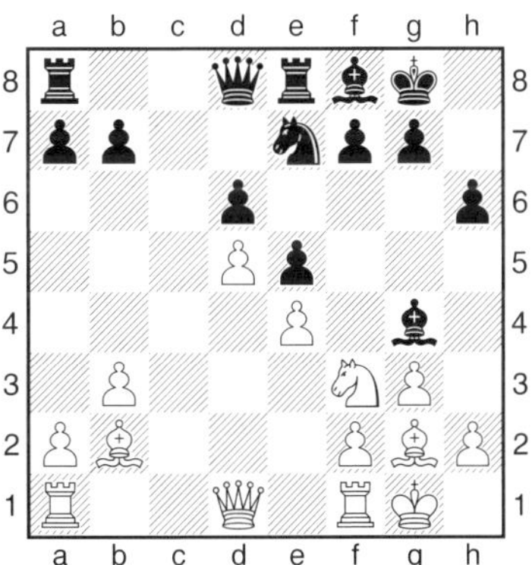

Die Englische Eröffnung gehört heutzutage zu den meistgespielten. In den Zeiten Rubinsteins war ihre Theorie jedoch erst im Entstehen begriffen, was nicht zuletzt ein Verdienst von Rubinstein selbst war. Schwarz hat sich in der Eröffnung zwei Ungenauigkeiten zu Schulden kommen lassen: Der Springertausch auf d5 (statt besser 10...g6) hat Weiß Raumvorteil am Damenflügel gegeben. Auch war sein letzter Zug unglücklich, da der Springer wesentlich besser auf d7 gestanden hätte. Diese Nachteile werden aber erst nach der glänzenden Antwort Rubinsteins sichtbar.

16.Dd3!

Der Beginn eines weitreichenden strategischen Planes. Der Springer soll über d2 nach c4 verlegt werden und gemeinsam mit dem Läufer auf a3 die Schwäche d6 im Auge halten. Und hinter dem Springer sollen die Türme verdoppelt werden, ohne dass Schwarz durch Turmopposition Entlastungstausch bewerkstelligen kann.

16...Dd7

Der wohl geplante Hebeleinsatz 16...f5? scheitert an 17.Sh4!, wonach Schwarz mindestens einen Bauern verliert, denn nach 17...fxe4 18.Dxe4 nebst f4 würde der weiße Angriff bereits übermächtig. Die besten praktischen Chancen sollte Schwarz noch behalten, wenn er mit 17...f4 18.gxf4 exf4 19.Dd2 Sf5! (19...g5? 20.Dd4) 20.Sxf5 f3 scharfe Verwicklungen anzettelt.

17.Sd2 Lh3 18.a4 Lxg2 19.Kxg2 Teb8

Schwarz bemüht sich, den weißen Plan zu vereiteln, aber Rubinstein muss diesen nur etwas nachkorrigieren.

20.Sc4 b5 21.axb5 Dxb5 22.Ta3 Sg6 23.Tfa1 a6 24.Lc1 Tb7 25.Le3 f6 26.f3 Se7

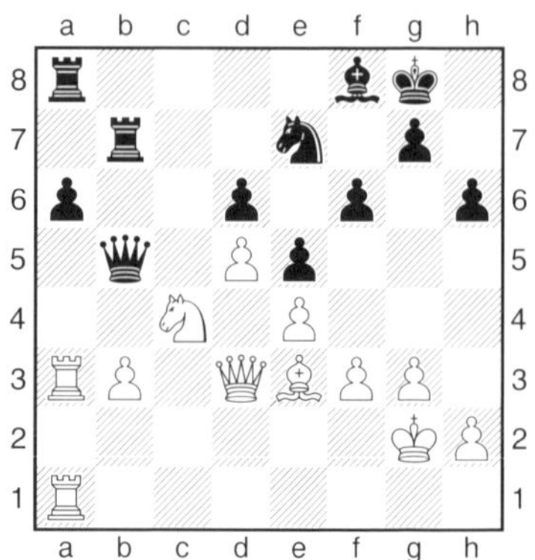

Schwarz kann sich kaum rühren, doch wie soll Weiß den entscheidenden Fortschritt erzielen? Rubinstein entschied sich dafür, Damentausch anzustreben.

27.Df1 Sc8 28.Sd2 Db4 29.Dc4 Dxc4 30.Sxc4 Tab8 31.Sd2 Tc7

Der Kampf ist so gut wie zu Ende. Es fehlt nur noch die Bewältigung des technischen Teils.

19. Aufgabe

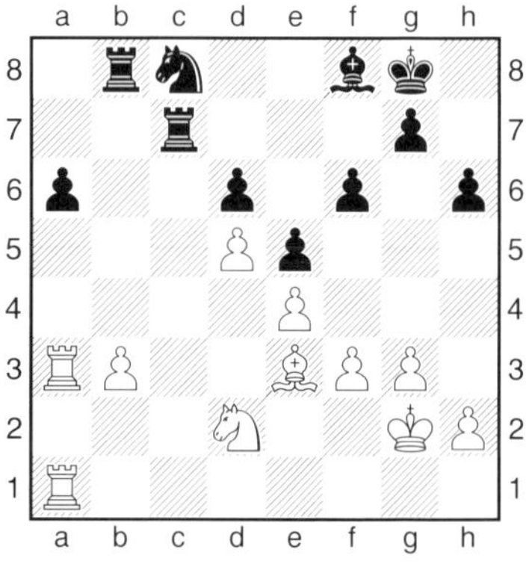

Weiß am Zug

Nach welchem Plan sollte Weiß vorgehen, um den Sieg endgültig sicherzustellen?

20. Kapitel

Pressing im Schachspiel

Karpow – Timman
Montreal 1979
Moderne Verteidigung

1.e4 g6 2.d4 Lg7 3.Sc3 g6 4.g3 Lg7 5.Lg2 0-0 6.Sge2 e5 7.0-0 Sa6

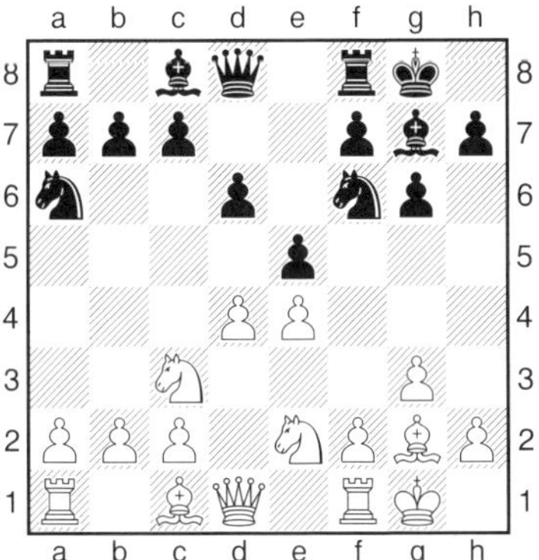

Bevor wir zu dieser Stellung den Ex-Weltmeister selbst zu Wort kommen lassen, sei noch einmal an den Satz Kotows erinnert, wonach ein Plan in mehreren Etappen zu entwerfen und auszuführen ist; erst alle Bausteine zusammen ergeben den letztendlichen Gesamtplan. In den dazu diskutierten Partien haben grobe Fehler (16.g4 in Bouaziz – Ribli) bzw. kleinere Ungenauigkeiten (19...Sxd5 in Rubinstein – Duras) das positionelle Gleichgewicht gestört.

Karpow bevorzugt die Methode der Anhäufung kleiner und kleinster Vorteile. Jeder einzelne dieser minimalen Vorteile stellt für den Gegner noch keine ernstliche Gefahr dar, doch ihre Ansammlung führt zu deutlichem positionellem Vorteil. Diese Methode wird in Anlehnung an die Fußballsprache ‚Pressing' genannt.

Hören wir Karpow selbst: Der Zug Sa6 ist offensichtlich nicht der günstigste. Jeder Versuch, den Springer ins Spiel zu bringen, ist entweder mit der Preisgabe des Zentrums (Tausch exd4) oder mit Tempoverlust verbunden. Die etwas unharmonische Verteilung der schwarzen Kräfte wird im Mittelspiel besonders unangenehm zu spüren sein.

8.Te1 c6 9.h3

Der für diese und ähnliche Stellungen typische Vorbeugungszug. Er ist speziell gegen den Ausfall Lg4 gerichtet, unter Umständen aber auch gegen Sg4.

9...Te8

Schwarz muss alle Hoffnungn auf Gegenspiel mit dem Druck auf den Bauern e4 verbinden, um den Weißen dazu zu bewegen, auf die ein oder andere Weise die Zentrumsspannung aufzuheben.

10.Lg5

Wieder ein charakteristischer Zug – zur Ausnutzung kleinster Vorteile. Der Läuferzug bewirkt eine unangenehme Fesselung, und wenn Weiß noch zu Dd2 kommt, ist diese nicht mehr so einfach abzuschütteln. Außerdem gäbe es dann zusätzlich die Möglichkeit Lh6, was meinen Gegner zu folgender Antwort veranlasst.

10...h6 11.Le3

So hat Weiß bei der Mobiliserung seiner Kräfte ein Tempo abgegeben, aber auch das spielt eine wichtige Rolle im Gesamtplan.

11...Dc7

Schwarz kommt einfach nicht dazu, den abseits stehenden Springer ins Spiel zu bringen.

12.Dd2 Kh7 13.Tad1

Weiß ist mit Entwicklungsvorsprung aus der Eröffnung hervorgegangen.

13...Ld7

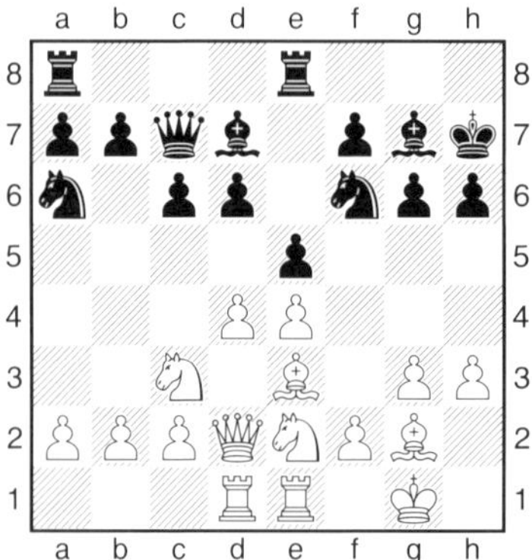

Zu Beginn des Mittelspiels ist es angebracht und nützlich, die Möglichkeiten beider Seiten abzuschätzen und den ursprünglichen Plan eventuell einer Korrektur zu unterziehen. Ich kam hier bald zu dem Schluss, dass geradliniges Spiel im Zentrum zu nichts führt. Viel besser ist es, den gegnerischen Königsflügel unter Druck zu setzen. Allerdings wollte ich nicht sogleich f4 spielen. Logischer erscheint der Vormarsch g3-g4 nebst Sg3, was zusätzlich den Bauern e4 stützt.

14.g4 Tad8 15.Sg3 Lc8 16.f4

Während Schwarz die Entwicklung seiner Figuren mühsam abschließen konnte, hat Weiß seinen weiterreichenden Plan bereits voll ausgeführt. Schwarz hat sehr unangenehme Probleme zu lösen. Den Bauernvormarsch am Königsflügel kann man nur durch Öffnung des Zentrums stoppen, doch das bringt gleichzeitig weiteren Raumvorteil für Weiß mit sich. Nun zog Timman genau das, was ich erwartet hatte.

16...b5

Das zieht Timman gern in ähnlichen Stellungen, aber hier ist der Vorstoß ganz leicht zu neutralisieren.

17.a3 b4?!

Nachdem der Nachteil am Königsflügel offensichtlich ist, versucht Schwarz, um jeden Preis Komplikationen in anderen Brettabschnitten zu schaffen.

18.axb4 Sxb4

Schwarz möchte nun versuchen, mit a5, La6, exd4 und c5 seine Figuren einigermaßen zur Wirkung zu bringen. Aber der Weg dahin ist weit.

19.Sce2 exd4

Nachdem Schwarz das Zentrum preisgibt, liegt die strategische Initiative ganz in Händen von Weiß. Auch 19...c5 20.fxe5 dxe5 21.d5 wäre nicht besser gewesen.

20.Sxd4 a5 21.c3 Sa6

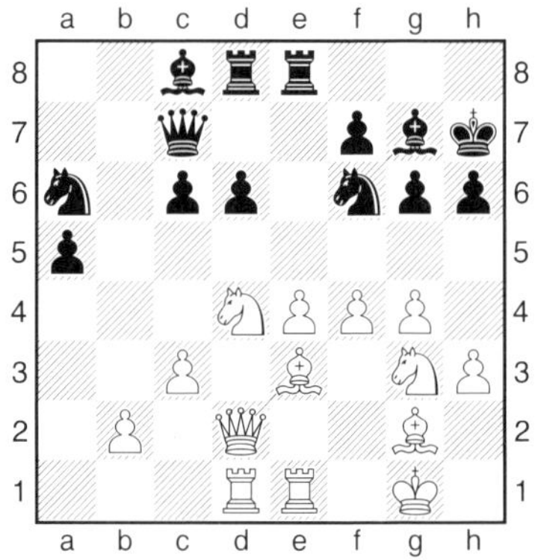

22.Dc2!

Ein stiller Zug, der nicht nur e4 überdeckt, sondern auch 22...Sc5 verhindert wegen 23.b4!

22...Ld7 23.Sf3 Te7

Nicht zu empfehlen ist 23...Sc5 wegen diesmal 24.e5. Vielleicht hätte man 23...c5 spielen sollen, doch dann ist der Springer auf a6 vollkommen wirkungslos.

24.Lf2

Einer der letzten prophylaktischen Züge, um vor dem entscheidenden Angriff alle Figuren harmonisch zu verteilen und Bauer e4 ein weiteres mal zu decken. Übereilt wäre 24.Dd3 gewesen wegen der Antwort 24...Lc8.

24...Le8

Ein taktischer Fehler, doch ist die schwarze Stellung bereits so geschwächt, dass die Entscheidung nicht lange auf sich warten ließ.

25.Dd3 Db7 26.Ta1!

Noch ein feiner Zug, der den Kampf praktisch beendet.

26...Sc7 27.Txa5 Tdd7 28.b4 Se6 29.Le3 c5 30.f5 Sd8 31.b5

Zum vollständigen Glück fehlt jetzt nur noch der Vorstoß c3-c4.

31...Kh8 32.Lf2 Dc7 33.Ta4 Db8 34.c4 Ta7

Die weißen Figuren haben ihr Ziel erreicht. Man muss nur noch leicht an der richtigen Stelle anklopfen.

20. Aufgabe

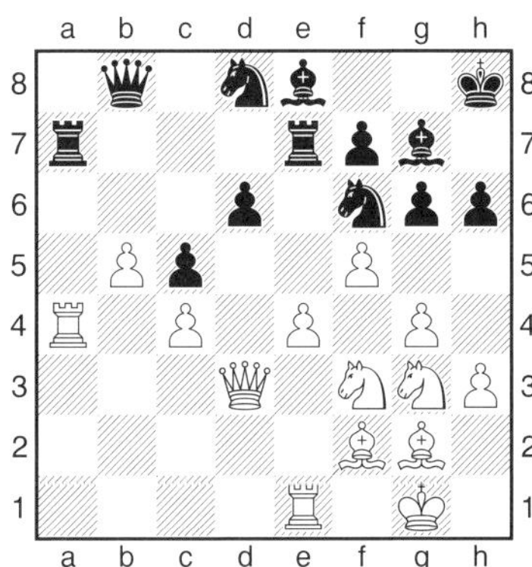

Mit welchem Manöver kann Karpow im 35. Zug die gegnerische Stellung dermaßen schwächen, dass vier Züge später die Kapitulation folgt?

Die ganze Partie über hat Karpow mit festen Vorstellungen gespielt; die Gegenspielchancen unter Kontrolle und in Grenzen halten; Raum erobern; aktives Vorgehen vorbereiten – Pressing in Vollendung. Ein ganz moderner, dynamisch strategischer Plan, der auf genauester Stellungsanalyse basierte.

Dies Beispiel zeigt, wie schwierig die Kunst der Planfassung sein kann. Wie man es lernt, einen guten Plan zu finden – das sollen die nächsten Kapitel zeigen.

21. Kapitel

Die Methode der Stellungsbewertung

Sieben Faustregeln bei der Planfassung

Zu Beginn der Besprechung des Themas ‚Stellungsbewertung' werfen Sie bitte einen Blick auf die folgende einfache Stellung (mit Weiß am Zug).

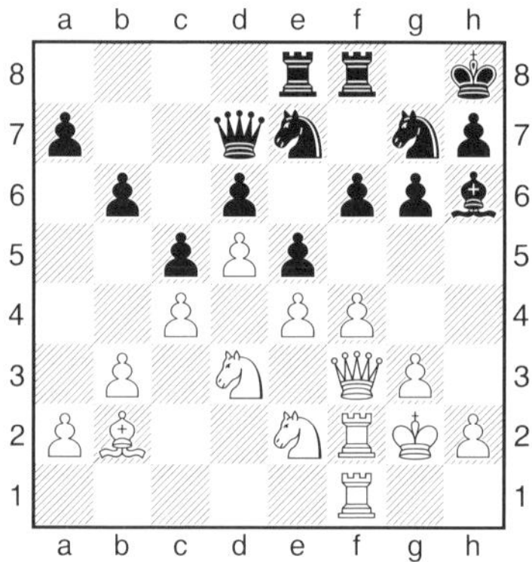

Bewerten Sie die Stellung, entwerfen Sie einen Plan und geben Sie den ersten Zug für Weiß an.

Das vorgegebene Beispiel (aus einer Partie Hort – Doleshal, 1962) ist recht einfach zu lösen, weil Weiß eine ziemlich forcierte Gewinnführung zur Verfügung steht; und zwar:

1.fxe5 fxe5? 2.Dxf8+ Txf8 3.Txf8+ Sg8 4.Lxe5! Dg4 5.Sc3 Dg5 6.Lf4 Dh5 7.Lxd6 Ld2 8.Txg8+ nebst #.

Etwas mehr ‚Anstrengungen' waren Weiß mit 1...dxe5 abzuverlangen, denn nach 2.Lxe5 könnte Schwarz mit 2...Sef5! im Trüben zu fischen versuchen, obwohl auch das mit 3.Lf4 Lxf4 4.Dxf4 siegreich unter Kontrolle zu halten wäre.

Ein deutlicherer Beweis, welch ungeheures Kraftpotenzial in der weißen Stellung schlummert, wäre nach 2.Sxe5! aufs Brett gekommen; und zwar 2...fxe5 3.Dxf8+ Txf8 4.Txf8+ Sg8 5.Lxe5 De7 6.Ta8!! Dxe5 9.Tff8 Dxe4+ 10.Kh3 usw.

Als Urvater der methodischen Stellungsbewertung gilt Wilhelm Steinitz. Er untergliederte jede Position in ihre Einzelelemente, verglich die Charakteristika beider Seiten miteinander und fällte erst dann ein Urteil über die Stellung in ihrer Gesamtheit. Und auf der Basis dieser Analyse ging er dann zur Planfassung über.

Die moderne Praxis hat seinen theoretischen Ansatz noch bereichert. So geht man heutzutage von folgenden Grundelementen aus:

1) Materialbestand im Gleichgewicht oder Ungleichgewicht;

2) Sicherheit der Königsstellung;

3) Kräfteverteilung – zentral oder dezentral; Raumvorteil;

4) Beherrschung offener Linien;

5) Figurenaktivität;

6) Bauernstruktur; Felderschwächen und Vorposten;

7) unmittelbare Drohungen.

Unter Berücksichtigung dieser Elemente entsteht eine statische Analyse, ein Plan wird entworfen, der entsprechende Einleitungszug wird gesucht und die daraus resultierenden Varianten werden berechnet. Von der statischen, also unbeweglichen Analyse muss dann der Schritt zur dynamischen Planfassung erfolgen, wobei alle Nuancen der Stellung zu beachten sind.

Versuchen wir nun, die eingangs besprochene Aufgabe in ihren Grundelementen zu untersuchen.

zu Punkt **1:** Die Kräfte sind gleichmäßig verteilt, wobei bislang nur ein Paar Läufer abgetauscht wurde.

zu Punkt **2:** Es ist offensichtlich, dass der weiße König sicher und für feindliche Figuren unerreichbar steht. Derweil hat der schwarze jede Menge Grund zur Sorge – u.a. weil der Lb2 längs der langen Diagonale einen ‚Röntgenblick' auf ihn wirft.

zu Punkt **3**: Die weiße Armee ist harmonisch verteilt und effektiv postiert, während die schwarze unkoordiniert im linken oberen Quadranten zusammengepfercht ist. Der Brückenkopf d5 sichert Weiß erheblichen Raumvorteil.

zu Punkt **4**: Zwar weist die Stellung geschlossenen Charakter auf, jedoch verfügt Weiß über den effektiveren Hebel, da er wesentlich mehr Vorteile aus der teilweisen oder kompletten Öffnung der f-Linie ziehen könnte als Schwarz aus einer halboffenen e-Linie.

zu Punkt **5**: Hier offenbart bereits ein flüchtiger Blick, dass Weiß geradezu unermesslich aktiver steht. Als Symbol der schwarzen Figurenmisere mag hingegen der Lh6 dienen, der untätig und pattgesetzt im Abseits steht.

zu Punkt **6**: Die gegebene Bauernstellung wird durch die beiderseitig geschlossenen Bauernketten charakterisiert. Die Felderschwächen d4, c6 und e6 sind alle unerreichbar und ergo irrelevant.

zu Punkt **7:** Direkte Drohungen können höchstens auf Seiten von Weiß gegeben sein, wobei e5 angesichts zweier angreifender Figuren als Ansatzpunkt für ein Zertrümmerungsopfer sogleich ins Auge sticht. Auch ruft die Unterversorgung der Grundreihe größtes taktisches Interesse hervor.

Aus der Gesamtbilanz geht hervor, dass Weiß die Stellung öffnen sollte, damit seine besser postierte Armee den schlechter postierten gegnerischen König erreichen kann. In der praktischen Partie würde diese Analyse selbstredend wesentlich geraffter erfolgen.

21. Aufgabe

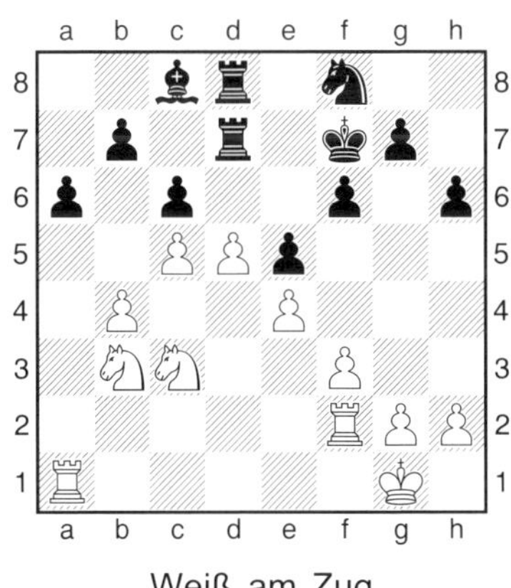

Weiß am Zug

Untersuchen Sie diese Stellung nach obigem Muster.

22. Kapitel

Das erste Element der Stellungsbewertung:

Materialbestand im Gleichgewicht oder Ungleichgewicht?

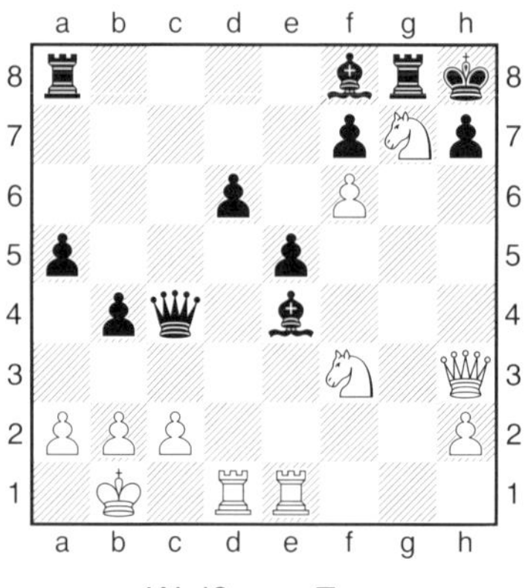

Weiß am Zug

Zu Beginn dieses Kapitels eine Art Scherzfrage: Wie schwer wiegt hier der weiße Minusbauer?

In einer Partie Saunina – Tschechowa (1980) lautete die klare Antwort nach **1.Txe4! Dxe4 2.Sg5 Dg6 3.Dxh7+!** nebst Sxf7#, dass ein Matt doch deutlich schwerer wiegt.

Zum Einstieg in die Thematik materiellen Ungleichgewichts betrachten wir zunächst solche Fälle, in denen der Unterschied jeweils nur einen Bauern ausmacht. Bei solchem oder auch größerem materiellen Defizit muss die Schlüsselfrage immer lauten: Verfügt die Seite mit Materialrückstand über irgendwelche Kompensation?

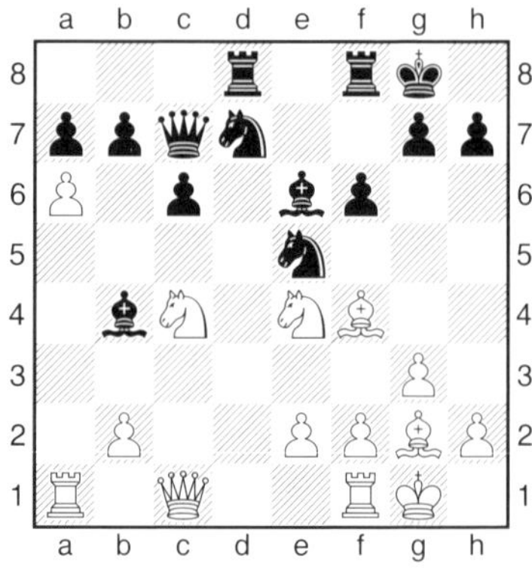

Schwarz am Zug

Diese Stellung stammt aus der berühmten Partie Euwe – Aljechin (1937). In wenigen Zügen wird Schwarz ohne jede Kompensation einen Bauern verlieren. Es ist sehr lehrreich, wie Weiß den Vorteil des Mehrbauern zum Tragen bringt und dabei jegliches Gegenspiel unterbindet. Die Kommentare (außer denen in Klammern) stammen von Euwe selbst.

16...bxa6

Diesen Zug habe ich nicht erwartet, nicht einmal durchgerechnet, da er die Bauernstruktur zerstört. Besser wäre wohl 16...b6 gewesen.

17.Sxe5 Sxe5 18.Sc5 Lxc5

18...Lc8?? 19.Lxe5 nebst Dc4+

19.Dxc5 g5

Schwarz hat keine vernünftigen Antworten mehr. Um den Springer zu befreien, wird der Königsflügel geschwächt.

(19...Db6!? 20.Dxb6 axb6 21.Txa6 Lc4 22.Txb6 Lxe2 23.Ta1 Sf3+ 24.Kh1 c5; 24...g5 25.Le3 Tb8)

20.Le3

(20.Lxe5!? Dxe5 21.Dxe5 fxe5 22.Tfc1!)

20...Ld5

Einer der beiden weißen Läufer soll abgetauscht werden. Schwarz verliert einen Bauern dabei, aber dies ist unvermeidlich.

(20...Ld5? – besser 20...Tf7 21.f4 +/=)

21.Txa6 Lxg2 22.Kxg2 Tf7 23.Tfa1 Dd6 24.Dxd6 Txd6 25.Txa7 Txa7 26.Txa7 Sc4

Schwarz kommt nun doch zu einem gewissen Gegenspiel, aber es reicht nicht aus, um die Partie zu retten.

27.Lc5 Te6 28.Ld4 Txe2 29.Lxf6 g4 30.Kf1!

Es verbietet sich 30.Tg7+ Kf8 31.Txg4?? Se3+ 32.Kf3 Sxg5 33.Kxe2 Sxf6 mit Figurenverlust.

30...Tc2 31.Tg7+ Kf8 32.Txg4 Sxb2 33.Lxb2

Das entstandene Turmendspiel ist für Weiß gewonnen; es hätte auch andere Fortsetzungen gegeben, doch ist diese Stellungsvereinfachung bei gegebenem Vorteil prinzipiell richtig.

33...Txb2 34.Tc4 Tb6 35.Ke2 Kf7 36.Th4 Kg6 37.Tf4 Tb3 38.Tc4 Tb6 39.Ke3 Kf5 40.g4+ Ke6 41.f4 Kd5 42.Td4+ Ke6 43.f5+Ke7 44.Te4+ Kf7 45.h4 Tb1 46.Kf4 Tc1 47.Ta4 h6 48.Ta7+ Kg8 49.g5 Tc4+ 50.Ke5

Schwarz gab auf.

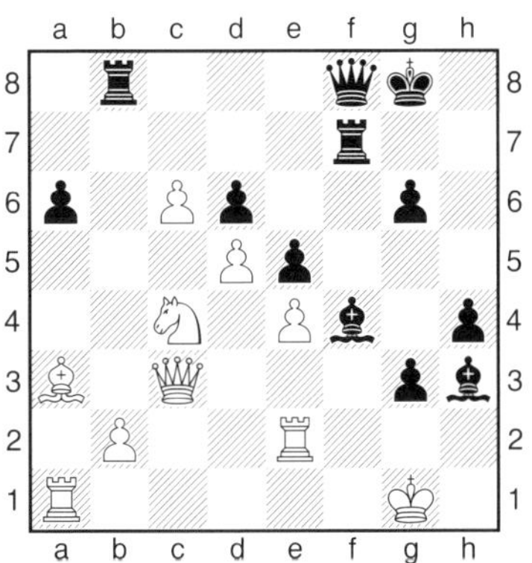

Schwarz am Zug

Wegen der Drohung Lxd6 muss Schwarz sich etwas einfallen lassen. Es fällt auf, dass die weiße Truppe zu weit vom König entfernt ist und dass aus der Schwäche des latenten Mattfeldes f1 Kapital zu schlagen sein sollte.

1...Tb3!!

Dieses Ablenkopfer führte zur sofortigen Kapitulation, denn auf 2.Dxb3 folgt das Sperropfer 2...Lc1! mit unparierbarem Matt.

Auf 2.De1 sind 2...Tf3 oder 2...g2 die stärksten von einem Dutzend Gewinnzügen.

Und nach 2.Lxd6 Txc3 3.Lxf8 Txc4 gewinnt Schwarz bei anhaltendem Angriff zunächst eine Figur.

Wenn also der Gegner keine Kompensation für den Minusbauern hat (Euwe – Aljechin), ist ein guter Plan zumeist mit Stellungsvereinfachung verbunden. Nicht immer lässt sich ein materieller Vorteil ruhig und positionell in einen Sieg verwandeln (Denim – Skuja). Häufig ist ein direkter Königsangriff gefordert.

22. Aufgabe

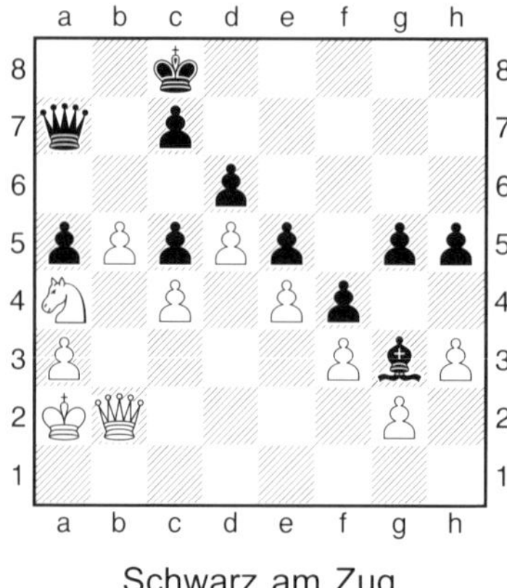

Schwarz am Zug

In diesem Beispiel (aus einer Partie Petrosjan – Hazai, 1971) herrscht materielles Gleichgewicht, doch droht Weiß mit Spielöffnung am Damenflügel nebst Entfaltung einer minimalen Initiative. Kann Schwarz diese Absicht im Keim ersticken?

23. Kapitel

Das zweite Element der Stellungsbewertung:

Die Königssicherheit geht über alles!

Hier betrachten wir einige Stellungen, in denen die gefährliche Lage eines Königs als Hauptfaktor anzusehen ist.

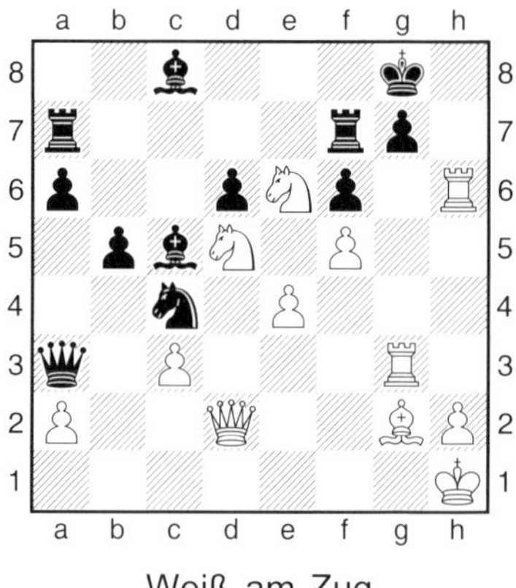

Weiß am Zug

In dieser Stellung (aus einer Partie Lagunow – Tschrenow, 1981) ist ein lehrbuchmäßiger Mattüberfall auf den schwarzen König möglich.

1.Txg7+! Txg7 2.Th8+! Kxh8 3.Dh6+ Kg8 4.Sxf6+ nebst Dxg7#

War es schwierig, diese brillante Kombination zu finden? Vielleicht gar nicht so sehr, weil man ja durch die vorhergehende Stellungsbewertung regelrecht darauf gestoßen wird. Der Gedankengang könnte etwa folgendermaßen verlaufen.

In materieller Hinsicht sind beide Seiten gleich. Schwarz bedroht die Dame auf d2, die das Feld c1 unter Kontrolle halten muss. Losgelöst davon droht Weiß, mit Sxf6+ eine Qualität zu gewinnen.

Der weiße König steht einigermaßen sicher, während der schwarze stark unter Druck steht: fünf der sechs weißen Figuren greifen seine Stellung an.

Im Zentrum steht Weiß etwas besser, er beherrscht mehr Raum am Königsflügel. Weiß hat auch die freien Linien besetzt, vor allem in der Nähe des gegnerischen Königs (die g- und h-Linie; die Diagonale c1-h6).

Die weißen Figuren sind aktiver verteilt, vor allem die Springer und die Türme. Die Bauernstruktur hat es dem Weißen erlaubt, Springervorposten auf d5 und e6 zu errichten, die viel wichtiger sind als der schwarze Vorposten auf c4. Also besitzt Weiß klare Vorteile.

Die schwarze Verteidigung ist auf das Feld g7 konzentriert, weil sich dort der Schwachpunkt der ganzen Stellung befindet. Deswegen muss Weiß nach Wegen suchen, die Festung zu zerstören (1.Txg7+). In der Folge ist das Übergewicht von Dame und zwei Springern gegen nur einen verteidigenden Turm sofort entscheidend.

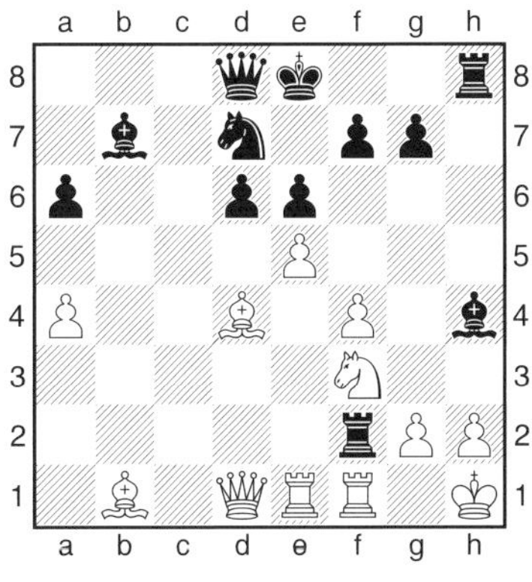

Schwarz am Zug

In dieser Stellung (aus einer Partie Ghinda – Gogolja, 1981) ist es schwer nachzuvollziehen, wie der schwarze Turm nach f2 gelangen konnte, aber ungeachtet davon garantiert dessen Position einen sofortigen Mattangriff, denn der weiße König befindet sich in einem Netz von nicht weniger als fünf Angreifern.

1...Lxf3 2.gxf3 Txh2+! 3.Kxh2 Lg3+!

Weiß gab auf, denn nach 4.Kg2 Th2+ 5.Kg1 Dh4 folgt Matt in zwei Zügen.

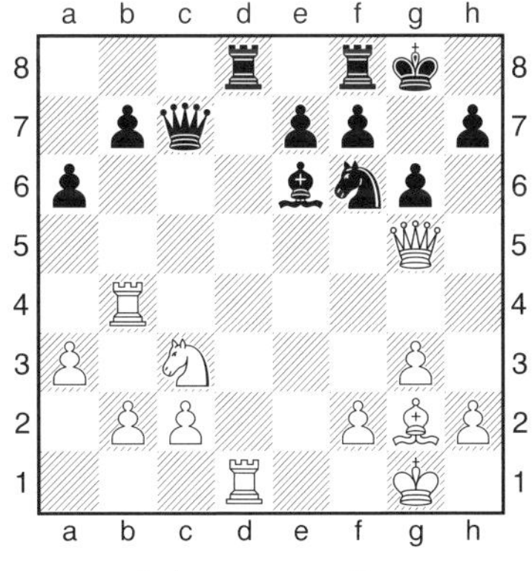

Schwarz am Zug

Auch in dieser Stellung (aus einer Partie Pljassowa – Wilimane, 1981) fällt der Gewinn leicht, wenn man sich nicht von dem Bauerngewinn 1...Txd1+? 2.Sxd1 Dxc2 mit relativ geringem Vorteil in die Irre führen lässt, sondern die tödliche Schwäche der weißen Grundreihe entdeckt.

1...Dxc3! 2.bxc3 Txd1+ 3.Lf1 Lh3

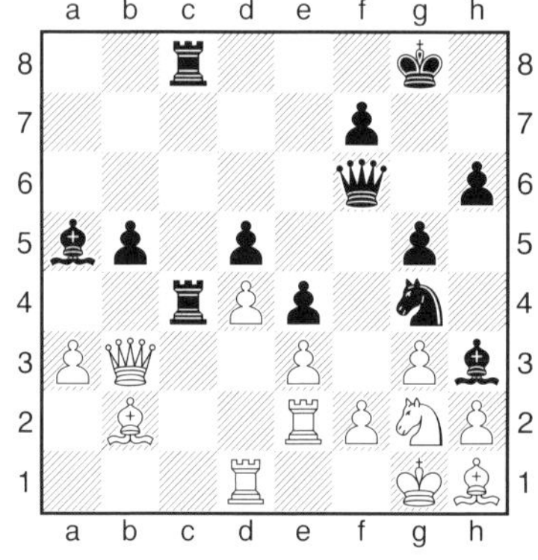

Schwarz am Zug

Der schwarze Vorteil ist kaum zu übersehen, und auch alle Elemente der Stellungsbewertung sprechen dafür. Doch wie soll man diesen Vorteil in einen Sieg umsetzen? Man könnte 1...Sxh2!? 2.Kxh2 Lg4 spielen, was auch gewinnen sollte. Allerdings gibt es einen schnelleren und viel eleganteren Weg.

1...Df3! 2.Sf4 gxf4! 3.Lxf3 exf3 4.Ted2 Lxd2 5.Txd2 fxe3 6.Dd1 exd2 7.Dxd2 Tc2

Weiß gab auf.

23. Aufgabe

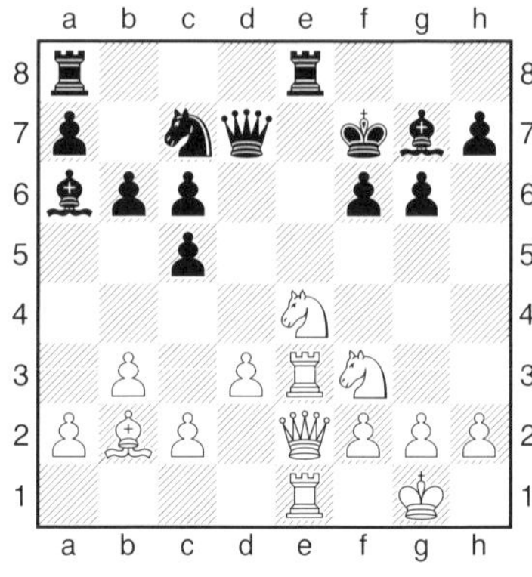

Weiß am Zug

Die Entscheidung, wer besser steht, dürfte nicht schwerfallen. Wie aber kann Weiß die gegnerische Königsstellung erstürmen?

24. Kapitel

Das dritte Element der Stellungsbewertung:

Zentrum und Raumvorteil

Ein jedes der Bewertungselemente beeinflusst die Wahl eines Planes und dessen Ausführung. Eines der stets gegebenen Bestreben ist die Eroberung zentraler Felder sowie deren Beherschung und Benutzung durch dort zu postierende Figuren.

Rasuwajew – Plachetka (1981)

Slawisches Damengambit

1.d4 d5 2.c4 c6 3.Sc3 Sf6 4.Sf3 dxc4 5.a4 Sa6 6.e4

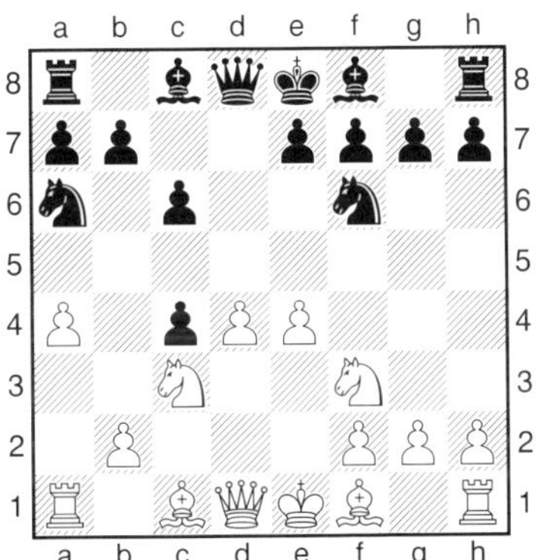

Die von Schwarz gewählte Variante der Slawischen Verteidigung gibt das Zentrum preis, wobei er darauf hofft, seine Entwicklungsprobleme bewältigen zu können. Weiß dagegen kann sich auf die nachhaltige Zentrumsbeherrschung stützen. Es ist interessant mitzuverfolgen, wie er mittels dieser Strategie zunächst Vorteil und später den Sieg erringt.

6...Lg4 7.Lxc4 e6 8.0-0 Sb4 9.Le3 Le7 10.Le2

Dieser Zug leitet ein dreizügiges Manöver ein, das die Stationierung eines starken Zentrumsspringers zum Ziel hat.

10...0-0 11.h3 Lh5 12.Se5! Lxe2 13.Dxe2 Sd7 14.Sc4

Natürlich soll dieser Springer nicht getauscht, sondern nach d6 geführt werden.

14...Dc7 15.Tac1 Tad8 16.Tfd1 Db8 17.g3 b6 18.Lf4

Die letzten vier Züge waren charakteristisch für die weiße Zentrumsstrategie: Die Türme haben die wichtigsten Linien besetzt, und der Läufer hat die Herrschaft über die Diagonale g3-b8 übernommen.

18...Db7 19.Ld6 Lxd6 20.Sxd6 Da6 21.De3 c5

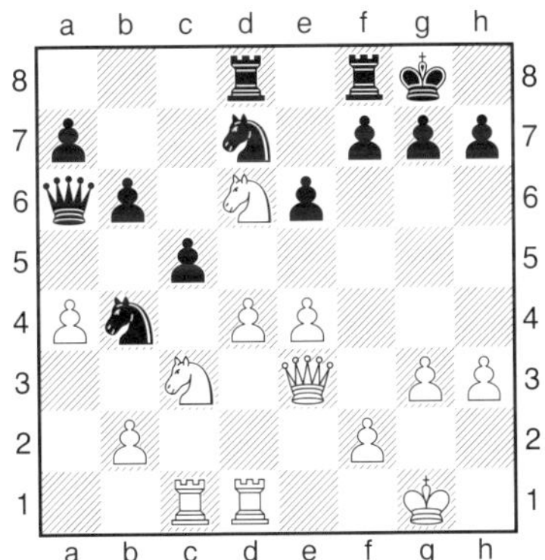

22.d5!

Triumph der Zentrumsstrategie! Weiß beherrscht die Brettmitte nun vollkommen, die schwarzen Figuren stehen beengt und der Angriff auf den König kann beginnen.

22...exd5 23.exd5 Sf6 24.Sf5 h6

Es drohte 25.Dg5.

25.Df3 Kh7 26.d6! Tfe8 27.Se7 Kh8 28.g4!

Damit geht Weiß zum direkten Angriff über.

28...c4?

Unbedingt erforderlich war 28...Tf8, um den Königsspringer nach d7 oder h7 zurücknehmen zu können.

29.g5! hxg5 30.Se4 Db7 31.Txc4 a5

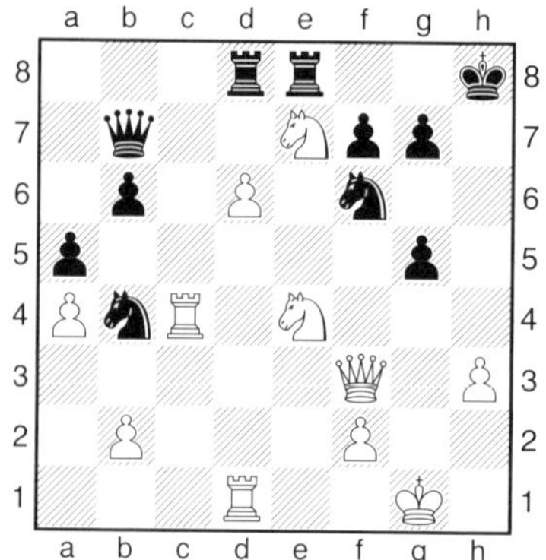

32.Tdd4!

Dieser Zug setzt den Schlusspunkt unter die ganze Strategie im Zentrum. Schwarz kann sich nicht mehr ausreichend verteidigen.

32...Txe7 33.Sxf6!

Schwarz gab auf, denn auf 33...Dxf3 folgt 34.Th4+ nebst matt.

Das Streben nach Zentrumsbeherrschung kommt nicht nur in Eröffnung und Mittelspiel vor, sondern es ist durchaus auch im Endspiel anzutreffen.

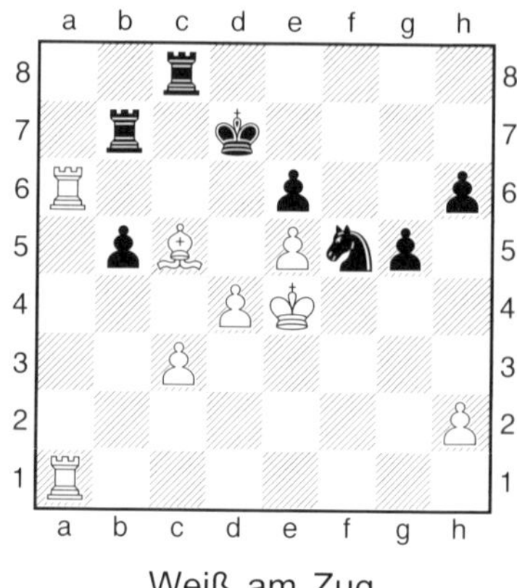

Weiß am Zug

In dieser Stellung (aus einer Partie Spasski – Ljubojevic, 1979) ist für Schwarz scheinbar alles in bester Ordnung, denn die weißen Bauern kommen nicht vorwärts, während am Königsflügel die mittelfristige Schaffung eines Freibauern in Aussicht steht. Dieses Urteil ändert sich jedoch buchstäblich schlagartig nach der folgenden Kombination.

1.Txe6!

Die danach entstehende weiße Bauernlawine ist nicht zu stoppen. Nach 1...Kxe6 folgt 2.Ta6+ Kd7 3.Kxf5, so dass Schwarz eine Ausrede versuchte. Wahrscheinlich hätte Weiß sich deswegen sogar die Zeit für 1.Lb4! nehmen sollen, um erst dann mit Txe6 fortzufahren, denn Schwarz hat keinen sinnvollen Zug, der dies verhindern würde.

1...Txc5 2.Kxf5 Txc3 3.Txh6 Kc7 4.Th7+ Kb6 5.Txb7+ Kxb7 6.e6 Kc7 7.Ta7+ Kb6 8.Ta8

Schwarz gab auf.

Mit dem Begriff ‚Zentrum' ist unmittelbar der Begriff ‚Raum' verbunden. Wer sich freier bewegen kann, der ist in aller Regel mehr oder weniger im Vorteil.

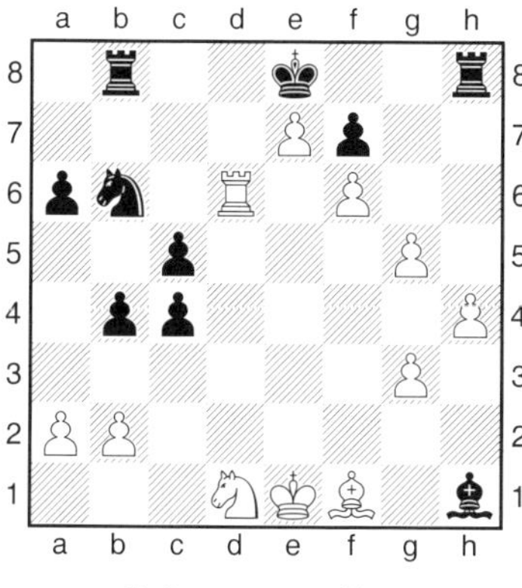

Schwarz am Zug

In dieser abenteuerlichen Stellung (aus einer Partie Polugajewski – Torre, 1981) hat Weiß zwecks Erhalt von gehörigem Raumvorteil einen ganzen Turm geopfert, wobei er sich ja zunächst darauf verlassen konnte, dass auch der Th8 nicht ohne weiteres am Geschehen teilnehmen wird. Die Partie verlief wie folgt:

1...Sd5?

Womöglich musste Schwarz sich mit 1...Le4 auf eine defensive Abwartestrategie verlegen, denn nach dem Textzug steht Weiß unmittelbar auf Gewinn.

2.Lxc4 Sxe7 3.fxe7 Kxe7 4.Tf6 Thf8 5.Se3 Le4 6.Txa6 Tbd8 7.Tf6 Td6 8.Tf4 Td4 9.h5 Ld3 10.Sd5+ Kd6 11.Txd4 cxd4 12.Lb3?

Nach 12.Lxd3 Kxd5 13.h6 nebst Königsmarsch nach h5 wäre der Gewinn nur noch eine Frage der Zeit gewesen.

12...Lc2?

Besser war 12...Lf5 oder 12...Tg8 mit unklarer Stellung.

13.Lxc2 Kxd5 14.Lb3+?

Immer noch gewann 14.h6 nebst Königsmarsch.

14...Ke5 15.g4 Kf4?

Ein Zeitnotfehler. Richtig wäre 15...d3 16.Kd2 Kd4 mit Verteidigungschancen gewesen.

16.g6! Ke3 17.g7 Tc8 18.Kf1 d3 19.Kg2 Kf4 20.h6

Schwarz gab auf.

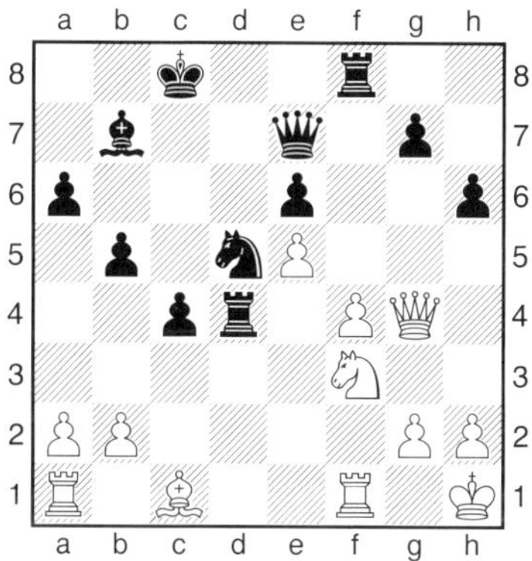

Schwarz am Zug

In dieser Stellung (aus einer Partie Gligoric – Jussupow, 1981) ist es interessant zu verfolgen, wie Schwarz seinen Raumvorteil zu einem Schlussangriff auf den König nutzt.

1...Tdxf4! 2.Lxf4 Txf4 3.Dg3 g5! 4.Tae1 Db4! 5.Tf2 Se7 6.a3 Dc5 7.Td2 Sf5 8.Dh3 g4 9.Dh5 Kb8

Ein ungenauer Zug. Mit 9...gxf3 10.De8+ Kc7 11.Dd8+ Kc6 12.Ted1 fxg2+ war der Kampf schneller zu entscheiden.

10.Sh4 Dxe5 11.De8+ Ka7 12.Tdd1 Te4 13.Txe4 Dxe4 14.Df8 Dc6 15.Td2 c3 16.bxc3 Dxc3 17.Td1 Dc2 18.Dd8 Df2

Weiß gab auf.

24. Aufgabe

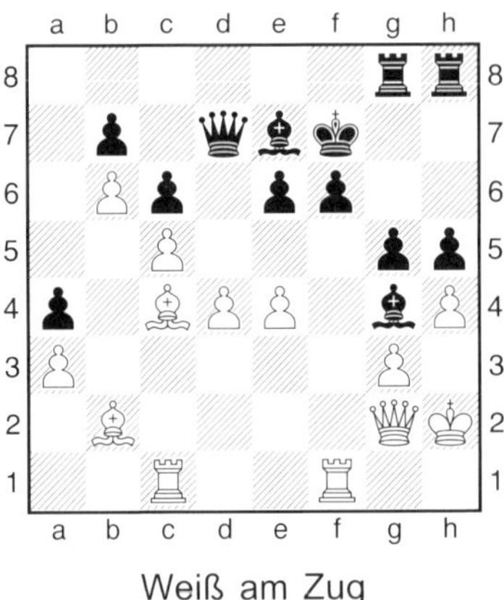

Weiß am Zug

Begründen Sie, warum Weiß besser steht. Geben Sie an, wie er durch Zentrumsaktivität zum Sieg gelangen kann.

25. Kapitel

Das vierte Element der Stellungsbewertung:

Freie Linien

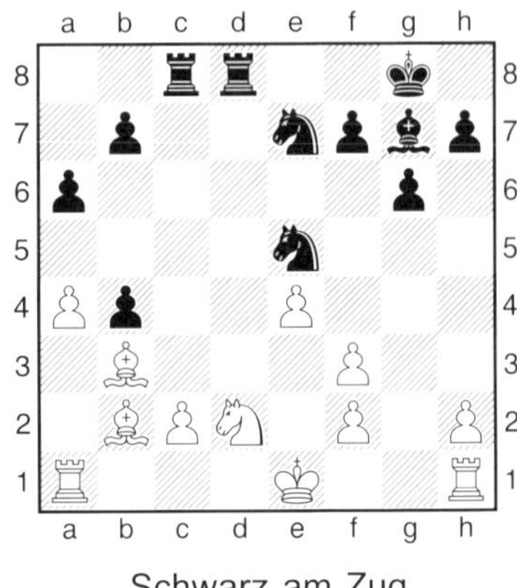

Schwarz am Zug

In dieser Stellung (aus einer Partie Malanjuk – Sturua, 1982) ist Schwarz mit deutlichen Vorteilen aus der Eröffnung hervorgegangen, denn seine Türme wirken bereits aktiv mit und seine Bauernstruktur ist wesentlich gesünder. Durch gezielte Abtausche sorgt er nun dafür, dass beide Faktoren zum Tragen kommen.

1...Sd3+!

Selbstredend ist auch 1...Sxf3+ stark, nur würde nach 2.Sxf3 Lxb2 3.Tb1 Lc3+ 4.Ke2 der weiße Springer aktiv und in der d-Linie könnte Weiß auf entlastenden Turmtausch ausgehen.

2.cxd3 Lxb2 3.Tb1 Lc3 4.Ke2 Lxd2! 5.Kxd2 Tc3 6.Lc2 Sc6 7.Thc1 a5 (droht Sd4 oder Se5) **8.Tb3 Tdxd3+! 9.Lxd3 Txb3 10.Tc5 Ta3 11.Tb5 Sd4 12.Td5**

12.Txb7 ist wegen 12...Sxf3+ oder 12...Sb3+ nebst Sc5 nicht besser.

12...Sc6

Natürlich gewinnt auch 12...Sxf3+ oder 12...Sb3+ nebst b6 und Sc5.

13.Tb5 Txa4 14.f4 Ta2+ 15.Ke3 Ta3 16.Kd2

16.Txb7 g5!; 16...b3 nebst Sb4

16...Sd4 17.Txb7 Sb3+ 18.Kd1 Ta1+ 19.Kc2 Sc5 20.Tb8+ Kg7 21.Kb2 Th1 22.Kc2 Txh2

Weiß gab auf.

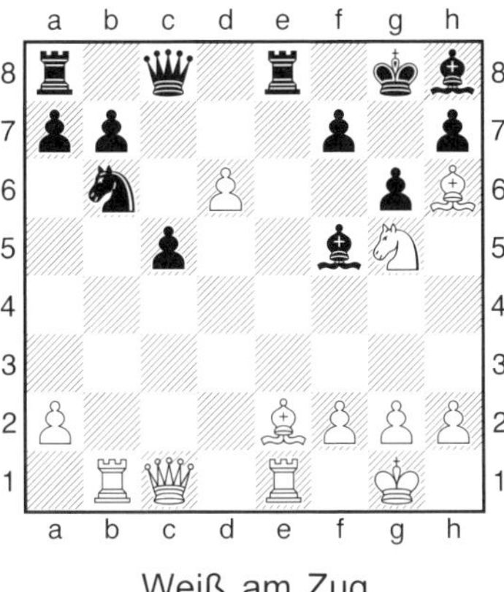

Weiß am Zug

Auch in dieser Stellung (aus einer Partie Tschiburdanidze – Malanjuk, 1982) hatte der angehende Großmeister keine glückliche Hand im Umgang mit offenen Linien. Als Reaktion opfert die angehende Weltmeisterin beide Qualitäten und entwickelt einen nachhaltigen Angriff.

1.Txb6! axb6 2.Lc4 Le6 3.Txe6! fxe6??

Danach ist Schwarz augenblicklich und zwangsläufig verloren. Nur mit 3...Txe6 4.Sxe6 fxe6 war an eine zähe Verteidigung zu denken; etwa 5.De3 Kf7 6.Df3+ Kg8 7.De4 Kf7.

Danach scheint 8.g4! der beste Zug zu sein, um die folgenden Angriffsideen Lxe6+ nebst Dxb7+ sowie f4-f5 miteinander zu verknüpfen. Selbstredend verfügt Weiß über prächtige Kompensation, aber von einer *Gewinnstellung* wäre noch längst nicht die Rede.

4.Df4 Dd7

4...Tf8? 5.Dxf8+ Dxf8 6.Lxe6+ nebst #

5.Lb5

Schwarz gab auf.

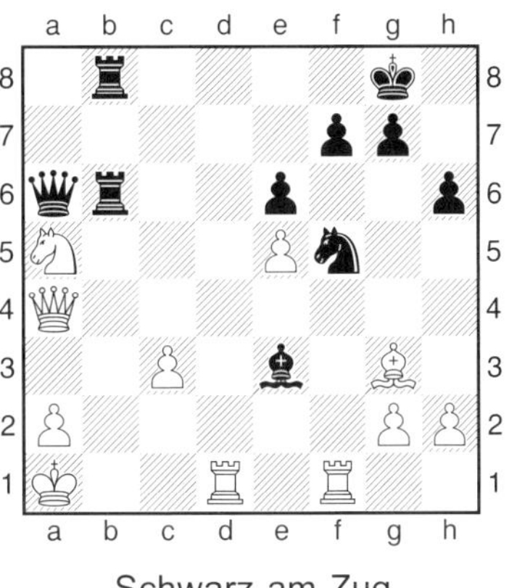

Schwarz am Zug

In dieser Stellung (aus einer Partie Idess – Semkow, 1980) steht Schwarz speziell wegen der Beherrschung der b-Linie sowie der Mattgefährdung des gegnerischen Königs besser.

1...Sd4

Nach der noch stärkeren Folge 1...Ld2! 2.Tf3 De2 hätte Schwarz sich bereits nach Mattbildern umschauen können.

2.cxd4 Tb4! 3.Dd7

Nur mit 3.Dxb4 war eine baldige Mattsetzung abzuwenden.

3...Lxd4+

Und hier hätte Schwarz nach 3...Dxa5 mit der Drohung Dxa2+ sogar schon ein Matt *ankündigen* können.

4.Txd4

Zum Mattausschluss war 4.Dxd4 erforderlich.

4...Dxf1+ 5.Td1 Tb1+

Weiß gab auf.

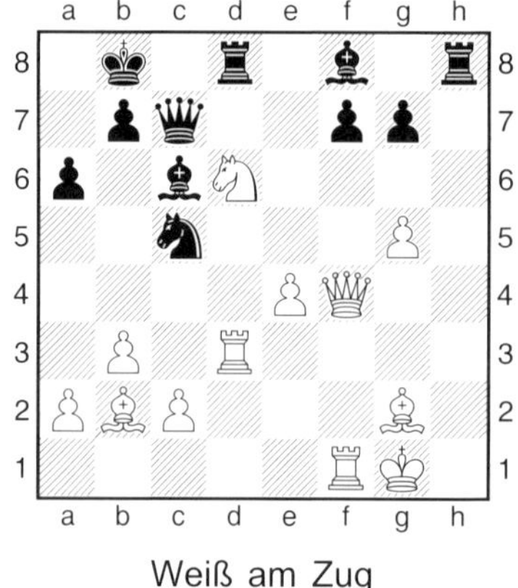

Weiß am Zug

In dieser Stellung hatte Schwarz zuletzt (und in der Hoffnung auf Materialgewinn) Sd7-c5 gespielt. Dabei hatte er jedoch die Verhältnisse in der Diagonale h2-b8 sowie auf seiner Grundreihe nicht genügend beachtet.

1.Sb5!

Die Drohung Le5 entscheidet die Partie.

1...Ld6 2.Txd6

Schwarz gab auf, denn nach 2...Lxb5 folgt 3.Txd8+ Txd8 4.Le5 usw.

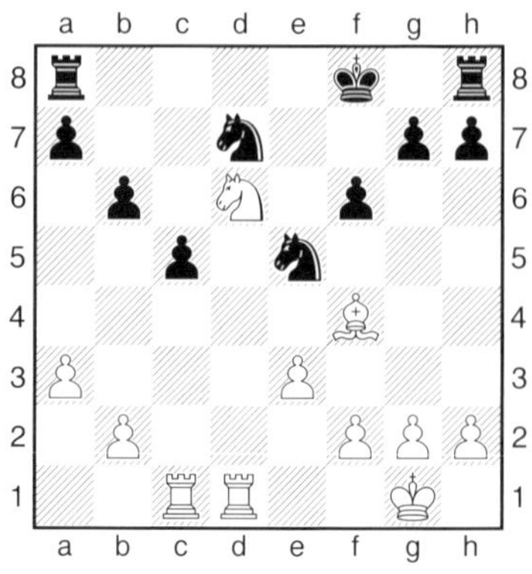

Weiß am Zug

In dieser Stellung (aus einer Partie Hort – Miles, 1982) ist ausnahmsweise kein taktischer Gewinn gesucht, denn ein solcher ist nicht gegeben. Vielmehr geht es um die Suche nach der adäquaten technischen Umsetzung des Positionsvorteils, der speziell in der Beherrschung der einzigen offenen Linie besteht – sowie in der Möglichkeit, eventuell auf die 7.Reihe vorzudringen.

1.b4! cxb4 2.axb4 a5

Schwarz verschafft sich einen Freibauern, um die gegnerischen Kräfte eventuell damit ablenken zu können.

3.bxa5 bxa5 4.Tc7 h5 5.h3

Deutlich stäker war sofort 5.Lxe5 Sxe5 6.f4, und ganz gleich, ob jetzt 6...Sg4 oder 6...Sg6 folgt, entscheidet das feine Manöver 7.Sc8! Kg8 8.Tdd7 usw.

5...g5

Auf 5...a4 folgt wieder 6.Lxe5 Sxe5 7.f4 Sg6 8.Sc8 usw.

6.Lxe5 Sxe5 7.f4 gxf4 8.exf4 Sg6 9.Sf5 Sxf4 10.Td6 Tg8

Statt aufzugeben, lädt Schwarz zur Mattsetzung ein.

11.Txf6+ Ke8 12.Sd6+ Kd8 13.Tff7 Txg2+

Und Schwarz gab gleichzeitig auf.

25. Aufgabe

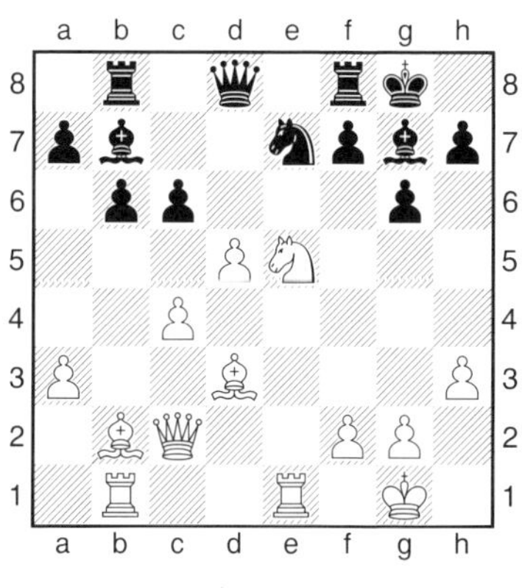

Weiß am Zug

Auf der Beherrschung speziell welcher Linie fußt der weiße Vorteil? Wie könnte man zur entscheidenden Angriffsverstärkung auch noch den b-Turm ins Geschehen miteinbeziehen?

26. Kapitel

Das fünfte Element der Stellungsbewertung:

Was ist eine aktive Figur?

Die aktive Postierung und Verteilung der Figuren ist von enormer Bedeutung. Was aber versteht man unter Figurenaktivität? Eine Figur, die imstande ist, mit ihrer vollen Kraft ins Geschehen einzugreifen, nennt man *aktiv*. Zur Erlangung maximaler Aktivität wird häufig in Eröffnung oder Mittelspiel ein Bauer oder auch mehr geopfert. Charakteristisch für jede Form von Angriff ist das Zusammenwirken aktiver Figuren.

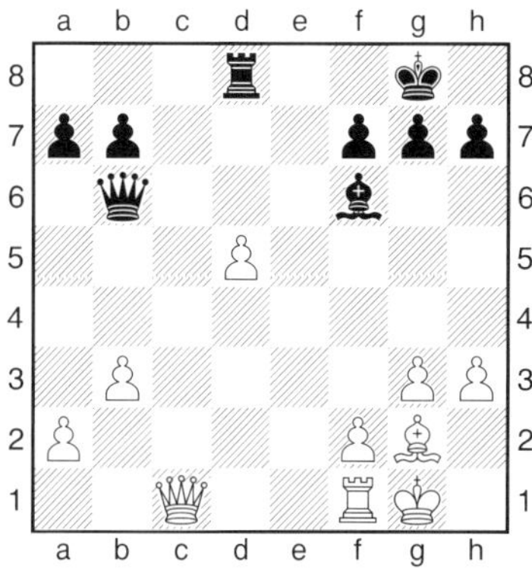

Schwarz am Zug

In dieser Stellung (aus der 15. WM-Partie, Kortschnoi – Karpow, Meran 1981) hatte Schwarz sich auf das Spiel mit einem Minusbauern eingelassen, weil er richtig erkannt hatte, dass die Aktivität seiner Figuren dieses Manko ausgleichen wird. Tatsächlich hat Weiß kaum Chancen, seinen Materialvorteil zu nutzen.

1...g6 2.Lf3 Kg7 3.Te1 Td7 4.Df4 Te7!

Nach Abtausch der Türme wird die schwarze Verteidigungsaufgabe noch leichter.

5.Txe7 Lxe7 6.Kg2 a5 7.h4 h5

Schwarz hat eine Remis-Festung aufgebaut.

8.Le2 Lc5 9.Lc4 Df6 10.Dd2 b6 11.a4 De5 12.Dd3 Df6 13.Dd2 De5 14.Le2 De4+ 15.Lf3 De5 16.Ld1 De4+ 17.f3

Remis

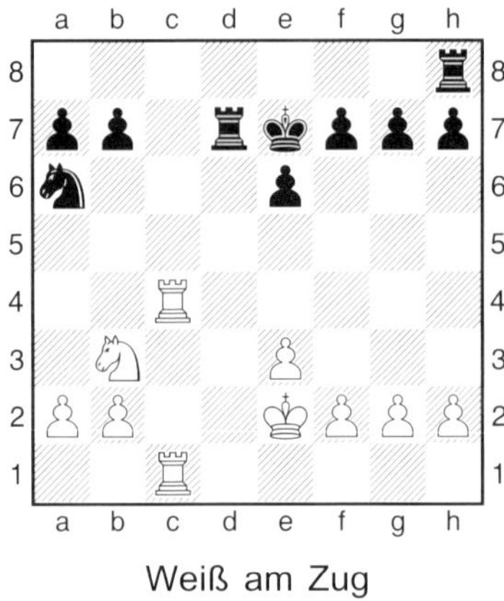

Weiß am Zug

Nirgends wird die Kraft aktiver Figuren so deutlich spürbar wie in einfachen Stellungen. In unserem Beispiel (aus einer Partie Nimzowitsch – Tarrasch, 1925) sehen wir die klassische Ausnutzung dieses Vorteils. Die Anmerkungen stammen (außer denen in Klammern) von Nimzowitsch selbst.

Die schwarze Stellung erscheint noch solide, doch ist sie an der Schwelle zur Niederlage. Die nächsten beiden Züge von Weiß verwandeln die scheinbar aktive d-Linie in eine passive, d.h. berauben die gegnerischen Türme jeder Angriffsmöglichkeit.

1.f4!

(Der namhafte Meister Nimzowitsch neigte, wie auch sein nicht minder namhafter Gegner, mitunter zur Überbewertung der eigenen Stellung. So verdient sein Einleitunszug streng genommen einen kleinen Tadel, weil eine Entgegnung außer Acht gelassen wurde, die Schwarz annähernden Ausgleich gesichert hätte.

Und selbst nach dem besseren 1.Sd4 e5 2.Sb5 wäre Weiß nur knapp über den Bereich des Minimalvorteils hinaus und Schwarz entsprechend von der – ‚Schwelle zur Niederlage' noch ein gutes Stück entfernt.)

1...Thd8

(Und diese Schablone verdient geradewegs ein Fragezeichen, weil das Prinzip der ‚aktiven Verteidigung' unbeachtet bleibt. Nach 1...b5! kann Weiß keine nennenswerten Fortschritte mehr erzielen.

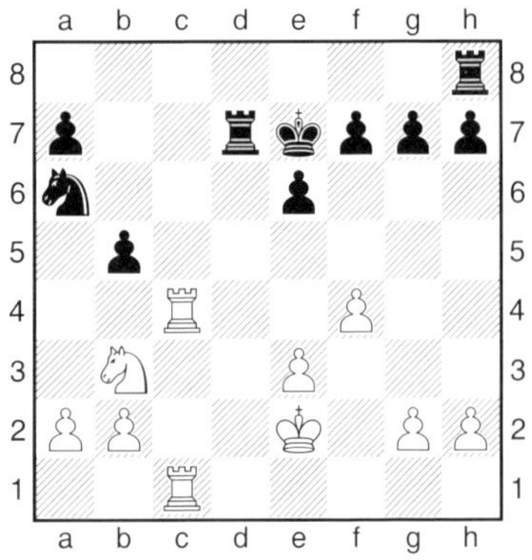

1) 2.T4c2 (2.Td4 Tc7!) 2...Sb4 3.Td2 Thd8;

2) 2.Tc8 Txc8 3.Txc8 Tc7;

3) 2.Tc6 Sb4 3.Tc7 Thd8 usw.

Nach dem Textzug hingegen verfügt Weiß in etwa über Vorteil in der Größenordnung wie nach dem besseren Auftakt 1.Sd4 usw.)

2.Sd4 f6

Schwarz will e6-e5 spielen. Ist das eine Drohung?

3.a4!

Weiß hat keine Angst vor 3...e5, da nach 4.fxe5 fxe5 5.Sf3 der Bauer e5 schwach wird. Neben 3.a4 verdient auch 3.b4 Aufmerksamkeit. Das wäre jedoch nicht ganz so günstig wegen der Antwort 3...b5! Nach dem Textzug jedoch droht b4, was Schwarz noch weiter einengen würde.

3...e5 4.fxe5 fxe5 5.Sf3 Ke6 6.b4 b6 7.T1c2!

(Nachdem Nimzowitsch auf die Schwäche des Bauern e5 hingewiesen hat, erscheint es umso eigenartiger, dass er in der Folge dreimal *nicht* an dieser Schwäche ansetzt – und dass er zwei dieser Auslassungen sogar mit einem Rufzeichen versieht. So war an dieser Stelle 7.Te4 Td5 8.Sd4+ Kd6 9.Sf5+ bzw. 8...Kf6 9.Tf1+ Kg6 10.Sf3 besser.)

7...h6 8.h4!

(Auch hier war 8.Te4 Td5 gefolgt von diesmal 9.g4 besser, wie die Eventualvariante 9...Sb8 10.Tc7 Sd7 11.Sd4+ Kd6 12.Tc6+ Ke7 13.h3 bestätigt.)

8...Td6

(Auch Schwarz ist nicht auf der Höhe, denn die bessere Verteidigung bestand in 8...Te8

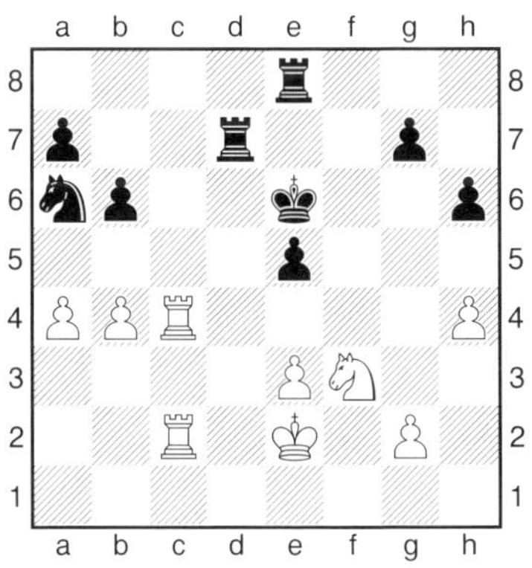

mit den Abspielen:

1) 9.h5 Tee7 mit der Absicht Tc7;

2) 9.g4 Tee7 10.Te4 Kd5;

3) 9.Te4 Kf5 10.Tcc4 Tc7 11.g4+ Kf6.)

9.h5

(Und noch einmal – besser 9.Te4 Td5 10.Tg4! Kf7 11.e4; 10...T8d7 11.e4.)

9...Td5

(Die letzte Chance bestand in 9...Kf6, denn mit dem Textzug wird die Schwelle zur Niederlage endgültig überschritten.)

10.Tg4 T5d7 11.Tc6+

(Noch stärker war 11.Tg6+, denn die Flucht nach vorn 11...Kd5 kostet nach der Mattjagd 12.Sd2! e4 13.Tc4 Haus und Hof.)

11...Td6 12.Tg6+ Ke7 13.Txg7+ Kf8 14.Txd6 Txd6 15.Txa7 Sxb4 16.Sxe5

Die Aktivierung der eigenen Figuren in Verbindung mit der Begrenzug der Aktionen der schwarzen Figuren hat Weiß am Ende in materiellen Vorteil ummünzen können.

Schwarz gab einige Züge später auf.

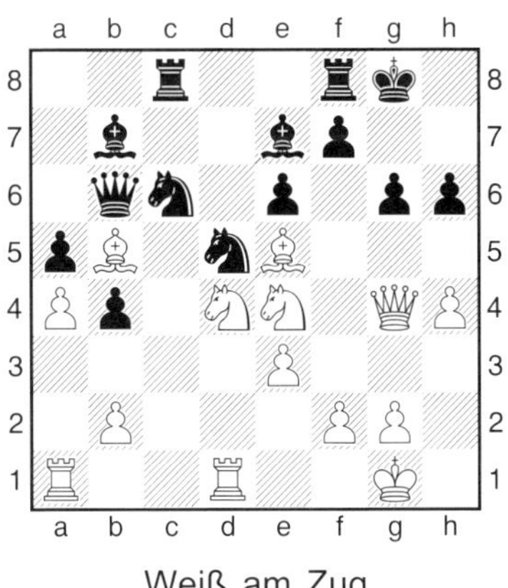

Weiß am Zug

In dieser etwas schwierigeren Stellung (aus einer Partie Dobosz Janak, 1981) lädt der Druck der weißen Figuren auf die gegnerische Königsstellung zur Suche nach durchdringenden Kombinationen ein. Zunächst eliminiert Weiß den Sc6, weil dieser zwei Figuren ‚belästigt', die am entscheidenden Angriff teilhaben sollen.

1.Lxc6 Lxc6 2.Sxe6! Ld7?

Schwarz musste sich mit dem Bauernverlust abfinden und nach 2...h5! 3.Dg3 Tfe8 auf die Kraft des Läuferpaars für Verteidigung und Gegenspiel setzen.

3.Txd5 Lxe6?

Das ist völlig hoffnungslos. Zäher war 3...Dxe6 4.Dxe6 Lxe6 5.Txa5 Lxh4 usw.

4.Df4! Lxd5

Auf 4...g5 oder 4...Kh7 folgt jeweils 5.Sf6+.

5.Dxh6 f6 6.Dxg6+ Kh8 7.Sg5!

Schwarz gab auf.

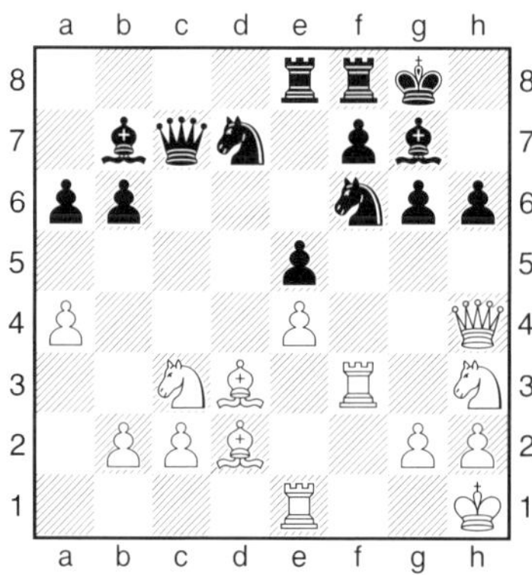

Schwarz am Zug

Zum Schluss ein anspruchsvolles Beispiel (aus einer Partie Ljubojevic – Miles, 1980). Der Bedrohung des Bauern h6 hat Schwarz momentan keine eigene Drohung entgegenzuhalten, so dass die Wahl zwischen einem passiven und einem aktiven Verteidigungszug zu erfolgen hat.

Der weiße König steht relativ sicher, während der schwarze u.U. mit Belästigungen zu rechnen hat. Was Zentrumskontrolle, Raumbesitz und Besetzung freier Linien angeht, so herrscht ein ungefähres Gleichgewicht. Allerdings steht die weiße Armee mit ihrer Orientierung zum gegnerischen König insgesamt etwas aktiver.

Was soll Schwarz spielen?

1) Auf 1...g5? führen beide Opferversionen zu starkem Angriff, wobei 2.Lxg5! hxg5 3.Sxg5 mit der Doppeldrohung 4.Lxa6 nebst Sd5 bzw. 4.Tef1 nebst Txf6 wohl noch stärker wirkt als die Alternative 2.Sxg5 usw.

2) Die passive Wahl 1...Kh7? führt nach 2.Tef1 Dd6 3.Lg5 zum Zusammenbruch in der f-Linie, zumal hinter dem Springer auch der Bauer f7 hängt.

3) In Frage kommt wohl noch 1...h5, denn wenn Weiß mit 2.Sf2 nebst g4 nachsetzt, müsste Schwarz ja keineswegs mit hxg4? reagieren.

In der Partie jedoch beschloss Schwarz, zwecks Figurenaktivierung einen Bauern zu opfern.

1...Sh5! 2.g4 Sf4 3.Sxf4 exf4 4.Lxf4 Se5

Die Situation hat sich schnell verändert. Die schwarzen Läufer beginnen zu atmen, der Springer im Zentrum steht äußerst aktiv, der Te8 hat ein

Angriffsziel und die Bauern am Königsflügel stehen bei Bedarf zum Vormarsch bereit. Mit einem Satz: Schwarz verfügt über ausreichende Kompensation.

5.Th3

Weniger verpflichtend wäre die solide Rücknahme 5.Tff1 gewesen.

5...g5! 6.Lxe5

Denn das gut gemeinte 6.Lxg5? scheitert an dem Zwischenzug 6...Sg6 7.Dh5 Te5 mit Gewinn.

6...Txe5 7.Dg3

Besser war 7.Df2, um das folgende Störmanöver zu verhindern.

7...Dc5 8.Dg1 Db4! 9.Tb1?

Weiß ist offenbar angeschlagen, denn die dynamische Verteidigung mit 9.Df1 mit der Absicht Lc4-d5 bzw. 9...Dxb2 10.Lxa6 war ja so schwer nicht zu finden.

9... f5! 10.gxf5 Texf5 11.De1 Dc5 12.Te3 Tf2

Die schwarzen Figuren haben eine brettumfassende Initiative entfaltet.

13.Tg3 Ld4 14.Sd5 Dd6 15.Se3 Dg6! 16.Sg2 Dh5

Schwarz verpasst den sofortigen Gewinnzug 16...Lxe4! 17.Lxe4 Dxe4 usw.

17.Dd1 Dxd1+ 18.Txd1 Lxe4! 19.h4?

Zäher war 19.Lc4+ Kg7 20.Tg4 T8f4 21.Txf4 Txf4 22.Lxa6 Lxb2 usw.

19... Le5! 20.Lxe4 Lxg3 21.Se3 Th2+ 22.Kg1 Txh4 23.Ld5+ Kg7 24.Kg2 Lf2

Weiß gab auf.

Miles führte meisterlich vor, wie man durch ein Bauernopfer seine Figuren aktivieren kann. Weil ja Aktivität und Initiative viel wichtiger sein können als materieller Vorteil.

26. Aufgabe

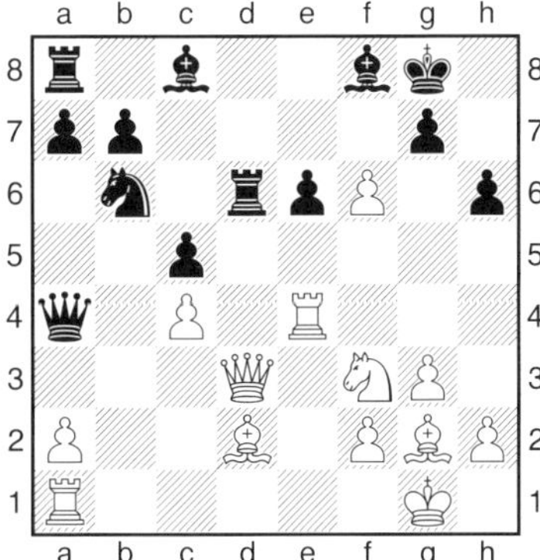

Weiß am Zug

In dieser Stellung (aus einer Partie Stefanow–Ljubisavljevic, 1981) schreit die unterschiedliche Figurenaktivität zum Himmel. Nur wie macht man daraus einen vollen Punkt?

27. Kapitel

Das sechste Element der Stellungsbewertung:

Schwache und starke Felder

In den nächsten Beispielen werden wir uns mit Bauernstrukturen beschäftigen, speziell mit in ihnen gegebenen Stärken und Schwächen.

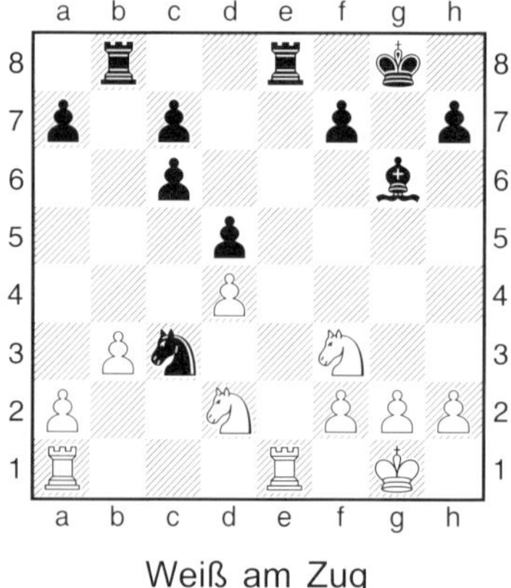

Weiß am Zug

In dieser Stellung (aus einer Partie Timman – Portisch, 1981) hat Weiß einigen Stellungsvorteil, weil die schwarze Bauernstruktur am Damenflügel – speziell der rückständige Doppelbauer in der halboffenen Linie – zur Sorge Anlass gibt. Genau darauf zielt entsprechend der weiße Plan ab.

1.Se5 Te6?

Hier verpasst Schwarz die aktive Verteidigung 1...f6! 2.Sxc6 Txe1+ 3.Txe1 Tb6 mit weißem Minimalvorteil nach 4.Se7+ Kf7 mit den Abspielen:

1) 5.Te3 Sxa2 6.Sxd5 Td6 7.Sxc7 Txd4 8.Sf3 Td1+ 9.Te1 Td3

2) 5.Sxg6 hxg6 6.a4 Tc6! (6...Tb4? 7.Kf1 Txd4 8.Tc1) 7.Kf1 Sa2 8.Sf3 Sb4 usw.

2.Te3 Sb5 3.Sd7 Td8 4.Sc5 Tee8

Der Tausch auf e3 würde nur den Bauern d4 stärken.

5.Sf3 f6

Um Se5 zu verhindern, nimmt Schwarz eine weitere Schwächung in Kauf.

6.Tae1 Kf7 7.g4!

Es droht h4-h5, und falls 7...h5, so kann Weiß nach 8.g5 und Vertreibung des Springers von b5 den Punkt e5 für den eigenen Springer erobern.

7...Le4 8.Sxe4 dxe4 9.Txe4 Txe4 10.Txe4 Sc3 11.Te1 Sxa2 12.Ta1 Sc3 13.Txa7 Sb5 14.Ta4 Ke6 15.Tc4 Kd6

Schwarz hat sein Ziel erreicht, aber ausgleichen konnte er derweil nicht.

16.Sh4 Tg8 17.Sf5+ Kd7 18.f3 h5 19.h3 hxg4 20.fxg4 Sd6 21.Sxd6 cxd6 22.Kh2 f5

Wenn es Schwarz gelingt, auf g4 zu tauschen, so steigen seine Remischancen. Doch Timman findet einen cleveren Weg, seinen Vorteil zu behalten.

23.gxf5 Tf8 24.d5! cxd5 25.Tf4 Ke7 26.f6+! Kf7 27.Kg3 Tb8 28.b4 d4 29.Txd4 Kxf6

Schwarz hat das Maximum an Verteidigungsarbeit geleistet, doch kann er sich nicht um den b- und den h-Bauern gleichzeitig kümmern. So gab er wenige Züge später auf.

Chandler – Romanischin
(1982)
Spanisch

1.e4 de5 2.Sf3 Sc6 3.Lb5 a6 4.La4 Sf6 5.0-0 Le7 6.Te1 d6 7.Lxc6+ bxc6 8.d4 exd4 9.Sxd4 Ld7

In manchen Eröffnungen bestimmt die Bauernstruktur den strategischen Plan von der ersten Zügen an. Wie in der verbesserten Steinitz Verteidigung, in der Schwarz absichtlich eine gewisse Schwächung seines Damenflügels in Kauf nimmt. Dafür erhält er jedoch den Vorteil des Läuferpaars, Spielmöglichkeiten in der b-Linie sowie einen ‚Extrabauern' in Zentrumsnähe.

10.Df3 0-0 11.Sc3 Tb8 12.b3 Te8 13.h3 Lf8 14.Lg5 h6 15.Lh4

Nach 15.Lxf6 Dxf6 16.Dxf6 gxf6 macht die schwarze Bauernstruktur einen schrecklichen Eindruck, allerdings ist die Beweglichkeit des Läuferpaars nicht zu unterschätzen, was z.B. nach Manövern wie h5 nebst Lh6-f4-e5 spürbar werden könnte.

15...g5 16.Lg3 Lg7?!

Hier sollte besser 16...c5 17.Sf5 Lxf5 18.Dxf5 Lg7 mit annäherndem Ausgleich geschehen.

17.e5! Sd5?!

Und hier war wohl 17...dxe5 18.Lxe5 De7! mit der Absicht c5 besser. Nach 19.Lxc7 Dxe1+ usw. bleibt das Spiel unklar, und nach 19.Sxc6? Lxc6 20.Dxc6 Tb6! nebst Te6 kommt Schwarz sogar in Vorteil. Besser ist jedoch 19.Dd3 oder 19.Tad1 mit Minimalvorteil.

18.Sxd5?

Hier verpasst Weiß 18.exd6! Lxd4 19.Sxd5 cxd6 20.Txe8+ Dxe8 21.Sf6+ bzw. 20...Lxe8 20.Td1 mit beträchtlichem Vorteil.

18...dxe5!

Denn 18...cxd5? verliert einen Bauern.

19.Sxc7

Um nicht mit einem Minusbauern dazustehen, nimmt Weiß das erstbeste. Womöglich war aber 19.Sxc6!? Lxc6 20.Tad1 eher geeignet, wenigstens Minimalvorteil zu sichern.

19...Dxc7 20.Sf5 Lxf5 21.Dxf5 Tbd8 22.Tad1 Da5 23.Kh2 Td5 24.c4 Td2 25.Txd2 Dxd2 26.Te3 Dxa2?

Nach 26...Dd6 mit der Absicht De6 und der Gegenspielidee a5-a4 wäre die Stellung noch halbwegs im dynamischen Gleichgewicht geblieben.

27.Dd7 Te6?

Schwarz verliert vollkommen die Stellungskontrolle. Mit z.B. 27...Dd2 28.Dxa6 h5! konnte er sich noch auf die Hinterbeine stellen.

28.Dd8+ Kh7

Etwas zäher war 28...Lf8 29.Txe5.

29.Tf3! Tg6

29...f6 30.Dd7

30.Txf7 g4 31.Lxe5 gxh5 32.Dd3

Hier überschritt Schwarz in verlorener Stellung die Zeit.

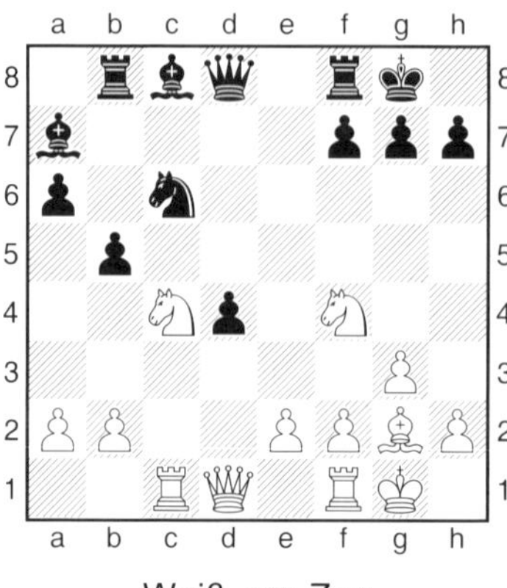

Weiß am Zug

In dieser Stellung (aus einer Partie Kasparow – Gawrikow, 1982) hatte Schwarz zuletzt b7-b5 gezogen, was wohl besser durch das weniger schwächende Lf5 hätte ersetzt werden sollen. Nun gelingt Weiß der Nachweis, dass man c6 hervorragend für allerlei Angriffszwecke nutzen kann.

1.Sd6! Dxd6 2.Txc6 Dd8 3.Dc2 Te8

Besser wäre 3...Lb6.

4.Tfc1 a5?

Eine äußerst suspekte weitere Lockerung in einer Stellung, in der eigentlich Konsolidierung verlangt ist – nach wie vor mit 4...Lb6 zwecks Deckung des Einbruchsfeldes c7. Weiß hätte nicht mehr als Minimalvorteil.

5.Ld5!?

Auch 5.Le4!? machte einen guten Eindruck; z.B. 5...g6 (5...h6 6.Ld5 Tf8 7.Txh6!) 7.Ld5 Lf5 8.Db3 mit der Absicht, 8...Te7 mit 9.Lxf7+ Txf7 10.Tc7 zu beantworten.

5...Lb6

Denn auf das natürlich erscheinende 5...Lb7 würde 6.Lxf7+ Kxf7 7.Tc7+ Kg8 8.Db3+ Kh8 9.Df7 Df6 10.Txb7 folgen.

6.Db3?

Von einem Kasparow hätte man eher die Suche nach einer raschen Entscheidung erwartet – also 6.Lxf7+! Kxf7 7.Dxh7 mit der Drohung Tg6 nebst Sh5. Nach dem einzigen Zug 7...d3! (um Ld4 hinzuziehen zu können) folgt 8.Dg6+ Kg8 9.Td6 De7 10.Txb6 dxe2 11.Txb8! e1D+ 12.Txe1 Dxe1+ 13.Kg2 Lh3+ 14.Sxh3 Txb8 15.Sg5 mit beträchtlichem Vorteil und Spiel auf ein Tor.

6...Te7 7.Lf3

Das Feld d5 wird für den Springer geräumt, während der Läufer sich anschickt, f7 vom anderen Flügel her anzugreifen.

7...Te5?

Erforderlich war 7...Te8 nebst bei Bedarf Tf8, und Weiß hat nur Minimalvorteil.

8.Lh5 g6 9.Lxg6!

Dies ist sogar noch stärker als 9.Sxg6!? hxg6 10.Txg6+ Kf8 11.Txb6 Le6 12.Txe6 usw.

9...hxg6 10.Txg6+ Kf8 11.Th6 Ke7

Etwas zäher war 11...Tg5. Der Rest ist Schweigen.

12.Tcc6! Tf5 13.Df3 Lc7 14.De4+ Te5 15.Sg6+! fxg6 16.Th7+ Kf8 17.Dxg6

Schwarz gab auf.

27. Aufgabe

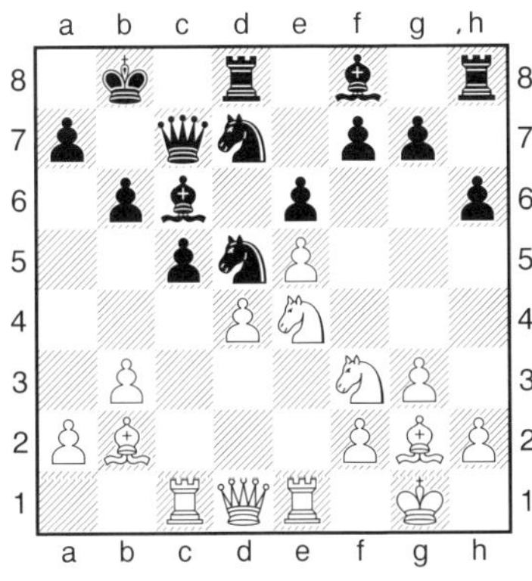

Weiß am Zug

Analysieren Sie die gegebene Stellung in ihren Einzelelementen. Wo befinden sich bedeutende Felderschwächen? Wer steht besser? Wie sollte Weiß fortsetzen?

28. Kapitel

Das siebte Element der Stellungsbewertung:

Was droht?

Hier werden wir uns mit Stellungen beschäftigen, in denen es mehr oder weniger versteckte Drohungen gibt. Die entsprechenden Kontrollfragen bei der Analyse lauten ungefähr: Was droht mir? Was drohe ich bzw. was kann ich drohen?

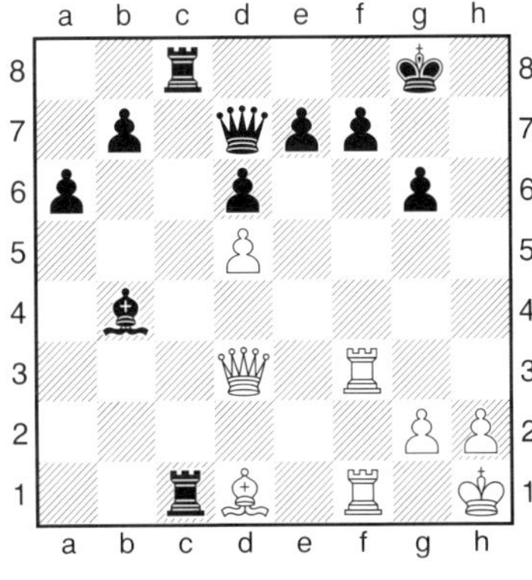

Schwarz am Zug

In dieser Stellung (aus einer Partie Sandrin – Dragun, 1980) steht Schwarz mit drei Mehrbauern selbstredend haushoch auf Gewinn – und vermutlich genau *deswegen* war sein Gefühl für Gefahr längst abgeschaltet worden.

So war sein Ansatz – Dame angreifen, um durch Abausch eines Turmes die Wucht des Gegenspiels in der f-Linie zu reduzieren – noch ganz richtig und nach 1...T1c3 usw. hätte Weiß allmählich aufgeben können. Ganz anders jedoch nach dem verhängnisvollen Fehlgriff **1...T8c3??**, denn darauf leitete **2.Dxg6+!** die forcierte Mattsetzung **2...fxg6 3.Tf8+ Kg7 4.T1f7+ Kh6 5.Th8+ Kg5 6.h4#** ein. Der Fehler war umso unverzeihlicher, als ja auch noch die Nebenlösung 2.Txf7 usw. nicht entdeckt worden war.

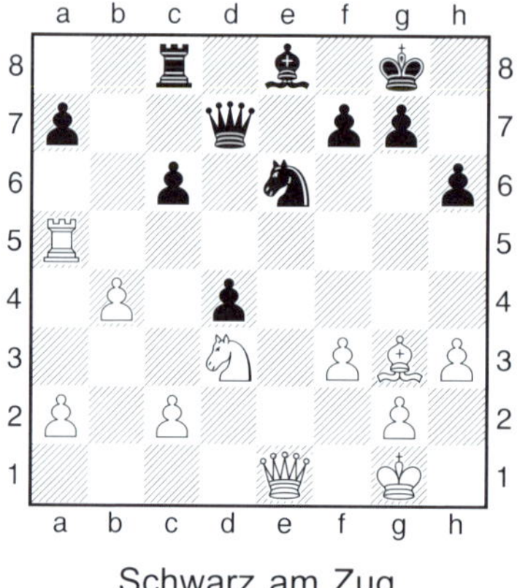

Schwarz am Zug

In dieser Stellung (aus der 2. Matchpartie Karpow – Kortschnoi, Meran 1981) hat Schwarz gehörige Probleme mit seinen gleich *drei* Bauernschwächen auf a7, c6 und d4. Da das Feld e5 buchstäblich allen weißen Figuren als Sprungschanze zur Angriffsverstärkung dienen könnte, ist die Reaktion **1...f6?** psychologisch durchaus verständlich. Mit **2.Txa7** gewann Weiß einen Bauern und zwanzig Züge später die Partie.

Es muss allerdings gesagt werden, dass Weiß in der Ausgangsstellung über derart nachhaltigen Vorteil verfügte, dass gerade ein Spieler wie Karpow auch ohne Einsteller einen vollen Punkt daraus gemacht hätte.

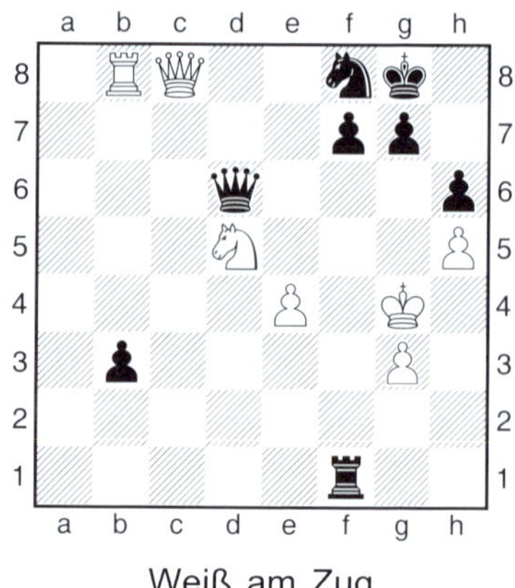

Weiß am Zug

In dieser Stellung (aus einer Partie Miles – Schneider, 1980) haben wir es wohl mit einer Komödie der Art ‚der betrogene Betrüger' zu tun. Denn selbstredend hatte Schwarz gesehen, dass er nach **1.Dxf8+! Dxf8 2.Se7+ Kh7 3.Txf8** eine Figur verliert, nur hat Weiß offenbar den gefährlichen Freibauern vergessen.

Nach **3...b2? 3.Sg6!** zeigte sich jedoch, dass dem nicht so war, und Schwarz gab auf.

Der dritte Akt der Komödie kam leider nicht mehr auf die Bühne. Dieser hätte dem erstaunten Publikum vor Augen geführt, dass Weiß nach 3...Te1 4.Kf5 (mit der Drohung Sg6) 4...Tf1+ 5.Ke5 Tf6! 6.Sd5

(Siehe nächstes Diagramm)

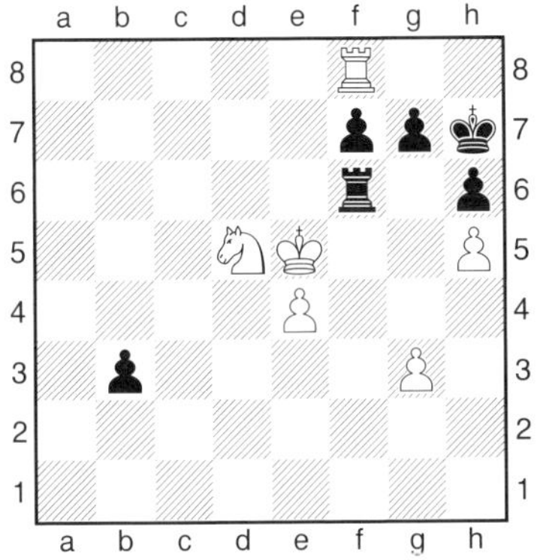

6...Tb6! noch längst nicht am Ziel ist.

Die vorgestellten Beispiele sollten jedem Lernenden in Erinnerung rufen, dass man niemals die gegnerischen Möglichkeiten unterschätzen darf, und zwar selbst in Stellungen, in denen scheinbar absolut nichts los ist.

28. Aufgabe

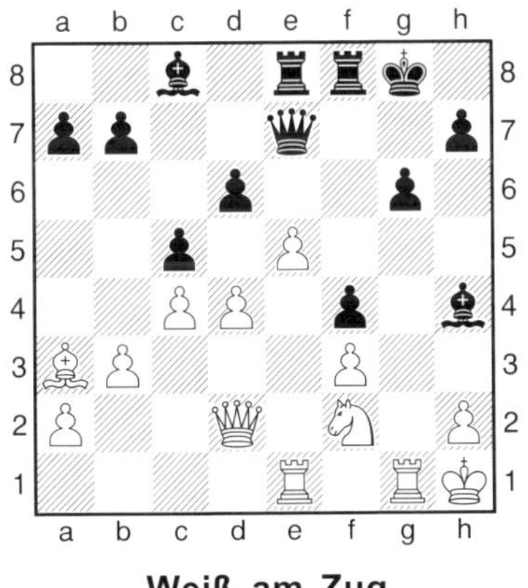

Weiß am Zug

Weiß entschied sich für 1.exd6. Welche Drohung hatte er dabei übersehen? Was hätte er statt dessen ziehen sollen?

29. Kapitel

Praktische Anwendung der Bewertungskriterien

Nachdem die Grundlagen der Stellungsbewertung nunmehr bekannt sind, aufgrund derer man eine Situation auf dem Brett einschätzt, einen Plan entwirft und den entsprechend richtigen Einleitungszug findet, erhalten Sie jetzt Gelegenheit, Ihr Wissen zu erproben.

Zur Diskussion stehen sechs Stellungen aus der Praxis, die Sie nach dem bekannten Schema untersuchen sollen, wobei jeweils etwas fünf Minuten investiert werden können und dieser Prozess selbstredend im Kopf erfolgen soll.

Stellung 1

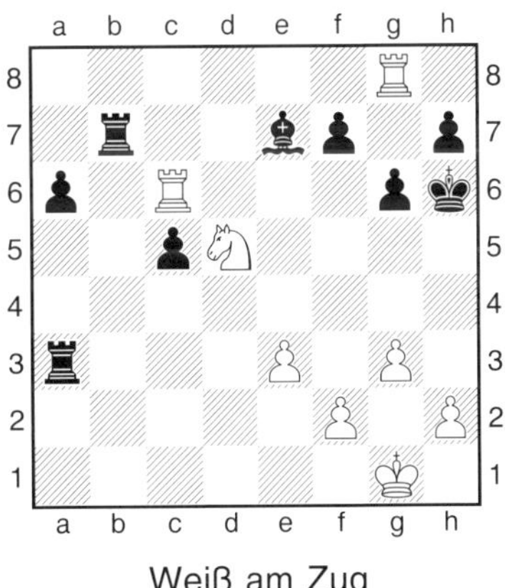

Weiß am Zug

Stellung 2

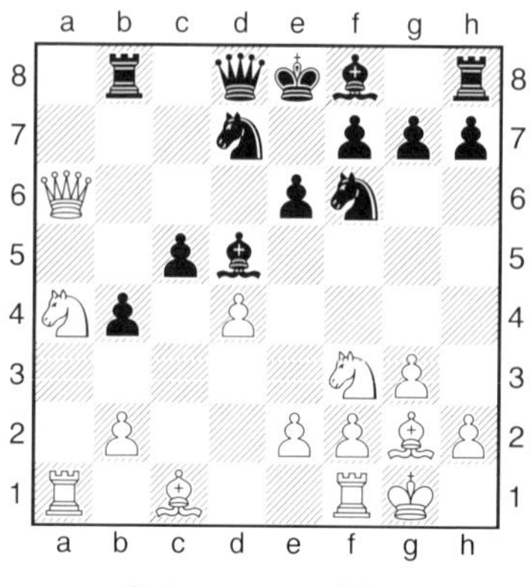

Schwarz am Zug

Stellung 4

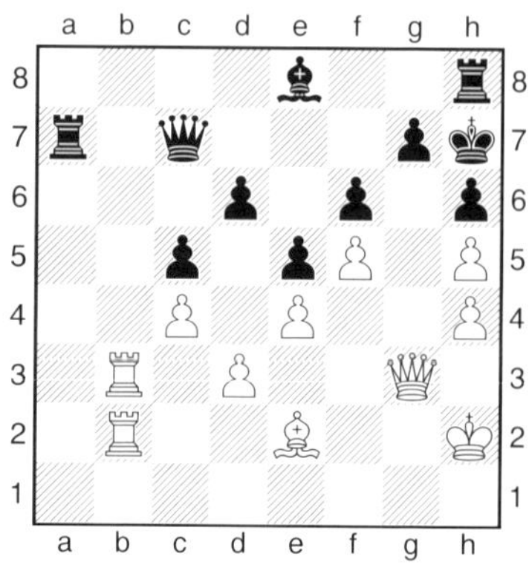

Weiß am Zug

Stellung 3

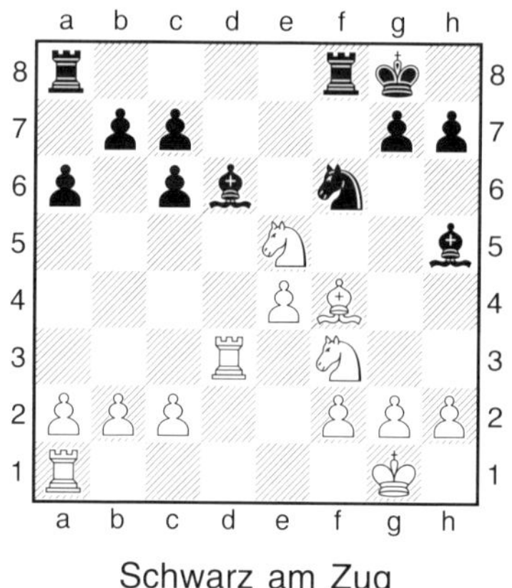

Schwarz am Zug

Stellung 5

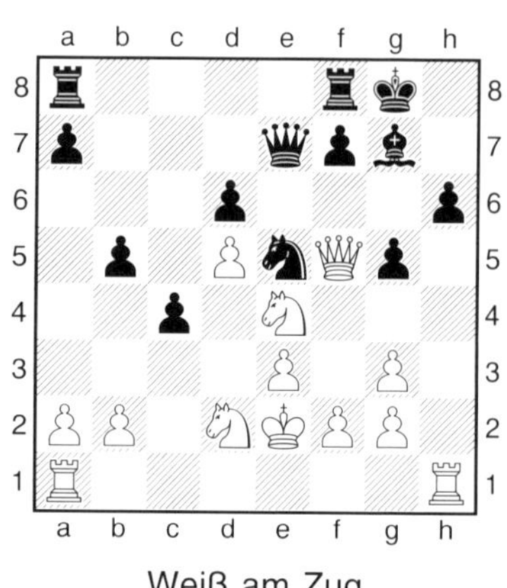

Weiß am Zug

Stellung 6

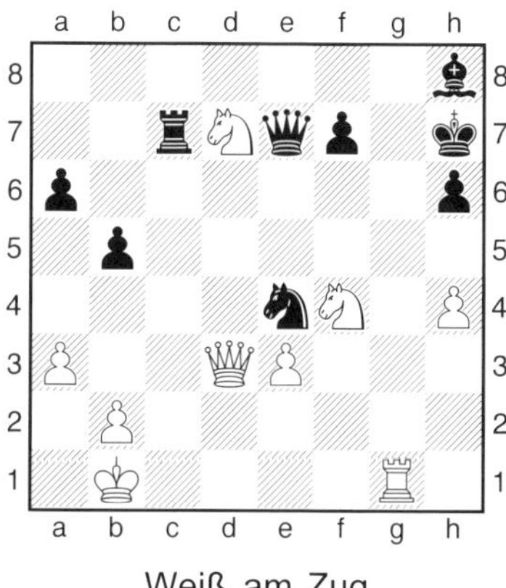

Weiß am Zug

Lösung 1

Sobald einem die Unbeweglichkeit des Läufers klar wird, liegt der Gewinn mit **1.Te8! Lg5 2.h4** auf der Hand (Jussupow – Romanischin, 1982).

Lösung 2

Hier ist es die schwarze *Dame*, die sich nicht recht bewegen kann, und nach **1...c4!** geriet Weiß dermaßen in Panik, dass er sich mit **2.Lf4? Ta8 3.Db5 Ta5** in sein Schicksal fügte (Grünfeld – Salow, 1982).

Nach dem besseren **2.e4!** hätte Weiß bedeutenden Vorteil davongetragen, ohne jedoch bereits auf Gewinn zu stehen.

1) 2...Ta8 3.Db5 Ta5 4.Dxa5 Dxa5 5.exd5 Sxd5 6.Ld2 nebst Tfc1 und Lf1

2) 2...Sxe4 3.Se5 Sxe5 4.dxe5 Sc5 5.Sxc5 Lxc5 6.Td1 0-0 7.Lxd5 exd5 8.Dc6 Tc8 9.Dxd5 Db6 usw.

Lösung 3

Die ungedeckte Stellung des Läufers f4 ist nach **1...Lxf3** tödlich. Weiß gab unverzüglich auf, da Schwarz sowohl nach 2.Txf3 als auch nach 2.gxf3 mit dem Ausfall 2...Sh5 eine Figur gewinnt (Hübner – Tal, 1982).

Lösung 4

Hier handelt es sich genau genommen bereits um ein Mattproblem, denn 1.Dg6+! Lxg6 2.hxg6+ Kg8 3.Tb8+ führt zu eben diesem Resultat (Siedinja – Ausinja, 1980).

Lösung 5

Hier geht es um die Überlastung des schwarzen Läufers, die mit **1.Txh6!** ausgenutzt wird. Der Turm ist tabu, da 1...Lxh6? 2.Sf6+ die Dame kostet, denn 2...Kg7 3.Dh7+ Kxf6 4.Se4 führt sogar zum Matt (Psachis – Gawrikow, 1982).

Lösung 6

Das denkbare Mattbild mit Sf8 könnte einen in Zeitnot zu dem Riesenbock 1.Dxe4+?? Dxe4+ (mit Schach!) verführen. Ohne Zeitnot jedoch kann man sich allmählich an den studienartigen Gewinnzug **1.Se6!** heran arbeiten (Timman – Hübner, 1982).

Selbst wer mit den bisherigen Aufgaben keine Probleme hatte, wird bei der letzten Aufgabe möglicherweise etwas mehr ins Schwitzen geraten. Doch ist deren Lösungen durchaus auch zu finden, wenn man mit etwas Geduld und Zielstrebigkeit ans Werk geht.

29. Aufgabe

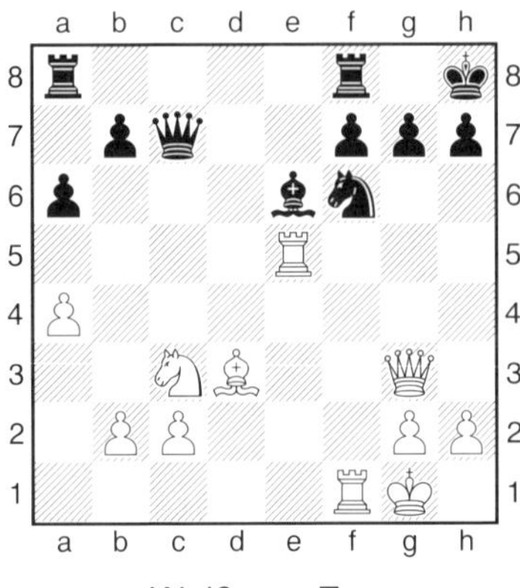

Weiß am Zug

30. Kapitel

Das Zentrum – die Seele der Eröffnung

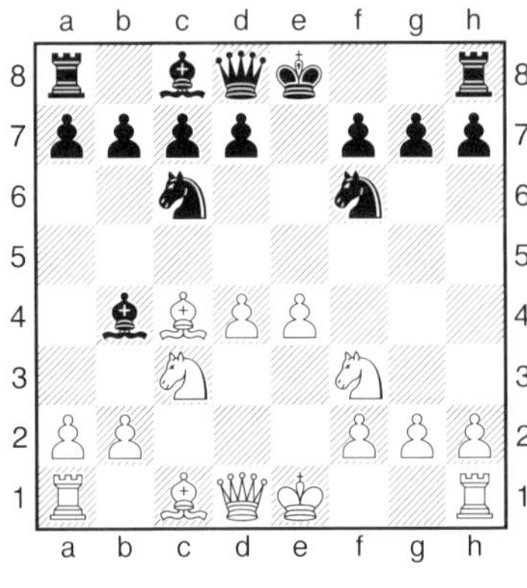

Schwarz am Zug

Dies wird keineswegs eine Lektion zur Italienischen Partie, sondern zur Bedeutung des Zentrums. Die diesbezügliche Meinung hat sich in den letzten Jahrhunderten grundlegend geändert. Zunächst galt es als selbstverständlich, dass die Seite, die die Zentralfelder besetzt hat, sofort einen Weg zum forcierten Gewinn suchen soll. Doch nach und nach konnten für Schwarz immer bessere Mittel gegen solch eine vereinfachte Strategie gefunden werden. So findet Weiß auch in der gezeigten Stellung (der Grundstellung des sogenannten Möller-Angriffs) kein probates Mittel, aus dem eroberten Raum im Zentrum gewinnträchtigen Vorteil zu ziehen.

7...Sxe4 8.0-0 Lxc3 9.d5 Lf6 10.Te1 Se7 11.Txe4 d6 12.Lg5 Lxg5 13.Sxg5 0-0 14.Sxh7 Kxh7 15.Dh5+ Kg8 16.Th4 f5 17.Dh7+ Kf7 18.Th6 Tg8 19.Te1 Df8

Nach 19...Ld7?? 20.Tee6! Lxe6 21.dxe6+ Ke8 22.Tg6! gewinnt Weiß tatsächlich.

20.Lb5! Th8

Selbiges gilt auch für 20...c6? 21.Le2 Ke8 22.Txd6. Unklar verläuft hingegen 20...a6 21.Tee6! axb5 22.Thf6+ Ke8 23.Txf8+ Txf8 usw.

21.Dxh8 gxh6 22.Dh7+ Kf6 23.Txe7Dxe7 24.Dxh6+ nebst Dauerschach.

Gegen Ende des 19. Jahrhunderts kommt es zu einem grundlegenden Umdenken. So gestattet z.B. die Tschigorin-Verteidigung dem Gegner die Bildung eines starken Zentrums, um es dann massiv zu attackieren.

So begann die Partie Pilssbury – Tschigorin wie folgt:

1.d4 d5 2.c4 Sc6 3.Sf3 Lg4 4.cxd5 Lxf3 5.dxc6 Lxc6 6.Sc3 e6 7.e4 Lb4 8.f3 f5 9.e5 Se7 10.a3 La5 11.Lc4

Ld5 12.Da4+ c6 13.Ld3 Db6

Die Chancen sind ausgeglichen.

Zu Beginn des 20.Jahrhunderts wurden ähnliche Ideen weiter entwickelt – vorneweg von Spielern wie Nimzowitsch, Grünfeld, Réti und Aljechin. Dass die von ihnen entwickelten Systeme zu einem festen Bestandteil aktueller Turnierpraxis geworden sind, zeugt von deren Korrektheit.

Man unterscheidet folgende Arten von Zentrum:

Das bewegliche Zentrum

Charakterisiert dadurch, dass eine Seite über zwei Bauern verfügt, die nebeneinander stehen und die beide vorwärts können. Entsteht oft in offenen Spielen wie der Grünfeld- oder auch der Aljechin-Verteidigung.

Das unbewegliche Zentrum

Hauptmerkmal: Festgelegte Bauernketten im Zentrum, wie z.B. in der Altindischen oder Französischen Verteidigung sowie der Spanischen Partie.

Das offene Zentrum

Hier sind die Zentrumsbauern abgetauscht und offene Linien geschaffen worden.

Das statische Zentrum

Gekennzeichnet durch ein Paar sich gegenseitig blockierender Bauern.

Das dynamische Zentrum

Wenn Bauern sich gegenseitig schlagen können, spricht man von Spannung. Findet dies im Zentrum statt, so haben wir es mit Zentrumsspannung zu tun. Und wird dieser Schwebezustand lange aufrecht erhalten, so spricht man von einem dynamischen Zentrum.

Nun zu einem Partiebeispiel.

Jussupow – Tukmakow

Jerewan 1982

Grünfeld-Verteidigung

1.d4 Sf6 2.c4 g6 3.Sc3 d5 4.cxd5 Sxd5 5.e4 Sxc3 6.bxc3

Es ist ein typisches ‚bewegliches Bauernzentrum' entstanden, und somit die älteste und erprobteste Bauernstruktur aus den offenen Partien. In der Regel soll die aktive Seite energisch und schnell mit den Bauern vorgehen und immer auf Königsangriff bedacht sein. Die verteidigende Seite wird bemüht sein, das Zentrum zu blockieren oder im Idealfall zu sprengen. Andere Pläne, wie z.B. ein Gegenangriff am Flügel, sind weniger aussichtsreich.

6...Lg7 7.Sf3 c5

Die Kernidee der Grünfeld-Verteidigung besteht in dieser Unterminierung des nicht 100% soliden gegnerischen Zentrums.

8.Tb1 0-0 9.Le2 Da5 10.0-0 Dxa2

Früher Bauernraub, zudem mit einer Dame, die sich ins gegnerische Lager vor wagen muss, wurde schon häufig bestraft. Riskant wäre es diesbezüglich auch, den c-Bauern zu schlagen, denn nach 10...Dxc3 11.Ld2 Da3 12.Dc2 gewinnt Weiß den Bauern wegen der Drohung Tb3 nebst Lb5 mit Vorteil zurück.

Was das Schlagen auf a2 anbetrifft, so sind die Motive klar: Schwarz will es seinem Gegner nicht erlauben, die Figuren ‚kostenlos' auf Aktivposten zu stellen. Beide Versionen sind spielbar, nur muss Schwarz absolut präzise spielen und darf das Angriffspotenzial des weißen Zentrums niemals unterschätzen.

11.Lg5 De6 12.e5! Td8 13.Da4 Dc6 14.Db3

Die Bauernschwächen b7 und e7 beeinträchtigen die Koordination der Figuren.

14...Dc7

Unklar wäre 14...De8!? mit der Absicht 15.Lb5 Sc6! 16.d5 a6 usw.

15.Lc4 Tf8 16.e6!

Das bewegliche Zentrum macht seinem Namen alle Ehre.

16...f6 17.Lh4 Sc6 18.Lg3 Dd8 19.Da2

Vielleicht war 19.d5!? Sa5 20.Da2 Sxc4 21.Dxa4 mit der Absicht d6 noch stärker.

19....cxd4 20.cxd4 b6

Nach 20...Sxd4? würde noch eine Linie für die weißen Figuren geöffnet: 21.Tfd1 mit der Absicht 21...Sxf3+ 22.gxf3 De8 23.Lb5.

21.d5

Weiß konnte sich durchaus noch für die letzte Zentralisationsmaßnahme 21.Tad1 Zeit lassen; z.B. 21...Lb7 22.d5 Sa5 23.Lb5 mit gehörigem Vorteil.

21...Se5 22.Tfd1 Kh8?

Für solchen Luxus blieb keine Zeit. Dringend erforderlich war die Blockade 22...Dd6 mit der Eventualvariante 23.Lxe5 fxe5 24.Sg5 Tf4! und falls 25.Sf7, so 25...Txf7! 26.exf7+ Kxf7, wonach Weiß – im Gegensatz zum Textzug – noch weit von einer Gewinnstellung entfernt wäre.

23.Sxe5 fxe5

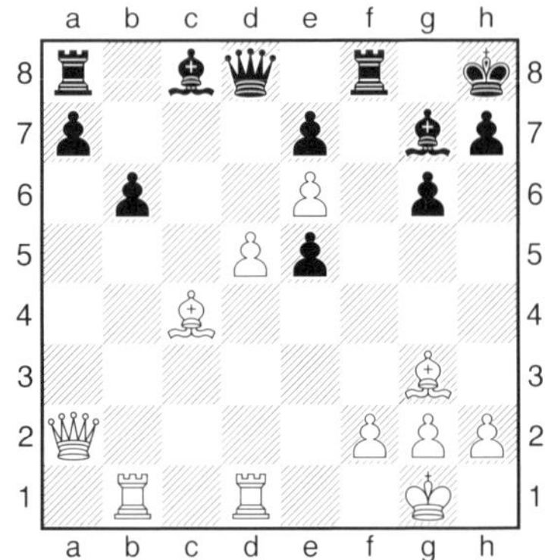

24.d6

Nun ist Materialverlust unvermeidlich.

24...exd6 25.Ld5 Lxe6

Das Läuferopfer ist erzwungen und bringt keinerlei Kompensation. Zwar besitzt Schwarz dafür drei Freibauern, doch sind diese zuverlässig weißfeldrig blockiert.

26.Lxe6 De7 27.Tbc1 Tae8 28.Ld5 Tc8 29.Tc6 Txc6 30.Lxc6 h5 31.Da4 Lh6 32.De4 Kh7 33.La4 Lf4 34.Lc2 De6 35.Lh4 Kg7 36.g3 Lh6 37.Le7

Schwarz gab auf.

30. Aufgabe

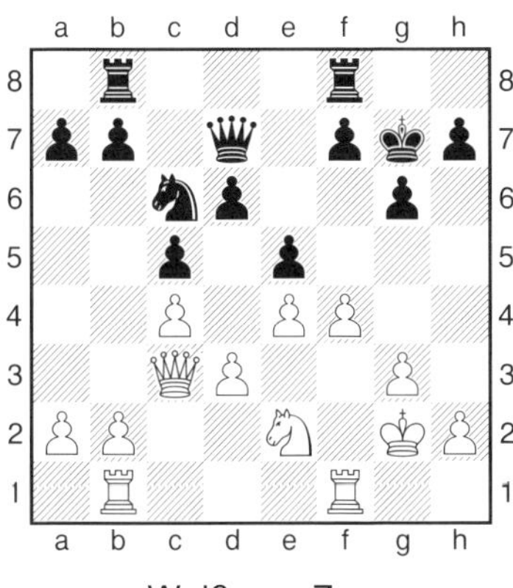

Weiß am Zug

31. Kapitel

Geschlossenes und offenes Zentrum

Typische Pläne und Partien

Portisch – Timman, 1982
Nimzowitsch-Indisch

1.d4 Sf6 2.c4 e6 3.Sc3 Lb4 4.e3 c5 5.Ld3 Sc6 6.Sf3 Lxc3+ 7.bxc3 d6 8.e4 e5 9.h3 h6 10.Le3 b6 11.0-0 Dc7 12.d5 Se7

Blockierte Bauernketten wie die soeben entstandenen sind das Kennzeichen eines ‚unbeweglichen Zentrums'. Die Lage im Zentrum bestimmt die Pläne beider Seiten. Normalerweise unternimmt die aktivere Seite einen Vorstoß an einem Flügel, wobei dies nicht unbedingt am Rochadeflügel sein muss. Manchmal führt der Angriff am Damenflügel schneller zum Erfolg. Für den Verteidiger ist es das Wichtigste, nicht zu passiv zu reagieren, sondern stets und zumeist am anderen Flügel nach Kontermöglichkeiten zu suchen. Manchmal kann man durch ein Opfer im Zentrum die gegnerische Stellung schwächen und die Initiative an sich reißen. Die Verschiebung der Aktivitäten auf die Flügel ist jedoch der oberste Grundsatz.

13.Sh4

Der weiße Plan scheint logisch: Um f2-f4 zu ermöglichen, weicht der Springer aus. Die Alternative wäre 13.a4!? mit Verlagerung des Spiels auf den entgegengesetzten Flügel.

13...g5!?

Diese scharfe Antwort ist keineswegs erzwungen. Nach 13...0-0 14.f4 erlangt Weiß deutliche Initiative, speziell wenn Schwarz nun mit 14...exf4?! 15.Lxf4 g5? auf Figurengewinn ausgeht, denn dann dringt Weiß mit dem Konter 16.e5! unmittelbar durch.

Gut spielbar ist jedoch 13...Sg6!?, denn nach 14.Sxg6 fxg6 wäre der Doppelbauer von der dynamischen Art und somit durchaus sinnvoll einzusetzen.

14.Df3

Der Rückzug 14.Sf3 macht nach 14...Sg6 keinen Sinn. Und der Sprung nach vorn kostet nach 14.Sf5 Sxf5 15.exf5 e4 16.Le2 Lxf5 einen Bauern, auch wenn Weiß sich mit 17.f4 ausreichende Kompensation sichert.

14...Sfg8!? 15.Sf5 Sxf5 16.exf5 Sf6 17.g4

Ob dieser Zug zu diesem frühen Zeitpunkt erforderlich ist, bleibt fraglich. Soliden Minimalvorteil brachte 17.a4.

17...La6!

Schwarz setzt sich trickreich zur Wehr. Zunächst droht 18...e4 und später erschwert die Versorgung der Schwäche c4 einen geordneten Angriff.

18.Dd1 e4!?

Wieder sehr scharf gespielt, aber auf 18...Kf8 fürchtete Schwarz wohl den Stützungszug 19.f3 nebst baldigem Einsatz des h-Bauernhebels.

19.Da4+ Kf8 20.Dxa6 exd3 21.Da4

Den sofortigen Angriff 21.Tad1 beantwortet Schwarz mit dem Konter 21...h5, wonach sich folgende Möglichkeiten ergeben:

1) 22.Lxg5? Se4 23.Lf4 (23.Ld2? hxg4 24.hxg4 De7) 23...Sxc3 24.Lg5 Sxd1 25.Txd1 hxg4 26.hxg4 Tg8 27.Lh6+ Ke8 28.g5 mit zweifelhafter Kompensation.

2) 22.f3 De7 23.Lxg5 De5 bzw. 22.Txd3 hxg4 23.Lxg5 Se4 24.Lf4 gxh3 mit jeweils unklarem Spiel.

21...Te8 (21...h5!?) **22.Tae1**

22.Tad1 Dd7! 23.Dxd7?! Sxd7 =/+

22...Db7! 23.Dd1

Unklar verläuft auch 23.f4 b5; 23...Te4 oder 23.f3 Kg7; 23...a6.

23...b5 24.Db1

Dies wirkt etwas gekünstelt – verglichen mit 24.Dxd3 bxc4 25.Dxc4 Dxd5 26.Da6 Kg7 27.Td1 Df3 usw.

24...Te4 25.Dxd3 Txc4 26.Td1 Kg7 27.f3?

Weiß will den Springer nicht nach e4 lassen, vergisst dabei jedoch eine viel gefährlichere schwarze Figur. Nach dem korrekten 27.f4 hätte man sich auf eine spannende Partiefolge einrichten können.

27...De7!

Die geplante Umsetzung der Dame nach e5 bringt bereits die Vorentscheidung.

28.f4 Te8 29.Lc1 De2

Der einfachste Weg ist hier gleichzeitig der stärkste.

30.fxg5 hxg5 31.Dg3

Zäher war wohl 31.Tf2 Dxd3 32.Txd3 Te1+ 33.Tf1 usw.

31...Se4 32.f6+ Kg6 33.Dg2 Sxc3 34.Td2 Dxg2+ 35.Kxg2 Se2

Weiß gab auf.

Eine sehr gute Partie Timmans, in der er mustergültig einen typischen Plan bei starrem Zentrum demonstrieren konnte.

Etwas seltener sind Stellungen mit offenem Zentrum anzutreffen.

Kupreitschik – Littlewood
Hastings 1983
Spanisch

1.e4 e5 2.Sf3 Sc6 3.Lb5 a6 4.La4 Sf6 5.0-0 Le7 6.Te1 b5 7.Lb3 0-0 8.a4

Durch Angriff auf den b-Bauern soll dieser früher oder später vorwärts genötigt werden, wovon Weiß sich im weiteren Verlauf einiges verspricht, wie z.B. die Nutzung des Feldes c4. Schwarz überholt den Gegner jedoch in der Entwicklung.

8...Lb7 9.d3 d6 10.Ld2 b4 11.a5

Nun ist der b-Bauer vom sicheren Schutz abgeschnitten, aber Schwarz erhält aktives Spiel im Zentrum.

11...d5 12.Lg5 dxe4 13.dxe4 Sxe4

Wegen der Schwäche der weißen Grundreihe darf Schwarz so spielen.

14.Lxe7 Sxe7 15.Sxe5

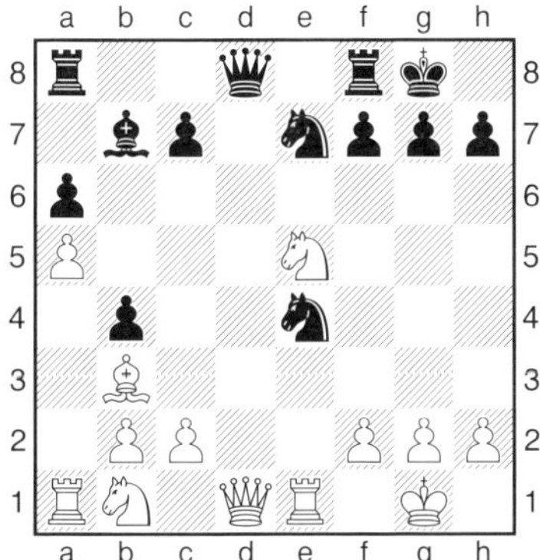

Ein typisches Beispiel für ein offenes Zentrum. Für die beiderseitigen Pläne ist das Figurenspiel entscheidend. Die aktive Seite wird versuchen, die gegnerische Stellung an einem Flügel zu schwächen und dort im Erfolgsfall sofort anzugreifen. Derweil wird der Verteidiger versuchen, die gegnerischen Figuren von ihren Aktivposten zu vertreiben und dabei Schwächungen zu vermeiden.

15...Sg6

Sicherer erscheint 15...Sf5.

16.Dxd8 Taxd8 17.Sd3!

Nach 17.Sxg6 hxg6 ist der Bauer b4 eher stark als schwach.

17...Td4

Fehlerhaft wäre 17...c5 18.f3, aber auch mit sofort 17...Sg5!? war der b-Bauer zu schützen (18.Sxb4?? Sh4).

18.f3 Sg5 (18...Sd6!?) **19.Sd2 h6**

Das Problem mit der Grundreihe war hier wohl praktischer mit 19...Tfd8 nebst Kf8 zu lösen.

20.Te2 Tfd8 21.Tae1 Kh7?!

Der Turmeinbruch auf e8 war mit 21...Lc6 zu verhindern, denn auf 22.Lc4 rettet der taktische Trick 22...b3! 23.Lxb3 Lb5 usw.

22.Te8 (22.Lc4!?) **22...T8d6?**

Und hier musste unbedingt 22...Txe8 23.Txe8 Lc6 geschehen, obwohl nach 24.Te3 Lb5 25.Se4 oder 25.g3 nebst h4 oder auch 25.La2 nebst Sb3 nicht am weißen Minimalvorteil zu rütteln war.

23.Tb8 Lc6 24.Sc4 (24.Lc4!?) **24...Tf6 25.Txb4?**

Dies ist aus taktischen Gründen verfrüht. Nach 25.Sce5 Lb5 26.Tc8 hätte Weiß erheblichen Vorteil behalten.

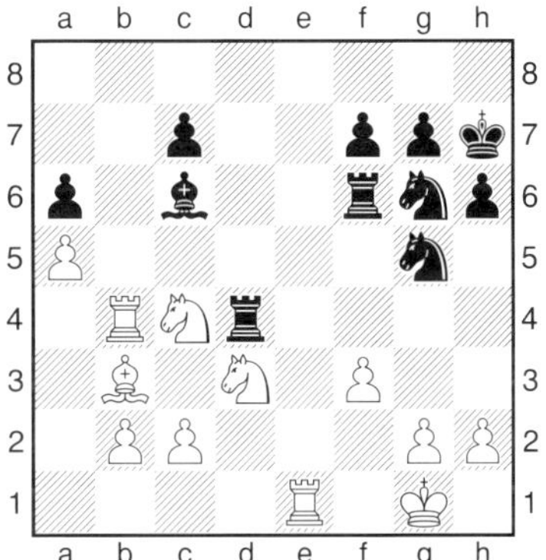

25...Lxf3

Dieser Einschlag ist keineswegs erzwungen, denn auch 25...Sh4 gewährt ausreichendes Gegenspiel.

26.Sce5

Zwar wäre 26.gxf3 Sxf3+ 27.Kf2 Sxe1+ 28.Kxe1 Te4+ 29.Kd2 Th4 äußerst unklar, aber mit 26.Se3 war wenigstens Minimalvorteil zu sichern.

26...Txb4 27.Sxb4 Le4??

Dies stellt einzügig einen wichtigen Bauern und somit langfristig die ganze Partie ein. Zwar wäre die Abwicklung 27...Sh4 28.gxf3 Shxf3+ 29.Sxf3+ Sxf3+ 30.Kf2 Sxe1 31.Kxe1 Tf5 32.Sxa6 Txa5 33.Sxc7 wegen der verbundenen Freibauern etwas zweifelhaft, aber eine solide Alternative bestand in 27...Lb7.

28.Sxf7 Sxf7 29.Txe4 Sd6 30.Te6 Tf5 31.Sd5 Sf4 32.Sxf4

Und Weiß gewann mühelos.

31. Aufgabe

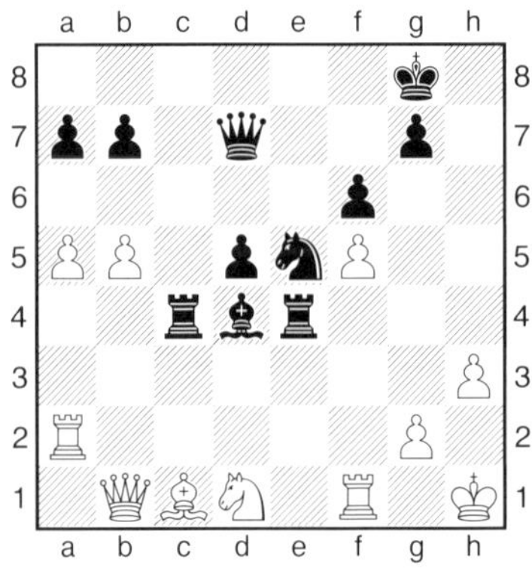

Schwarz am Zug

Nach welchem Rezept kann Schwarz die totale Zentrumsbeherrschung konsequent zum Gewinn führen?

32. Kapitel

Umformung des Zentrums – Statik und Dynamik

Karpow – Geller

London 1982
Sizilianisch

1.e4 c5 2.Sf3 d6 3.d4 cxd4 4.Sxd4 Sf6 5.Sc3 a6 6.Le2 e5 7.Sb3 Le7 8.0-0 0-0 9.Le3 Le6

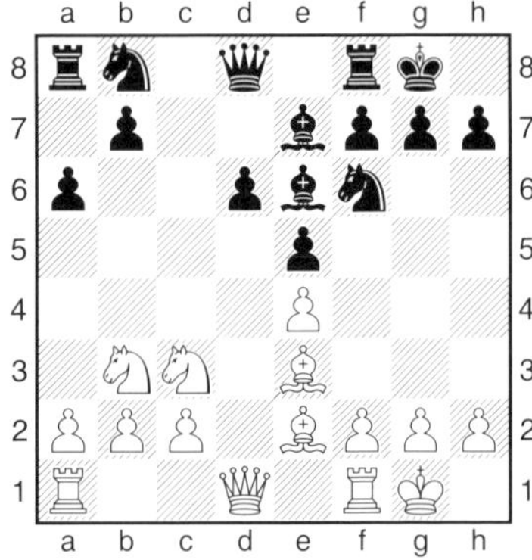

Eine der beliebtesten sizilianischen Varianten hat zu einer Stellung mit statisch fixiertem Zentrum geführt. Beim weiteren Kampf hat Weiß im Zentrumsbereich die etwas besseren Chancen, weil er dort gegen die Schwächen d6 und d5 arbeiten kann. Als Lernender könnte bzw. *müsste* man sich sogar fragen, warum man zwei solche Schwächen in Kauf nimmt, wenn es doch leicht zu vermeiden wäre. Ein genauerer Blick ergibt, dass die Antwort vor allem mit der gegebenen – sowie mit der theoretisch denkbaren Postierungen der Leichtfiguren zu tun hat.

Die Felderschwäche d5 wird von zwei Leichtfiguren gedeckt. Ihre Besetzung würde aber erst Sinn machen, wenn sich eine weiße Figur dort festsetzen könnte. Dies ist aber aller Voraussicht nach nicht möglich, da kaum zu erwarten ist, dass der Le2 auf die Diagonale a2-g8 gelangt bzw. der Sb3 auf das Feld b4 oder e3.

Und was die Bauernschwäche d6 anbetrifft, so verhält es sich ähnlich: Sie wird von einem Läufer (einer ‚kleinen' Figur) sicher gedeckt, so dass weiße Angriffe durch ‚große' Figuren quasi ignoriert werden können. Wie aber sollte eine weiße *Leichtfigur* den Bauern unter Beschuss nehmen? Und wieder lautet die Antwort, dass das Auftauchen des Le3 auf der Diagonale a3-f8 bzw. eines Springers auf c4 so gut wie ausgeschlossen ist.

Entsprechend werden die beiderseitigen Aktionen eher an den Flügeln zu erwarten sein – seitens des Weißen in aller Regel am Königsflügel, während Schwarz (typisch Sizilianisch) zu Druckaufbau am Damenflügel greift. In dieser Partie verzichtet Weiß allerdings auf das ‚Übliche' (10.f4) und demonstriert stattdessen, dass auch Weiß sich u.U. am Damenflügel Chancen verschaffen kann.

10.Dd2 Sbd7

Eine lebhaftere Spielweise besteht in 10...b5 11.a4 b4 12.Sd5 Sxe4 13.Sxe7+ Dxe7 14.Dxb4 f5 usw. mit verteilten Chancen.

11.a4 Tc8 12.a5 Dc7

Das für Sizilianisch typische Qualitätsopfer 12...Txc3 zum Wohle der Zentrumsbefreiung wäre auch hier und quasi automatisch für Kompensation gut, wenn Weiß nach 13.Dxc3 Sxe4 nicht über den Zug 14.Db4 verfügen würde, denn nach 14...Ld5 15.Sd2 o.ä. dürfte es wohl doch mit weißem Minimalvorteil weitergehen.

13.Tfc1 Dc6 14.Lf3 Lc4 15.Ta4!

Dieses originelle Manöver plant die Druckerhöhung auf b6 und b7, denn auch dort gibt es ja eine Kombination von Bauern- und Felderschwäche.

15...Tfd8 16.Tb4 Dc7 17.Sd5

Damit lässt Weiß endgültig völlig vom Angriff auf die Zentrumsschwächen ab und verschafft sich stattdessen weiteren Raumvorteil am Damenflügel.

17...Sxd5 18.exd5 f5

Nach Versiegelung der d-Linie und Verschwinden des weißen e-Bauern erhält Schwarz selbstredend freie Fahrt am Königsflügel, dem einzigen Brettabschnitt, wo er noch auf Gegenspiel hoffen darf.

19.Le2 Lxb3

Sicherer erscheint 19...Lxe2 usw. mit unklarer Stellung.

20.Txb3 f4?

Und nach Abtretung des weißfeldrigen Läufers macht diese Schwächung weißer Felder und Diagonalen keinerlei Sinn, denn für eine Angriffsaktion fehlt diesem Bauernvorstoß ja jegliche Figurenunterstützung. Hingegen ist nicht zu sehen, wie Weiß nach 20...Sc5 Fortschritte erzielen wollte, denn weder 21.Lxc5 dxc5 noch 21.Tb6 Sd7 führt zu etwas Greifbarem.

21.Lb6 Sxb6 22.Txb6

Mit der beweglichen Majorität am Damenflügel sowie dem besseren

Läufer verfügt Weiß über zwei wichtige Trümpfe und somit über nachhaltigen Vorteil.

22...Lg5 23.Lg4! Tb8 24.Te1

Vielleicht noch stärker war 24.Dc3!, denn nach 24...dxc3 25.bxc3 ist die halboffene b-Linie im Gegensatz zur benachbarten c-Linie sehr effektiv zu nutzen.

24...Dc5

Besser war 24...Te8 nebst gelegentlich Ld8, um den Eindringling Tb6 zurückzudrängen. Allerdings leistet Schwarz in Anerkenntnis seiner Positionsruine kaum noch Gegenwehr.

25.Te4 (25.Dc3!?) **25...Tf8 26.b4 Dc7 27.c4**

Danach gibt es für die Bauernmajorität kein Halten mehr.

27...Kh8

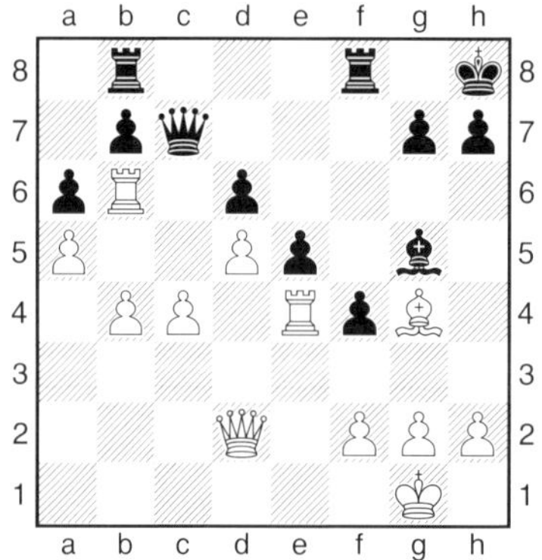

28.c5 dxc5 29.d6 Dd8 30.bxc5 f3 31.Dd5 fxg2 32.Txe5 Df6 33.Tf5 Da1+ 34.Kxg2 Lf6 35.d7 Dxa5 36.Txb7 Txb7 37.Db7 Dd8 38.c6 a5 39.c7 Dxd7 40.Tf4

Schwarz gab auf.

32. Aufgabe

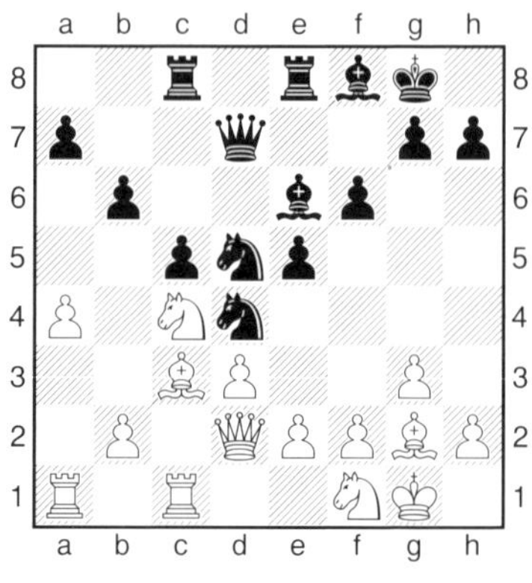

Weiß am Zug

Wer steht besser? Welche Rolle spielt dabei das Zentrum? Wie würden Sie auf Versuche von Entlastungstausch wie 1.Lxd4 oder 1.Lxd5 reagieren? Wie wären die danach entstehenden Stellungen jeweils zu bewerten?

33. Kapitel

Wie bekämpft man einen Flankenangriff?

Die abschließenden Kapitel sind einigen strategischen Grundmustern gewidmet, die im Laufe einer Partie von Bedeutung sein können. Zunächst wird der Gegenangriff im Zentrum als Antwort auf einen Flankenangriff untersucht.

Mit den Schwierigkeiten der Eröffnung wird der Lernende bereits von den ersten Schritten an konfrontiert. Zunächst beschränkt er sich auf die grundlegenden Prinzipien, doch bald muss er sich über die subtileren Eröffnungsprobleme Klarheit verschaffen und seine Kenntnisse vertiefen. Außer der Beherzigung der Grundprinzipien (wie rasche Entwicklung, Königssicherung. Zentralisation usw.) kommt auf dem nächsthöheren Niveau die Verknüpfung der Eröffnung mit dem Mittelspiel hinzu. Der richtige Umgang mit den verschiedenen Zentrumsformen, die Bildung von Vorposten, die Schaffung und Besetzung offener Linien, Gegenspiel – all das muss beachtet werden.

Und dann geht es natürlich um den Kampf um die Initiative. Das heutige Spielniveau und der Stand der Theorie verlangen aktives Spiel von Anfang an. Hier gilt Garri Kasparow als einer der geschicktesten, da er in Varianten, die seit Jahrzehnten als eingefahren gelten, immer wieder erfolgreich nach Neuerungen sucht.

Kupreitschik – Kasparow

UdSSR 1982

Sizilianisch

1.e4 c5 2.Sf3 e6 3.d4 cxd4 4.Sxd4 Sc6 5.Sc3 d6 6.Le3 Sf6 7.Le2 Le7 8.f4 0-0 9.Dd2 e5 10.Sf3

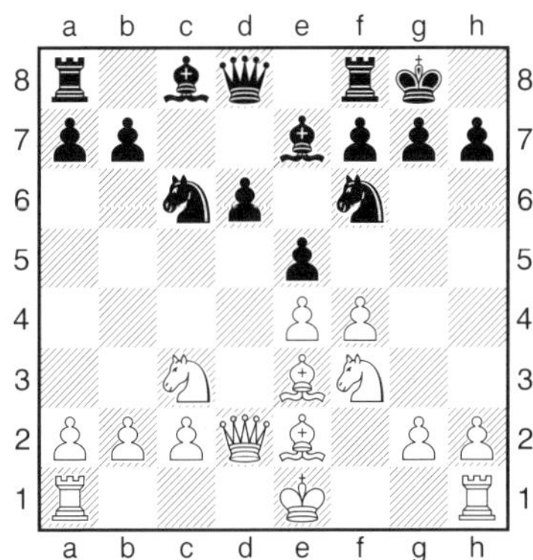

10...Sg4!

An dieser Stelle war bis dato das ruhige 10...a6 oder das schärfere 10...exf4 üblich. Kasparows Neuerung weist die Harmlosigkeit des ganzen weißen Aufbaus nach.

11.f5

Nach 11.0-0-0 exf4 müsste Weiß unter Bauernopfer mit 12.Lg1 fortsetzen, obwohl deutliche Kompensation ersichtlich wäre.

11...Sb4 12.Ld3?

Die Drohung Sxe3 nebst Sxc2+ veranlasst Weiß zu einem vorentscheidenden Fehler. Nach der korrekten Folge 12.Lg1 d5 13.Sxd5 Sxd5 14.Dxd5 Dxd5 15.exd5 Lxf5 wäre ein damenloses Mittelspiel mit verteilten Chancen entstanden.

12...d5 13.Sxd5??

Und danach verliert Weiß sogar eine Figur. Nach 13.exd5 Sxd3+ 14.Dxd3? Lxf5 hätte Schwarz erheblichen Vorteil, aber nach 14.cxd3 Lxf5 wäre es bei Minimalvorteil geblieben.

13...Sxd5 14.exd5 e4! 15.Lxe4 Te8

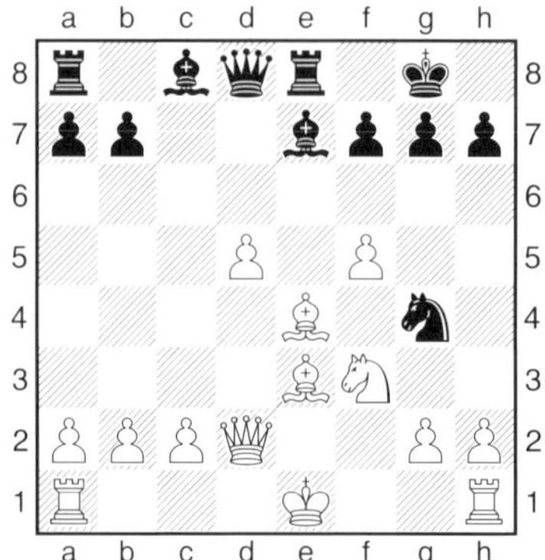

16.0-0-0

Es gibt keine Rettung mehr, wie ein Blick auf die Alternativen zeigt: 16. 0-0 (16.h3 Sxe3 17.Dxe3 Lxf5) 16...Ld6 17.h3 Sxe3 18.Dxe3 Lxf5 19.Sd2 De7! 20.Txf5 Lc5 usw.

16...Lf6 17.Lg5 Txe4 18.h3 Se5

Die Bewahrung des Springers mit 18...Db6! 19.Lxf6 Sxf6 20.g4 Ld7 nebst Tae8 dürfte sogar noch stärker sein.

19.Lxf6 Dxf6 20.Sxe5 Dxe5 21.g4 Ld7 22.The1 Te8 23.Txe4 Dxe4 24.Da5? De3+ 25.Kb1 Dxh3 26.Dxa7 Dxg4 27.Tc1 Lxf5 28.Dxb7 h5 29.b3 Dd4 30.a4 Dc3

Weiß gab auf.

Selbstredend bringt ein Gegenangriff im Zentrum nicht immer den Sieg, aber wenn man eine unter Druck stehende Stellung ausgleichen kann, hat man ja auch etwas erreicht.

Ljubojevic – Ribli, 1979
Sizilianisch

1.e4 c5 2.Sf3 d6 3.d4 cxd4 4.Sxd4 Sf6 5.Sc3 a6 6.Le2 e5 7.Sb3 Le7 8.0-0 Le6 9.f4 Dc7 10.Kh1 Sbd7 11.a4 0-0 12.f5 Lc4 13.Lg5 h6 14.Lh4 Tfc8

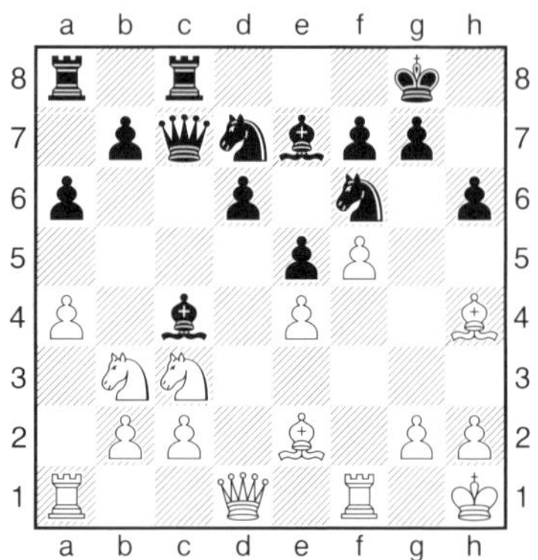

15.Ld3

In dieser Stellung versucht man normalerweise, den Befreiungszug d6-d5 zu verhindern. Weiß geht jedoch eigene Wege und hat damit wenig Erfolg.

15...d5! 16.exd5 Lxd5 17.Sxd5 Sxd5 18.Lxe7 Sxe7 19.Df3 Sf6 20.Sd2 Sed5 21.Se3 Te8 22.Tae1

Danach stehen beide weißen Türme eher passiv, was mit 22.Tad1 zu vermeiden war.

22...Tad8 23.c4?

Die d-Linie ohne Turmbesatz zu lassen und dann das Feld d4 nachhaltig zu schwächen – solche ‚Kleinigkeiten' reichen einem Großmeister häufig, um etwas Größeres daraus zu machen. Richtig war z.B. 23.c3 mit nach wie vor annäherndem Ausgleich.

23...Sxe4 24.Lxe4 Sf6 25.Lxb7??

Das stellt glatt eine Figur ein. Erforderlich war 25.b3 Td4 26.Te3 (26.Lxb7?? e4 27.De3 Td3; 27.Df2 e3 28.Txe3 Txe3 29.Dxe3 Th4) mit zäher Defensive bei nachhaltigem schwarzem Minimalvorteil.

25...e4! 26.Lxe4 Dxc4??

Es bleibt im Dunkeln, warum Schwarz der einfache Gewinnzug 26...De5 missfiel.

27.b3??

Nach 27.Lc6 Txe1 28.Txe1 Td6 nebst Dxa4 wäre es erneut bei schwarzem Minimalvorteil weiter gegangen.

27...Db4

Weiß gab auf.

33. Aufgabe

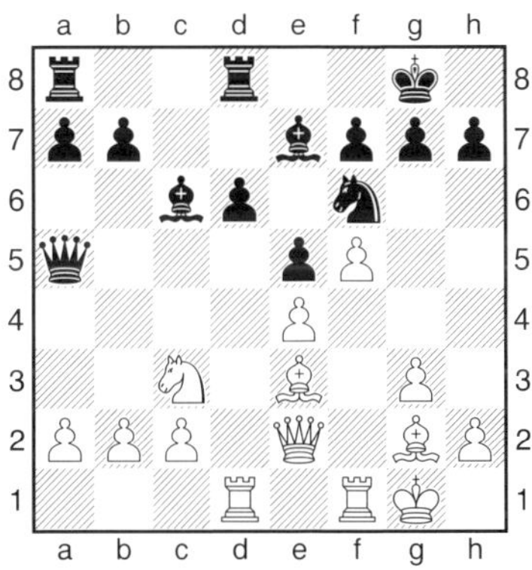

Schwarz am Zug

Hier wählte Schwarz den rein zahlenmäßig ja durchaus möglichen Befreiungszug 1...d5. Aus welchen taktischen Gründen ist diese Entscheidung zumindest zweifelhaft? Welche soliden Alternativen hätte Schwarz gehabt?

34. Kapitel

Wie bildet man einen Vorposten?

In der Schachsprache sind – was nicht verwunderlich ist – etliche militärische Ausdrücke anzutreffen, wie z.B. der Begriff ‚Vorposten'. Damit ist eine Figur gemeint, die sich auf einer Felderschwäche im gegnerischen Lager festsetzen kann, weil sie von Bauern gar nicht mehr – oder nicht unmittelbar bzw. nur sehr umständlich vertrieben werden kann.

Zumeist wird eine Figur auf einem Vorposten von anderen Figuren unterstützt und im Idealfall verfügt sie auch über die Deckung von einem Bauern. Besonders schwierig sind Vorposten zu bereinigen, die sogar von *zwei* Bauern gedeckt werden, weil ein Abtausch des Vorpostens immer zur Entstehung eines gedeckten Freibauern führen würde. In solchen Fällen wird auf dem Vorpostenfeld auch häufig eine Qualität geopfert.

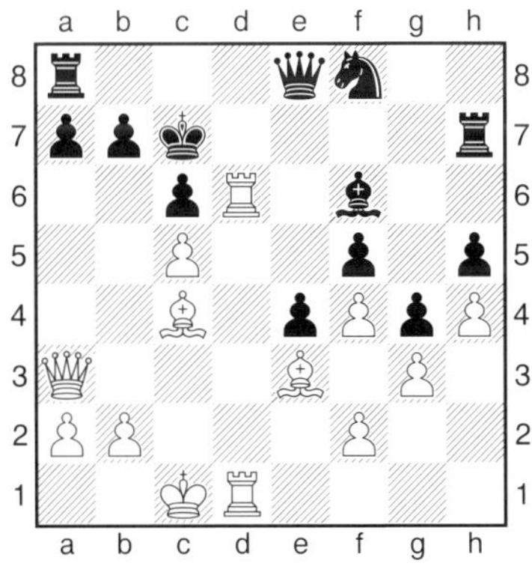

Schwarz am Zug

In dieser Stellung (aus einer Partie Portisch – Seirawan, 1982) versuchte

Schwarz verständlicherweise, den Eindringling auf d6 schleunigst loszuwerden – jedoch ohne Erfolg.

1...Le7 2.Da5+ Kc8 3.Te6! a6

Nach 3...Lxe6 4.Lxe6+ Kb8 5.Td7 kostet die Drohung Dc7# zunächst die Dame.

4.Te5

Noch stärker war 4.Ld4! mit der denkbaren Folge 4...Dd8 5.Txc6+! bxc6 6.Lxa6+ Kd7 7.Da4 usw.

4...Th6 5.Txf5 Sd7 6.Tf7 Tf6 7.Tg7

Es ist bemerkenswert und äußerst amüsant, wie sorglos der weiße Turm in der gegnerischen Stellung spazieren gehen darf.

7...Kb8 8.f5 Ka7 9.Txd7! Dxd7 10.Db6+ Kb8 11.Tg8+ Lf8 12.Txf8+

Schwarz gab auf.

Theoretisch kann sich selbstverständlich jede Art von Figur auf einem Vorposten festsetzen und wohlfühlen, aber zumeist handelt es sich um einen Springer oder einen Turm. Will man verstehen, wie Vorposten zustande kommen, bzw. wie sie geschaffen werden, muss man ihre Vorgeschichte anschauen – wie hier die aus dem letzten Beispiel.

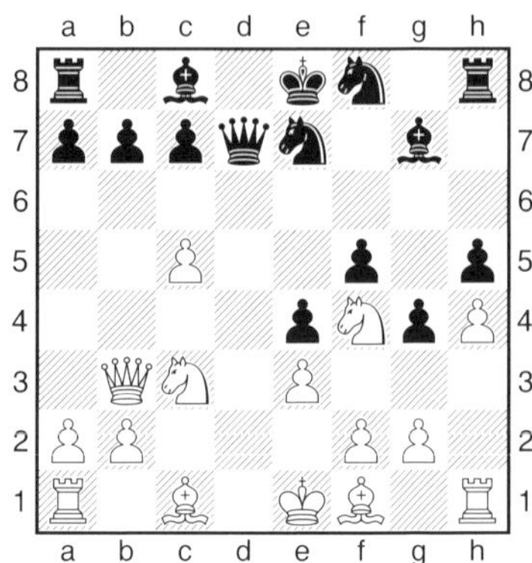

Nach 15 Zügen der Eröffnung steht Weiß leicht besser, da ihm die Beendigung der Entwicklung leichter fällt und da die leicht überbläht wirkende schwarze Bauerstellung am Königsflügel selbstredend etliche Felderschwächen mit sich bringt. Zwar ist dies momentan noch nicht spürbar, aber wenn man sich an den Spaziergang des weißen Turms im gegnerischen Hinterland zurück erinnert ...

Strategisch gesehen hätte ein langwieriger Kampf bevorgestanden, wenn Schwarz hier mit 15...Seg6 den starken Sf4 getauscht und dann lang rochiert hätte. Statt dessen unterläuft ihm jedoch ein schlimmer taktischer Fehler.

15...c6?

Was soll daran bitteschön so schlimm sein? Denn welche Figur wollte das geschwächte Feld d6 jemals erreichen, bevor sich ein Läufer von e5 oder einer der Springer darum kümmern kann?

16.Lc4 Seg6 17.Sb5!

Wie so häufig zieht das Übersehen einer taktischen Kleinigkeit einen ganzen Rattenschwanz von Problemen nach sich.

17...Sxf4?

Im gegebene Fall hat selbiges Übersehen offenbar einen massiven Schock bewirkt, denn anders kann man sich diese selbstmörderische Reaktion kaum erklären. Nach 17...Le5 18.0-0 a6! ergäbe sich folgendes Bild:

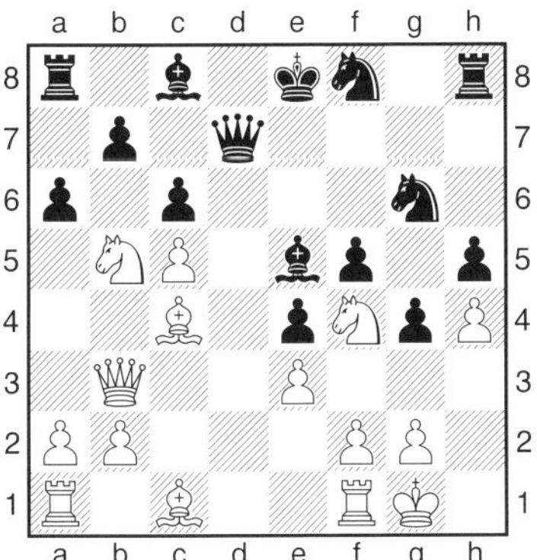

1) 19.Td1?? axb5 20.Txd7 bxc4 mit großem schwarzem Vorteil;

2) 19.Sd6+ Lxd6 20.Td1 Sxf4 21.exf4 (21.Txd6? Sh3+ 22.gxh3 Dg7! unklar) 21...b5! 22.Le2 Th6 23.Dc3;

3) 19.Sxg6 Sxg6 20.Sd6+ Lxd6 21.Td1 Lh2+! 22.Kxh2 De7 23.Ld2 Se5 24.Lc3 Tf8 25.Lxe5 Dxe5+ 26.Kg1 Dxc5 27.a4.

In den beiden letzten Abspielen stünde weißer Vorteil außer Frage, aber von einer Gewinnstellung könnte noch längst keine Rede sein.

18.Sd6+ Kd8 19.exf4 Kc7 20.Le3 De7 21.0-0-0 Kb8 22.Td2 Lf6 23.g3 Th7 24.Sxc8 Kxc8 25.Thd1 Kc7 26.Da3 De8 27.Td6

Und damit ist die von eben bekannte Stellung erreicht worden.

Das Spiel so anzulegen, dass Möglichkeiten zur Vorpostenbildung entstehen, ist eine wichtige Methode im Positionskampf.

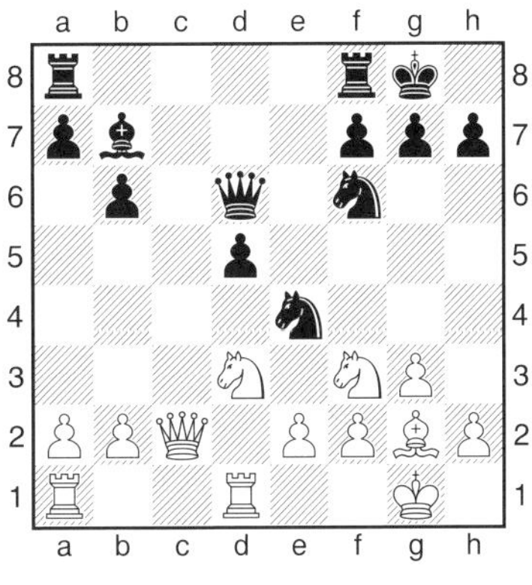

Schwarz am Zug

In dieser noch ausgeglichenen Stellung (aus einer Partie Psachis – Judasin, 1982) versucht Schwarz, zusätzlich zu dem auf e4 auch auf c4 einen Vorposten zu errichten.

1...Tac8 2.Db3 La6 3.Sd4 Sg4 4.h3 Lc4 5.Db4 Df6 6.hxg4 Dxd4 7.e3 Df6 8.De1?

Ein vorentscheidender Fehler in Zeitnot. Es musste unbedingt 8.Lxe4 dxe4 9.Sf4 mit unklarem Spiel geschehen, denn nun dringt Schwarz auf die 2.Reihe vor und gewinnt einen Bauern.

8...Lxd3 9.Txd3 Tc2 10.Txd5?

Und danach ist es bereits ganz aus. Nach 10.Lxe4 dxe4 11.Td2 Txb2 blieb es bei bedeutendem schwarzem Vorteil.

10...Sxf2 11.Tc1 Txc1 12.Dxc1 Sxg4 13.Dd2 g6 14.e4 h5 15.Dd4 Dc6 16.Dc3 Dxc3 17.bxc3 Tc8 18.Td3 Tc4

Weiß verlor durch Zeitüberschreitung.

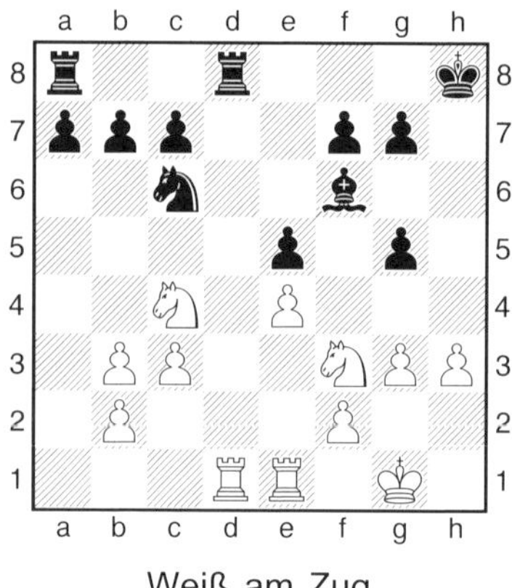

Weiß am Zug

In dieser Stellung (aus einer Partie Gipslis – Hazai, 1981) besteht der weiße Vorteil darin, dass auf d5 ein Vorposten gebildet werden kann. Unter Nutzung dieses Vorpostens strebt Weiß in der Folge Turmeinbruch auf der 7. Reihe an.

1.Td5! Kg8

Schlagen auf d5 scheidet offenbar wegen Bauernverlust auf e5 aus.

2.Ted1 Te8

Schwarz gibt unverzüglich die d-Linie auf. Eine andere Methode, dies zu tun, bestand in der schrittweisen Reduktion zum Leichtfigurenendspiel, obwohl der weiße Vorteil auch in diesem Fall kein bisschen geringer ausfiele; und zwar 2...Txd5 3.exd5 Td8 4.Td2 Se7 5.d6 cxd6 6.Txd6 Txd6 7.Sxd6 b6 8.b4 usw.

3.Kf1 Te6 4.b4 a6 5.Ke2 Tae8 6.Sfd2 Ld8 7.Sb3 b6 8.Kf3 Tf6+ 9.Kg2 Tfe6 10.Se3 Kf8 11.Sd2 g6 12.Sf3 f6 13.h4 gxh4 14.Sxh4 Kf7 15.Kh3 Tg8 16.Sg4 Th8 17.Td7+ Le7 18.Kg2?

Irgendwo unterwegs muss Schwarz etwas Besseres ausgelassen haben. Allerdings ist seine Stellung dermaßen stark, dass sich hier immer noch ein passiver Opferansatz bot; und zwar 18.Txc7! g5 19.Se3 gxh4 20.gxh4 Td8 21.Txd8 Sxd8 22.Sf5 Kf8 23.h5 mit absehbarem Gewinn ungeachtet der Minusfigur.

18...Tc8 19.Th1

Weiß spürt wohl, dass all der schöne Vorteil zu verschwinden droht, und so versucht er es mit einer bösen Falle.

19...Td6??

Und Schwarz tappt mit fliegenden Fahnen hinein. Nach 19...Ke8 20.Tdd1 Kf7 21.Sf3 wäre es mit weißem Minimalvorteil weitergegangen.

20.Sh6+ Kg7 21.S6f5+! gxf5 22.Sxf5+ Kf7 23.Th7+ Kg8 24.Thxe7 Sxe7 25.Sxd6 cxd6 26.Txe7

Im Endergebnis behält Weiß einen Mehrbauern und ein leicht gewonnenes Turmendspiel, welches er zehn Züge später auch gewann.

Und hier noch ein Tipp zur Bekämpfung eines Vorpostens: Falls möglich, versuche man, dessen ‚Fundament' zu erschüttern, welches ja in aller Regel aus einem Bauern besteht.

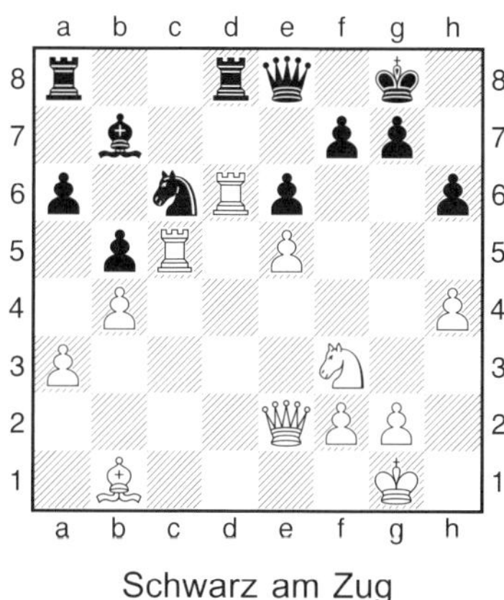

Schwarz am Zug

In dieser Stellung (aus einer Partie Geller – Waganjan, 1982) steht Weiß angesichts des möglichen Mattangriffs in der Diagonale b1-h7 sehr vielversprechend. Schwarz zeigte Anzeichen von Panik und versuchte, den Vorposten mit taktischen Mitteln zu sprengen.

1...Sxe5?

Erforderlich war 1...Txd6 2.exd6 Td8 3.Dd3 f5, auch wenn Weiß nach 4.La2 selbstverständlich soliden Vorteil behält.

2.Dxe5?

Ganz einfach gewann 2.Txd8 Sxf3+ 3.Dxf3! usw.

2...Txd6 3.Dxd6 Td8 4.Db6 Lxf3 5.gxf3 Td1+ 6.Kg2 f5!

Nach 6...Txb1? 7.Dxa6 Kh7 8.Dxb5 Dd8 9.De2 gerät Schwarz in eine annähernde Verluststellung. Nun jedoch droht 7...Dg6+ usw.

7.Lxf5 exf5 8.Dc6

Weiß hat immer noch beträchtlichen Endspielvorteil, verlor jedoch im folgenden Zeitnotduell zuerst die Nerven und schließlich sogar die Partie.

34. Aufgabe

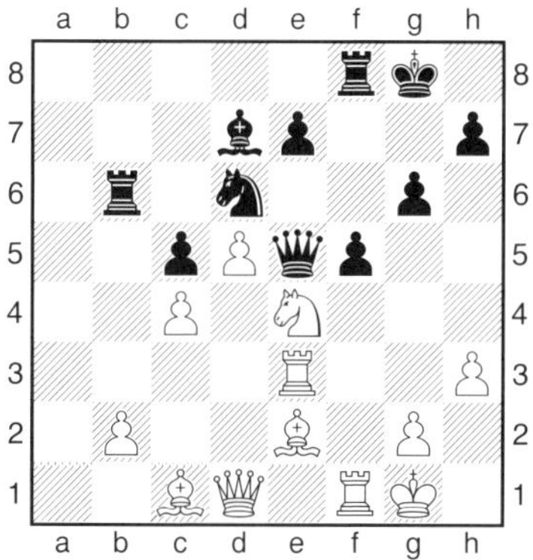

Schwarz am Zug

Weiß hat soeben den gegnerischen Vorpostenspringer von e4 entfernt. Wie sollte Schwarz in der Folge mit dem Vorposten umgehen? Sollte dort wieder ein Springer oder aber ein Bauer installiert werden? Begründen sie Ihre Entscheidung.

Teil II

Geschichte des Schachspiels

Vom Beginn bis in die Achtzigerjahre des 20. Jahrhunderts

1. Kapitel

Erste Abhandlungen über das Schachspiel:

Die Göttinger Handschrift

Die Ratschläge Damianos

Gegen Ende des 15. Jahrhunderts erschien in Europa eine Reihe von Abhandlungen über das Schachspiel, die alle von den kurz vorher reformierten Regeln ausgingen, welche das Spiel in seine endgültige und bis heute angewandte Form gebracht hatten.

In der Bibliothek der Universität von Göttingen fand man einen Text ohne Überschrift und Datierung, die sogenannte Göttinger Handschrift, die noch in lateinischer Sprache abgefasst war. Wissenschaftler stellten fest, dass sie um 1490 niedergeschrieben worden war. Die Handschrift besteht aus zwei Teilen – im ersten Teil werden verschiedene Eröffnungen abgehandelt, im zweiten Teil finden sich 30 Aufgaben.

Darüber hinaus ist noch ein zweites, sehr bekanntes Buch aus dieser Zeit erhalten geblieben – das Traktat des Spaniers Lucena, wahrscheinlich geschrieben für den Prinzen Juan, der 1497 verstarb. Darin finden sich zahlreiche Eröffnungsvarianten, Endspiele und 150 Aufgaben.

1512 erschien dann in Rom eine Schachanleitung des Portugiesen Damiano in italienischer Sprache. Sie enthält Beispieldiagramme zu typischen Kombinationen und erschien in mehreren Auflagen in ganz Europa.

Hier einige Ratschläge daraus:

Kein Zug soll ohne Ziel geschehen!

Du sollst nicht schnell spielen!

Wenn du einen guten Zug gefunden hast, suche weiter nach einem noch besseren!

Die drei erwähnten Werke sind mit Recht als die Ursprünge der Schachliteratur zu bezeichnen.

2. Kapitel

Theoretiker reformieren das Spiel

Der Spanier Ruy Lopez und der Italiener Giulio Polerio

Zu den am häufigsten gespielten Eröffnungen in der heutigen Praxis zählt die Spanische Partie. Diese Bezeichnung geht auf den spanischen Pater Ruy Lopez zurück, und in einigen Sprachen (z.B. der englischen) wird auch dessen Name für die Eröffnung verwendet. In seinem ‚Buch von der Erfindungsgabe und der Spielkunst im Schach' (1561) empfiehlt er (nach 1.e4 e5 2.Sf3 Sc6) den Zug 3.Lb5 als den besten. Dieses Buch wird als das erste Lehrwerk angesehen, da es im Gegensatz zu den übrigen aus jener Zeit nicht nur die besten Züge angibt, sondern die jeweilige Wahl auch zu begründen versucht.

Bei Lopez taucht erstmals der Gedanke von der Bedeutung des Bauernzentrums auf. Seine Vorstellung davon dokumentiert er mit folgender Variante:

1.e4 e5 2.c3 Sf6 3.Dc2 Lc5 4.Sf3 Sc6 5.Lb5 d6 6.d4 exd4 7.cxd4 Lb4+ 8.Sc3

Ganz abgesehen von der Stichhaltigkeit der einzelnen Züge, sieht er Weiß hier wohl mit Recht im Vorteil.

1590 erschien die Handschrift des Italieners Giulio Polerio, die viele Partien und Eröffnungsvorschläge enthielt. Einige davon besitzen auch heute noch ihre Gültigkeit. So dauert z.B. die Diskussion um eine Fortsetzung des Zweispringerspiels immer noch an, die sich auf eine vor 400 Jahren gespielte Partie Polerio – Domenico bezieht:

1.e4 e5 2.Sf3 Sc6 3.Lc4 Sf6 4.Sg5 d5 5.exd5 Sxd5 6.Sxf7 Kxf7 7.Df3+ Ke6 8.Sc3 Sce7 9.d4 c6 10.Lg5 h6 11.Lxe7 Lxe7 12.0-0-0 Tf8 13.De4 Txf2 14.dxe5 Lg5+ 15.Kb1 Td2 16.h4 Txd1+ 17.Txd1 Lxh4 18.Sxd5 cxd5 19.Txd5 Dg5 20.Td6+ Ke7 21.Tg6

Schwarz gab auf.

3. Kapitel

Die frühe italienische Schule

Was bedeutet ‚romantisches Schach'?

Die Reform der ursprünglichen Schachregeln führte zu einer Belebung des Spiels und zur Entwicklung des romantischen Stils. Diese Bezeichnung bezieht man auf die frühe italienische Schachschule des 16. und 17. Jahrhunderts. Charakteristisch für diesen Stil sind frühe Opferangriffe, weitreichende Kombinationen und listige Fallen.

Oft genug waren solche taktischen Einschläge positionell kaum vorbereitet, und die effektvollen Siege gingen mehr auf eine fehlerhafte Verteidigung zurück. In dieser Epoche kam das Gambitspiel zur vollen Blüte. Die Ablehnung eines Gambits in der Eröffnung bzw. eines Opfers im Mittelspiel galt als Angst vor dem Feind und war entsprechend verpönt.

Belächeln darf man diese Spielweise heute nicht, wo doch zahlreiche erhaltene Partien der italienischen Meister Polerio, Domenico und vor allem Greco die neue Dynamik der Figuren zeigen, mannigfache Kombinationsmöglichkeiten vorführen oder den gezielten Mattangriff lehren.

Giocchino Greco (1600-1634) führt diesen Stil in einer seiner vielen erhalten gebliebenen Partien vor. Dabei macht es keinen Sinn, die schwarze Spielweise 350 Jahre später zu kritisieren. Es soll die Feststellung genügen, dass er mehrfach bessere Verteidigungszüge zur Verfügung gehabt hätte. Urteilen Sie selbst:

1.e4 e5 2.Sf3 Sc6 3.Lc4 Lc5 4.c3 De7 5.0-0 d6 6.d4 Lb6 7.Lg5 f6 8.Lh4 g5 9.Sxg5 fxg5 10.Dh5+ Kd7 11.Lxg5 Dg7 12.Le6+ Kxe6 13.De8+ Sge7 14.d5#

4. Kapitel

Francois André Danican – genannt Philidor

Auf die Frage nach dem besten Spieler aller Zeiten gab der Däne, Bent Larsen, folgendes Urteil ab: „Der weltbeste Schachspieler war Philidor, denn er war seinen Zeitgenossen um ein ganzes Jahrhundert voraus."

Über den ersten Teil des Urteils kann man natürlich streiten, doch der zweite ist unbestreitbar. Philidor gilt als der Ahnherr der Schachtheorie. Als erster ging er von der Variantenanalyse zur tiefgreifenden Stellungsbewertung über und stellte als erster die Methoden und Prinzipien des Positionsspiels vor.

1749 gibt er das Buch ‚Analyse des Schachspiels' heraus, das bald in fast alle europäischen Sprachen übersetzt und in den 200 Jahren nach seinem Erscheinen mehr als hundert mal aufgelegt wurde.

Darin werden zwar nur neun Partien vorgestellt, jedoch mit allgemeingültigen Analysen versehen, die den Kern von Philidors Theorie bilden.

„Mein Hauptanliegen ist es, das Bauernspiel in neuem Licht darzustellen. Die Bauern sind die Seele des Spiels!"

Doch schenkte er nicht allein den Bauern Aufmerksamkeit. So schreibt er zu folgendem Diagramm (mit Weiß am Zug):

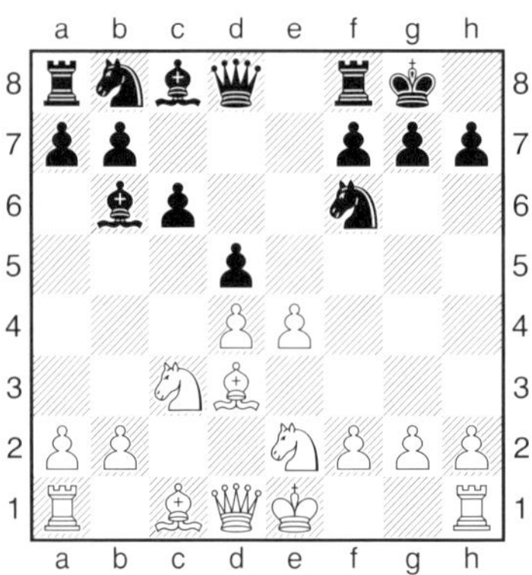

„Wenn zwei Ihrer Bauern nebeneinander stehen, so sollen Sie diese nicht bewegen, sondern warten, bis der Gegner einen Abtausch anbietet. Und statt zu schlagen, sollten Sie dann vorbeiziehen."

„Als Fortsetzung empfiehlt er in dieser Stellung **9.e5 Se8 10.Le3 f6** und erklärt nunmehr: „Auf dieses Tauschangebot dürfen Sie nicht durch eigenes Schlagen eingehen, da der Königsbauer dadurch seinen guten Posten in der Linie verlieren würde. Viel besser ist es, wenn der Gegner schlägt und Sie mit dem Damenbauern zurückschlagen sowie mit dem f-Bauern stützen. Diese beiden verbundenen Bauern sollten Ihnen den Sieg sichern."

Der weitere Partieverlauf lautete: **11.Dd2 fxe5 12.dxe5 Le6 13.Sf4 De7 14.Lxb6 axb6 15.0-0 Sd7 16.Sxe6 Dxe6 17.f4 Sc7 18.Tae1 g6 19.h3 d4 20.Se4 h6 21.b3 b5 22.g4 Sd5 23.Sg3 Se3**

„Damit will Schwarz die Verbindung zwischen den weißen Bauern zerstören, was durch das Vorziehen des g-Bauern ganz leicht geht. Das können Sie durch ein Qualitätsopfer verhindern."

24.Txe3 dxe3 25.Dxe3 Txa2 26.Te1 Dxb3 27.De4 De6 28.f5 gxf5 29.gxf5 Dd5 30.Dxd5+ cxd5 31.Lxb5 Sb6 32.f6

„Wenn Sie das Endspiel mit einem Läufer zu bestreiten haben, müssen Sie die eigenen Bauern auf die Felder setzen, die nicht der Farbe des Läufers entsprechen. So kann der Läufer die gegnerischen Figuren besser daran hindern, die Bauern anzugreifen oder sie zu stoppen. Dies gilt als Faustregel, wenn es sich um angreifende und vorgeschobene Bauern handelt. Bei schutzbedürftigen Bauern sind diese besser auf Feldern zu belassen, die der Farbe des Läufers entsprechen."

32...Tb2 33.Ld3 Kf7 34.Lf5 Sc4 35.Sh5 Tg8+ 36.Lg4 Sd2 37.e6+ Kf8 38.Ta1 Tb1+ 39.Txb1 Sxb1 40.Kh2 Sc3 41.Sf4 Se4 42.Sxd5 Tg5 43.e7+ Kf7 44.Le6+ Kxe6 45.e8D+ Und Weiß gewinnt.

5. Kapitel

General Deschapelles spielt nur mit Vorgabe

Philidors Zeitgenossen achteten dessen Empfehlungen herzlich wenig; spielverlangsamende Bauernketten, langwierige Endspiele und die didaktischen Ausführungen Philidors waren mit den stürmischen Attacken des romantischen Stils schlecht in Einklang zu bringen.

Einer der ersten, dem diesbezüglich eine Synthese gelang, war der französische General Deschapelles (1780-1847). In der folgenden Partie spürt man durchaus die Feinheiten des Positionsspiels. Interessanter Weise spielte der etwas überhebliche General nur mit Vorgabe. Im folgenden Beispiel spielt er ohne den Bauern f7 und gibt Weiß außerdem zu Beginn einen Zug vor.

Cochrane – Deschapelles (1821)

1.e4 – c 2.d4 e6 3.f4 d5 4.e5 c5 5.c3 Sc6 6.Sf3 cxd4 7.cxd4 Db6 8.Sc3 Ld7 9.a3 Sh6 10.h3 Sf5 11.Se2 Le7 12.g4 Lh4+ 13.Sxh4 Sxh4

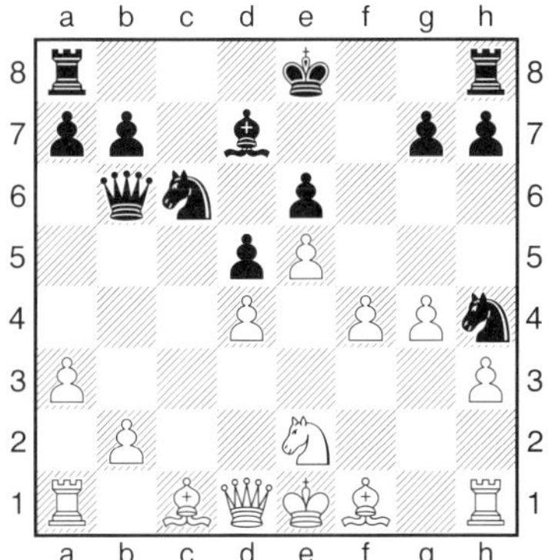

Die unterschiedliche Spielweise ist klar erkennbar: Weiß verfolgt keinen konkreten Eröffnungsplan und seine Bauern werden nicht ausreichend von den Figuren unterstützt. Schwarz hat es geschafft, die Entwicklung des weißen Damenflügels zu erschweren, er kann bald seine Türme einsetzen und droht bereits mit kleinen Kombinationen wie hier 14....Sxd4 15.Sxd4 Dxd4 16.Dxd4 Sf3+ usw. Deshalb muss man ihm die Initiative zusprechen.

14.Kf2 0-0 15.Kg3 Sg6 16.b4

Nach diesem sorglosen Zug kann Schwarz den weißen Entwicklungsrückstand endgültig bloßstellen.

16...a5! 17.Ld2 axb4 18.Lxb4 Sxb4 19.axb4 Dxb4 20.Tb1 Ta3+ 21.Kh2 De7!

Schwarz verlagert den Kampf auf den Königsflügel, was von großem positionellem Verständnis zeugt. Der Mattangriff zeichnet sich ab.

22.Txb7 Dh4 23.Txd7? Df2+ 24.Lg2 Txh3+! 25.Kxh3 Dh4#

6. Kapitel

Die Rivalität zwischen Frankreich und England:

Der Wettkampf Labourdonnais – MacDonnell

Zu Beginn des 19. Jahrhunderts gab es in Europa zwei Zentren des Schachspiels: Frankreich und England. Als der beste französische Spieler galt Louis Labourdonnais, als der beste Engländer George MacDonnell. Der Streit, wer von beiden der beste Spieler Europas sei, dauerte zwei Jahre an und endete nach 85 Partien mit einem überzeugenden Sieg des Franzosen (+45 –27 =13).

Dieses Match zeichnete sich dadurch aus, dass das Positionsspiel einen neuen Höhepunkt erreicht hatte. Was die kombinatorischen Fähigkeiten angeht, waren sich die beiden ebenbürtig, im positionellen Bereich jedoch war Labourdonnais weit überlegen. In seine Partien kann man beobachten, wie man ums Zentrum kämpft, wie man sich Vorteile in der Eröffnung verschafft, wie man ideale Felder für die Figuren sichert, wie man Raum erobert, wie man die Kräfte stetig zum Schlussangriff sammelt – und nicht zuletzt, wie man einen strategischen Plan verfolgt. Er verbindet das lebhafte Figurenspiel der italienischen Schule mit der Bewegung der Bauernkette nach der Theorie Philidors.

MacDonnell – Labourdonnais

16. Partie des vierten Wettkampfs
London 1834

1.e4 c5 2.Sf3 Sc6 3.d4 cxd4 4.Sxd4 e5

Diesen Zug sieht man heutzutage selten, da man die schwarze Stellung nach 5.Sb5 a6 6.Sd6+ Lxd6 7.Dxd6 Df6 speziell wegen des weißen Läuferpaars als schwierig für Schwarz einschätzt. Mit seiner Fortsetzung kommt Weiß hingegen der schwarzen Absicht entgegen, im Zentrum aktiv zu werden.

5.Sxc6 bxc6 6.Lc4 Sf6 7.Lg5 Le7 8.De2 d5 9.Lxf6 Lxf6 10.Lb3 0-0 11.0-0 a5 12.exd5 cxd5 13.Td1 d4 14.c4

Mit heutigem Positionsverständnis würde man eher 14.Sd2 spielen. Allerdings hätte die Schachwelt dann nie eine Partie bestaunen können, in der Schwarz über drei verbundene Freibauern auf der 2. Reihe verfügt.

14...Db6 15.Lc2 Lb7 16.Sd2 Tae8!

Der Zug eines weitsichtigen Strategen.Der f-Bauer soll nämlich auch noch ins Spiel gebracht werden. Nach 16...Dxb2 17.Dd3 g6 18.Tab1 ist wohl nur Remis möglich.

17.Se4?!

Besser wäre es, zuerst mit 17.Le4 den starken gegnerischen Läufer zu neutralisieren und dann den Springer auf e4 zu etablieren.

17...Ld8

besser 17...Le7

18.c5 Dc6 19.f3 Le7 20.Tac1 f5 21.Dc4+ Kh8 22.La4 Dh6 23.Lxe8 fxe4 24.c6 exf3 25.Tc2

Denn nach 25.cxb7?? De3+ 26.Kh1 fxg2+ 27.Kxg2 Tf2+ wird Weiß matt.

25...De3+?

besser 25...fxg2 oder 25...Lc8

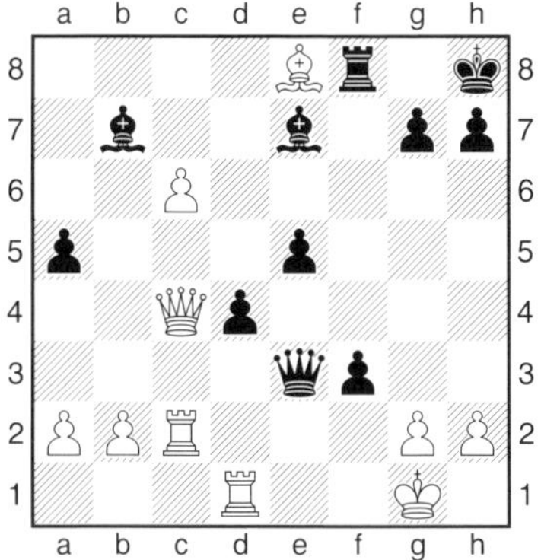

26.Kh1??

Mit 26.Tf2! und der Absicht 26...fxg2?? 27.De2 hätte Weiß seinen Gegner sogar vor schwierige Verteidigungsprobleme stellen können, die wohl nur mit 26...La6! 27.Dxa7 Lc5! im unklaren Bereich zu halten gewesen wären. Nach dem Textzug hingegen ist er schlichtweg verloren.

26...Lc8 27.Ld7 f2 28.Tf1 d3 29.Tc3

Mit 29.Lxc8 dxc2 30.La6 war wohl etwas mehr Widerstand zu leisten.

29...Lxd7 30.cxd7 e4 31.Dc8 Ld8 32.Dc4 De1 33.Tc1 d2 34.Dc5 Tg8 35.Td1 e3 36.Dc2 Dxd1 37.Txd1 e2

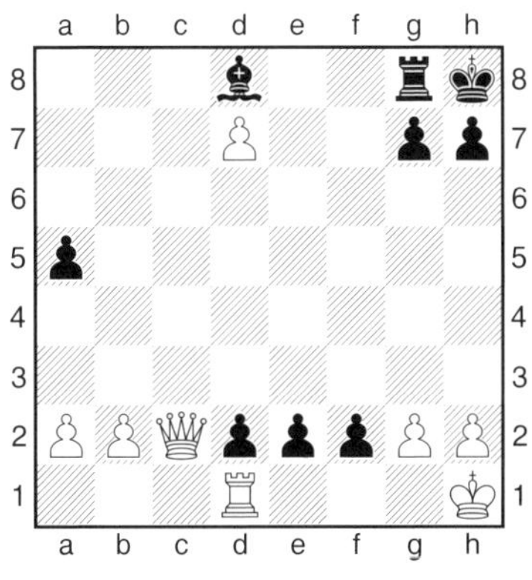

Weiß gab auf.

Die theoretische Vorarbeit Philidors trägt Früchte, und nach Labourdonnais wird der Engländer Howard Staunton diese Ideen weiter ausarbeiten

7. Kapitel

Stauntons Stil und die orthodoxe Schule

Nach dem Tod von MacDonnell (1835) und Labourdonnais (1840) galt der Engländer Howard Staunton (1810-1874) für kurze Zeit als der stärkste Spieler. Nach seinem Sieg gegen Saint-Amant im traditionellen Match England – Frankreich (1843) konnte sein Stern allerdings nur noch etwa 10 Jahre am Schachfirmament leuchten. Sein Verdienst liegt darin, dass er den Grundstein für die zukünftige Lehre von Wilhelm Steinitz legte.

Nach außen hin wirkte das Match Staunton – Saint-Amant recht trocken. Staunton fing sofort nach der Eröffnung zu manövrieren an und ging erst zum Angriff über, nachdem er den

Gegner sozusagen eingelullt hatte. Dabei scheute er nicht vor Abtausch zurück und verlegte den Kampf gern ins Endspiel. Und dieser Spieltaktik hatte Saint-Amant nichts Adäquates entgegenzusetzen.

Saint-Amant – Staunton

Paris, 1873

1.d4 d5 2.c4 e6 3.e3 c5 4.Sc3 Sf6 5.Sf3 Le7 6.Ld3 b6 7.0-0 0-0 8.b3 Lb7 9.cxd5 exd5 10.Dc2 Sc6 11.a3 a6 12.Td1 cxd4 13.exd4 h6 14.b4 Ld6 15.Te1 b5 16.h3 Tc8 17.Db3 Dc7 18.Ld2 Db6 19.Le3 Se7 20.Tac1 Sh5 21.Dd1 Sf6

Welch ein Unterschied zwischen diesem ‚auf der Stelle treten' und den zielgerichteten Attacken und unerwarteten Kombinationen der Schachromantiker. Staunton spielte aber nicht immer so. Zu Beginn seiner Karriere opferte er, kombinierte und attackierte so wie alle anderen. Erst später entwickelte er diesen Stil der geschlossenen Stellung: abwarten und erst dann die entsprechende Strategie wählen.

22.Sh4 Tc7 23.Dd2 Sh7 24.Dc2 Sf6 25.Kh1 Se8 26.Sf5 Sxf5 27.Lxf5 a5 28.Db3 axb4 29.axb4

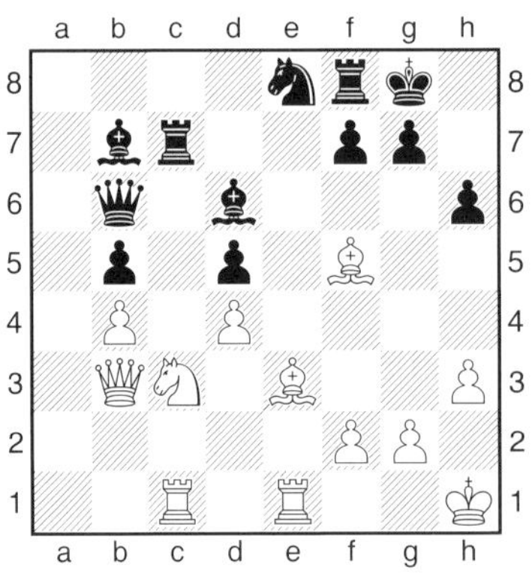

29...Tc4!

Staunton hat sein Ziel erreicht. Er besitzt die Initiative am Damenflügel (Angriff auf b4) und ist bereit, die Qualität zu opfern – nämlich den Turm c4 für den weißfeldrigen Läufer.

30.Sa2 Sf6 31.Ld3 Dc6 32.Db2 Dd7 33.Kg1 Sh5 34.Dd2 f5!

Ein heutiger Kommentar würde lauten: Schwarz hat den Gegner am Damenflügel festgenagelt und eröffnet nun den Kampf in der anderen Bretthälfte.

35.f4 Sg3 36.Lxc4

Weiß kann der Versuchung nicht widerstehen, doch wird nun der Lb7 aktiviert.

36...dxc4 37.Db2 Tf6 38.Sc3 Se4 39.Te2 Tg6 40.Td1 Sxc3 41.Dxc3 Lf3 42.Tde1 Lxe2 43.Txe2 De7 44.Db2 Te6 45.Kf2 Te4

Staunton beeilt sich nicht, den Bauern b4 zu schlagen, sondern verstärkt systematisch seine Stellung.

46.Da2 Kf7 47.g3 Db7 48.Da3 Te8 49.Dc3 Dh1 50.h4 g5! 51.De1 Dh2+ 52.Kf1 Dh3+ 53.Kg1 Dg4 54.hxg5 Lxf4 55.Lxf4 Dxe2 56.Dxe2 Txe2 57.gxh6 c3

Weiß gab auf.

Stauntons Spielweise bezeichnet man in der Schachliteratur als ‚orthodoxe Positionsschule'. Sein Hauptmotiv – Flankenangriff bei stabilem Zentrum – hat viele Nachahmer gefunden.

8. Kapitel

Ein Vorläufer der Schachcomputer – der Schachautomat von Kempelens

Der Baron von Kempelen, Hofrat in Wien, stellte 1769 einem staunenden Publikum einen mechanischen Schachspieler vor. Es handelte sich um eine exotisch im türkischen Stil gekleidete Puppe, die mittels einer im Kasten untergebrachten Mechanik imstande war, Schach zu spielen. Auf einem vor ihr liegenden Schachbrett führte sie die Züge mit Hilfe eines mechanischen Hebels aus. Auch konnte sie mit dem Kopf nicken; zweifaches Nicken bedeutete *Schach*, dreifaches bedeutete *Schachmatt*.

Im Inneren des Kastens war natürlich ein kleinwüchsiger Mensch versteckt, aber um die Illusion einer Maschine aufrechtzuerhalten, zog von Kempelen die Mechanik des Automaten nach jeweils zwölf Zügen mit einem großen Schlüssel neu auf. Das Geheimnis wurde jahrelang bestens gehütet und der Automat schlug auch die stärksten Spieler der damaligen Zeit, woraus wohl zu schließen ist, dass der im Inneren verborgene Mensch über eine ganz außerordentliche Spielstärke verfügt haben musste.

Auch nach dem Tode von Kempelens wurde das Wunderding in ganz Europa vorgeführt und erst bei einem Brand kam der wahre Kern des Kastens ans Licht, ohne dass jedoch der rätselhafte kleinwüchsige Mensch mit der ganz außerordentlichen Spielstärke jemals gefunden bzw. enttarnt werden konnte. Sogar Napoleon Bonaparte soll 1809 gegen den Automaten gespielt und verloren haben – und zwar auf folgende Weise:

Napoleon – Automat

1.e4 e5 2.Df3 Sc6 3.Lc4 Sf6 4.Se2 Lc5 5.a3 d6 6.0-0 Lg4 7.Dd3 Sh5 8.h3 Lxe2 9.Dxe2 Sf4 10.De1 Sd4 11.Lb3 Sxh3+ 12.Kh2 Dh4

Und Weiß gab bald auf.

9. Kapitel

Der erste Schachclub – Café de la Régence

Heutzutage hat jedermann bei Interesse die Möglichkeit, in Vereinen oder sonst wo Schach zu spielen. Doch wie war das vor 200-300 Jahren, als so etwas noch reine Zukunftsmusik war? Als Vorläufer aller späteren Schachclubs muss wohl mit Fug und Recht das ‚Café de la Régence' in Paris angesehen werden. So schrieb der Philosoph Diderot 1762: „Paris ist der Ort in der Welt, an dem das beste Schach gespielt wird!

Tatsächlich trafen sich dort die besten Spieler der damaligen Zeit, so z.B. Philidor, Deschapelles, Labourdonnais, später auch Staunton, Anderssen, Morphy, Steinitz, Lasker, Aljechin, Capablanca. Auch geistige und politische Größen wie Rousseau, Voltaire, Napoleon und Robespierre waren dort anzutreffen. Letzterer soll sogar einmal nach dem Verlust einer Partie einen Todeskandidaten begnadigt haben.

Lange Zeit sah man einen Tisch ausgestellt und darauf ein Schild mit der Aufschrift: An diesem Tisch spielte Napoleon Schach! – Nach den Weltkriegen wurde das weltberühmte Schachcafé in ein Restaurant umgewandelt und von den alten Zeiten blieb nur noch die Erinnerung.

10. Kapitel

‚Palamède' – die erste Schachzeitung

Die Zahl periodisch erscheinender Schachzeitschriften wächst überall zusehends an. Es war Labourdonnais, der als erster auf die Idee kam, eine solche Zeitung herauszugeben. Die erstmals 1836 erscheinende Zeitschrift ‚Palamède' erfreute sich von Anfang an großer Beliebtheit. Schon nach einem Jahr hatte sie 260 Abonnenten, auch im Ausland für die damalige Zeit eine sehr hohe Zahl. Die Zeitschrift erschien drei Jahre lang, bis kurz vor dem Tod ihres Gründers. Das Beispiel machte schnell Schule; ab 1837 erschien in London ‚Philidorienne', zu Beginn der vierziger Jahre des 19. Jahrhunderts gab Saint-Amant auch ‚Palamède' neu heraus, und Staunton wurde Redakteur von ‚Chess Chronicle'.

Parallel dazu entwickelte sich der Schachjournalismus, da es inzwischen jede Zeitung als ihre Pflicht ansah, eine Schachecke einzurichten, die von möglichst prominenten Spielern geführt wurde. Das hat sich bis heute kaum geändert.

11. Kapitel

Die Berliner Schachschule

Bilguers Handbuch

Zu Beginn des 19. Jahrhunderts beginnt in Deutschland eine stürmische Entwicklung des Schachspiels. Neben Spielern wie Mendheim begründete vor allem Ludwig Bledow den Ruhm der sogenannten ‚Berliner Schachschule'. Mit seinem Namen sind die ersten Siege deutscher Spieler bei internationalen Treffen verbunden. Ein Jahr vor seinem Tod gründete Bledow die ‚Schachzeitung', die später den Namen ‚Deutsche Schachzeitung' erhielt. Hier ein Beispiel für die beachtliche Spielkunst des Berliners.

Horwitz – Bledow
Berlin, 1837
Italienische Partie

1.e4 e5 2.Sf3 Sc6 3.Lc4 Lc5 4.c3 Lb6 5.d4 De7 6.d5 Sd8 7.Le2 d6 8.h3 f5 9.Lg5 Sf6 10.Sbd2 0-0 11.Sh4 fxe4 12.Sxe4 Sxe4! 13.Lxe7 Lxf2+ 14.Kf1 Sg3#

Der berühmteste seiner Nachfolger wurde ein weiterer Vertreter der Berliner Plejaden, Paul Rudolf von Bilguer (1815-1840). Er verfasste das viel beachtete ‚Handbuch des Schachspiels', das später zur ersten Eröffnungs-Enzyklopädie wurde. Durch seinen viel zu frühen Tod wurde die Arbeit am ‚Handbuch' unterbrochen und erst 1843 beendete Tassilo von der Lasa das Werk. Letzterer wurde auch durch seine schachgeschichtlichen Studien berühmt. Nicht zuletzt an diesen drei Spielern lag es, dass sich das Zentrum des europäischen Schachspiels im 19. Jahrhundert nach Deutschland verlagerte.

12. Kapitel

Das erste internationale Schachturnier

In unserer Zeit finden weltweit jährlich an die zweihundert internationale Schachwettbewerbe statt, wobei weder die Turniere für Damen und Jugendliche mitgerechnet werden noch die nationalen – bzw. die Mannschaftswettkämpfe. Da fällt es nicht leicht, die Übersicht zu behalten.

Begonnen hat diese Entwicklung 1851 in London, als anlässlich einer internationalen Industrieausstellung das erste Schachturnier organisiert wurde. Initiator war Howard Staunton, unterstützt vom ‚St. George Schachclub'. Es nahmen 16 der damals bekanntesten europäischen Spieler teil. Zwar gab es damals noch keine zeitliche Begrenzung, nur wurde eine Partie nicht länger als acht Stunden an einem Tag gespielt und musste bei Bedarf abgebrochen und wieder aufgenommen werden.

Anderssen, der spätere Sieger, der deswegen inoffiziell als der erste Schachweltmeister angesehen wird, schrieb an die ‚Deutsche Schachzeitung':

Der Wettbewerb begann am 27. Mai gegen 11 Uhr morgens. Es gibt keinen besonderen Komfort; kleine und niedrige Tische und Stühle. Die Ecken der großen Bretter ragen über den Tischrand hinaus. Neben den Spielern gibt es keinen Platz für die Schriftführer. Es gibt auch keinen Platz, um die Ellbogen aufzustützen.

Auf seinen größten Gegner, Howard Staunton, traf er im Halbfinale und besiegte ihn deutlich mit 5:1. Durch die ungewöhnliche Form der Auslosung kam es zum Endspiel zwischen ihm und dem Engländer Wywill, der nicht unbedingt zu den überragenden Spielern gehörte. Nach sechs Partien führte Anderssen 3:2 (bei einem Remis, das nicht zum Resultat hinzugerechnet wurde) und gewann dann die entscheidende 7. Partie mit Weiß.

Anderssen – Wywill
7. Wettkampfpartie
London 1851

1.e4 c5 2.Lc4 a6 3.a4 Sc6 4.Sc3 e6 5.d3 g6 6.Sge2 Lg7 7.0-0 Sge7 8.f4 0-0 9.Ld2 d5 10.Lb3 Sd4 11.Sxd4 Lxd4+

Die Konturen dieser Stellung erinnern offenbar an die geschlossene Variante der Sizilianischen Verteidigung.

12.Kh1 Ld7 13.exd5 Lxc3?

Ein grober positioneller Fehler, stellte der schwarzfeldrige Läufer doch die aktivste schwarze Figur dar.

14.Lxc3 exd5 15.Lf6!

Anderssen hat die Schwachstelle im schwarzen Aufbau sofort aufgespürt.

15...Le6

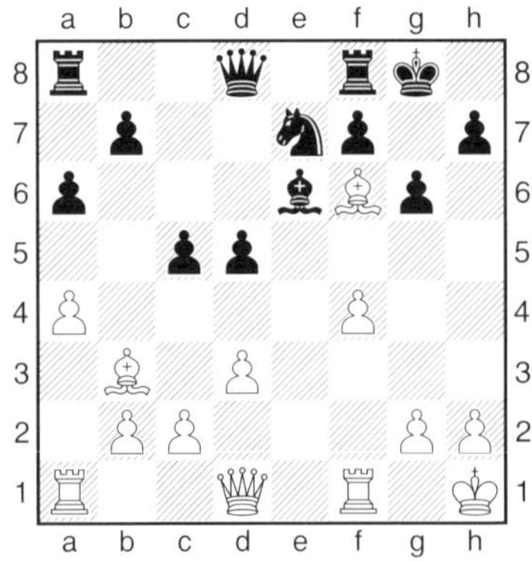

16.f5! Lxf5 17.Txf5! gxf5 18.Dh5

Gegen die Drohung 19.Dg5+ gibt es keine brauchbare Verteidigung mehr.

18...Dd6 19.Dh6 Dxf6 20.Dxf6

Schwarz gab auf.

13. Kapitel

Der Triumph der Kombination – Adolf Anderssen und seine unsterbliche Partie

Die stürmische Entwicklung des schachlichen Denkens im 19. Jahrhundert brachte ihre eigenen Helden hervor. Der zweifellos stärkste Spieler Europas war in der Zeit von 1850 bis 1870 der deutsche Spieler Adolf Anderssen (1818-1879).

Sein Verdienst besteht nicht allein darin, dass er sich wieder verstärkt dem Kampfmittel der Kombination zuwandte, sondern darin, dass er die Voraussetzungen für eine neue Stufe der Schachtaktik durch positionelle Vorbereitungen schuf. Seine kombinatorische Meisterschaft und die Fähigkeit zu opfern waren beispiellos. Hier einige Musterpartien.

Rosanes – Anderssen

Breslau, circa 1860

Königsgambit

1.e4 e5 2.f4 d5 3.exd5 e4 4.Lb5+ c6 5.dxc6 Sxc6 6.Sc3 Sf6 7.De2 Lc5!

Schwarz opfert bereits den zweiten Bauern, bringt jedoch derweil sämtliche Reserven ins Spiel.

8.Sxe4 0-0 9.Lxc6 bxc6 10.d3 Te8 11.Ld2

Weiß bereitet die lange Rochade vor, doch wird sein König auch dort nicht sicher sein.

11...Sxe4 12.dxe4 Lf5 13.e5 Db6 14.0-0-0? Ld4! 15.c3 Tab8 16.b3

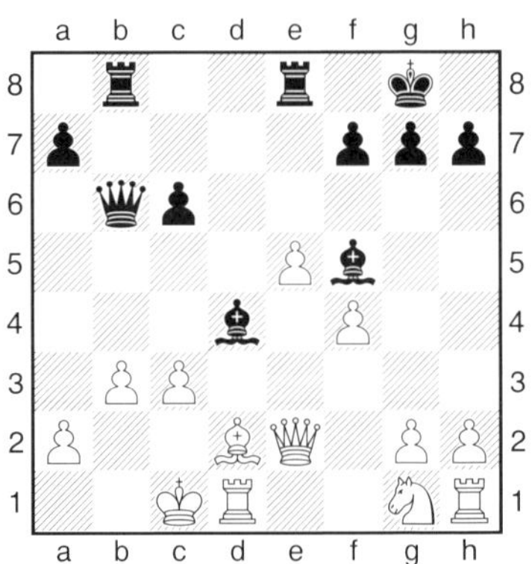

16...Ted8!?

Nachdem er geschickt die Schwächung der Königsstellung provoziert hat, bereitet Schwarz den Schlussangriff vor. Einfacher wäre zu diesem Zweck allerdings 16...Da5 oder 16...Lc5 gewesen.

17.Sf3 Dxb3! 18.axb3 Txb3! 19.Le1 Le3+!
Weiß gab auf.

Von den etwa 800 erhaltenen Partien Anderssens sind die beiden gegen Kieseritzky und Dufresne die bekanntesten.

Anderssen – Kieseritzky
London, 1851
Königsgambit

1.e4 e5 2.f4 exf4 3.Lc4 Dh4+ 4.Kf1 b5 5.Lxb5 Sf6 6.Sf3 Dh6 7.d3 Sh5 8.Sh4 Dg5 9.Sf5 c6 10.g4 Sf6 11.Tg1 cxb5 12.h4 Dg6 13.h5 Dg5 14.Df3 Sg8 15.Lxf4 Df6 16.Sc3 Lc5 17.Sd5 Dxb2 18.Ld6! Lxg1

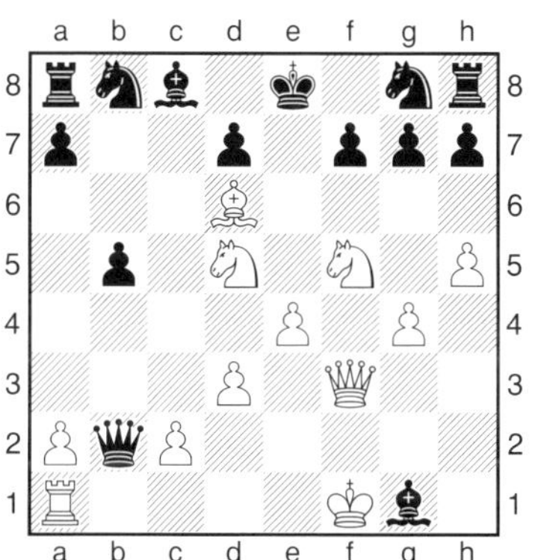

19.e5 Dxa1+ 20.Ke2 Sa6 21.Sxg7+ Kd8 22.Df6+ Sxf6 23.Le7#

Dieser Partie wurden hunderte von Kommentaren und Würdigungen zuteil. Sie ist typisch für die Manier Anderssens. Kieseritzky stellte ständig kleine Fallen auf, Anderssen strebte derweil um jeden Preis Entwicklungsvorteil an, um so die Voraussetzungen für eine Kombination zu schaffen. Obwohl diese Partie von beiden Seiten nicht fehlerfrei behandelt wurde, nannten Zeitgenossen sie ‚die Unsterbliche'.

Anderssen – Dufresne
Berlin, 1852
Evans-Gambit

1.e4 e5 2.Sf3 Sc6 3.Lc4 Lc5 4.b4 Lxb4 5.c3 La5 6.d4 exd4 7.0-0 d3 8.Db3 Df6 9.e5 Dg6 10.Te1 Sge7 11.La3 b5 12.Dxb5 Tb8 13.Da4 Lb6 14.Sbd2 Lb7 15.Se4 Df5 16.Lxd3 Dh5 17.Sf6+ gxf6 18.exf6 Tg8 19.Tad1 Dxf3 20.Txe7+ Sxe7

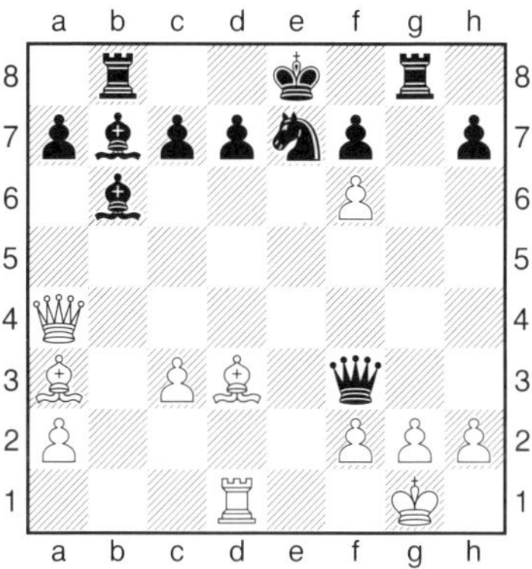

21.Dxd7+ Kxd7 22.Lf5+ Ke8 23.Ld7+ Kf8 24.Lxe7#

Tschigorin, der russische Meisterspieler, nannte diese Leistung „eine der glänzendsten Kombinationen, die jemals von Meisterspielern ausgeführt wurde".

In die Schachgeschichte ging Anderssen als Vertreter der ‚Kombinationsschule' ein. Diesen Ruhm konnte ihm nur noch der Amerikaner Morphy streitig machen. Man muss aber ergänzen, dass vor allem in Anderssens letzten Partien immer deutlicher die Einheit von Kombination und Positionsspiel zu spüren war. Hier ein Beispiel dafür.

Anderssen – Paulsen

Wien, 1873

Philidor-Verteidigung

1.e4 e5 2.Sf3 d6 3.d4 exd4 4.Dxd4 Sc6 5.Lb5 Ld7 6.Lxc6 Lxc6 7.Lg5 Sf6 8.Sc3 Le7 9.0-0-0 0-0 10.The1 Te8 11.Kb1 Ld7

Bislang verlief die Partie in auch heute noch üblichen Bahnen. Der letzte Zug von Schwarz ist jedoch zu kritisieren und sollte besser durch 11...Sd7 ersetzt werden. Nun kann Anderssen nämlich wieder einmal seine Angriffsqualitäten vorführen: Er verschafft dem Gegner einen isolierten Bauern und gewinnt in positionell glänzender Manier.

12.Lxf6! Lxf6 13.e5! Le7 14.Sd5! Lf8?

Falsch wäre hier auch 14...dxe5? gewesen wegen 15.Sxe7+ Txe7 16.Txe5!, denn der Ld7 geht verloren. Besser war jedoch 14...Lc6 15.Sxe7+ Dxe7+! 16.exd6 Dxd6 17.Dxd6 cxd6 mit verteilten Chancen.

15.exd6 cxd6 16.Txe8 Lxe8 17.Sd2 Lc6 18.Se4 f5 19.Sec3

Weiß hat einen aussichtsreichen Vorposten auf d5 errichtet und bereitet Aktivitäten am Königsflügel vor, während er gleichzeitig die gegnerischen Aktionen am Damenflügel lähmt.

19...Dd7 20.a3 Df7 21.h3 a6 22.g4 Te8 23.f4 Te6 24.g5 b5 25.h4 Te8 26.Dd3 Tb8 27.h5 a5 28.b4! axb4 29.axb4 Dxh5 30.Dxf5 Df7 31.Dd3 Ld7 32.Se4 Df5 33.Th1 Te8

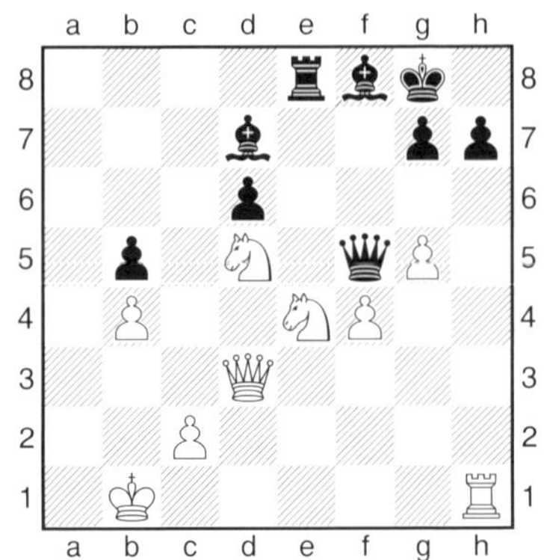

34.Sef6+!

Das ausgezeichnete Positionsspiel wird mit einer Kombination belohnt und gekrönt.

34...gxf6 35.Sxf6+ Kf7 36.Txh7+ Lg7 37.Txg7+! Kxg7 38.Sxe8+ Kf8 39.Dxf5+ Lxf5 40.Sxd6

Und Weiß gewann im 54. Zug.

14. Kapitel

Boris Spasski stürmt den Olymp

Im Jahr 1951 wurde erstmals eine Jugendweltmeisterschaft ausgetragen, und der Jugoslawe Boris Ivkov errang den Titel. Erst 1955 entsandte auch die sowjetische Föderation einen Teilnehmer, den damals achtzehnjährigen Boris Spasski aus Leningrad. Er gewann das Turnier souverän vor solch namhaften Konkurrenten wie Portisch und Tringow. Hier eine Partie des Siegers.

Schweber – Spasski

Nimzowitsch-Verteidigung

1.d4 Sf6 2.c4 e6 3.Sc3 Lb4 4.e3 c5 5.Ld3 Sc6 6.Sf3 0-0 7.0-0 d5 8.a3 Lxc3 9.bxc3 dxc4 10.Lxc4 Dc7 11.Ld3 e5 12.Dc2 Lg4 13.Sxe5 Sxe5 14.dxe5 Dxe5

Diese Variante gehört zu Spasskis Standardrepertoire und sie kam u.a. auch in der 20. Partie seines WM-Kampfs gegen Petrosjan (1966) aufs Brett.

15.Te1 Tad8 16.f3 Ld7 17.a4 Lc6 18.e4 Sd5!

Schwarz gruppiert geschickt seine Kräfte um.

19.Lb2 Sf4 20.Lf1 Tfe8 21.g3 Sg6 22.c4 De7 23.Dc3 f6 24.Ld3 Se5 25.Lc2?

Mit diesem Zug unterläuft dem argentinischen Spieler ein folgenschwerer Fehler.

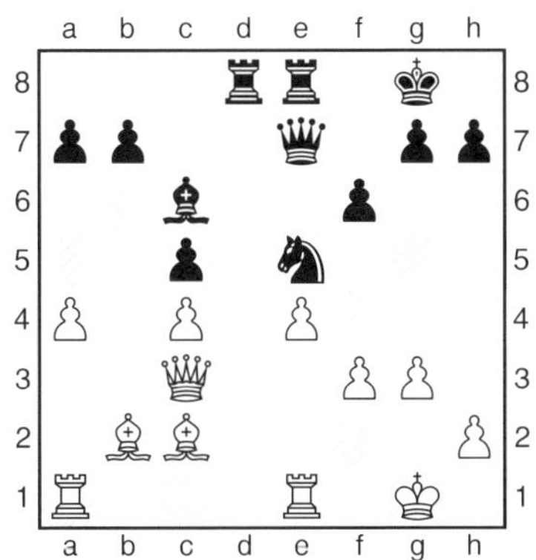

25...Td2!

Die Stellung ist plötzlich für Weiß äußerst kritisch geworden.

26.Tf1 Ted8 27.Ta3

Nur mit 27.Tae1 war noch an eine halbwegs resistente Verteidigung zu denken.

27...Kh8

Einfacher gewann 27...Dd7 mit der Drohung Dh3.

28.Lc1 T2d4 29.f4 Sxc4

Und einige Züge später gab Weiß auf.

Nach diesem Titelgewinn begann der lange Weg Spasskis zum Schacholymp, bis er 1969 durch seinen Sieg gegen Petrosjan Weltmeister wurde. Doch hat seine Karriere schon im Alter von neun Jahren begonnen und die folgende Partie zeigt, wie meisterlich er bereits mit zwölf Jahren zu spielen verstand.

Spasski – Awtonomow

Angenommenes Damengambit

1.d4 d5 2.c4 dxc4 3.Sf3 Sf6 4.e3 c5 5.Lxc4 e6 6.0-0 a6 7.De2 b5 8.Lb3 Sc6 9.Sc3 cxd4 10.Td1 Lb7 11.exd4 Sb4

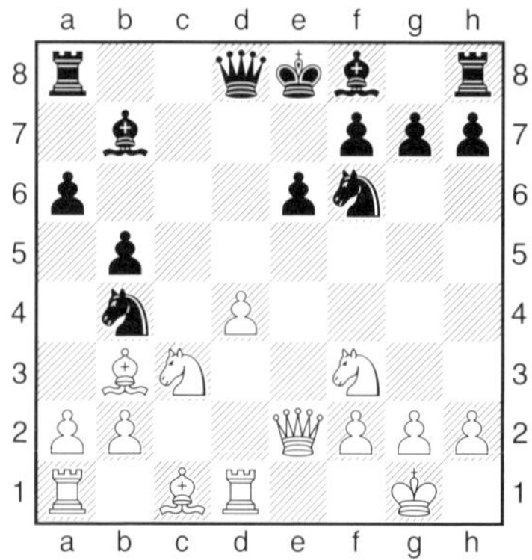

12.d5!

Mit diesem kühnen Zug hat Schwarz wohl nicht gerechnet. Durch dieses Bauernopfer kann Weiß gewinnbringenden Angriff entfalten.

12...Sbxd5 13.Lg5 Le7 14.Lxf6! gxf6 15.Sxd5! Lxd5 16.Lxd5 exd5 17.Sd4! Kf8 18.Sf5 h5 19.Txd5 Dxd5 20.Dxe7+ Kg8 21.Dxf6

Schwarz gab auf.

15. Kapitel

Anatoli Karpows Triumph in Stockholm

Ganze vierzehn Jahre lang konnten die sowjetischen Nachwuchsspieler den Erfolg Spasskis, die Erringung der Jugendweltmeisterschaft, nicht wiederholen. Deswegen wurde im Jahre 1969 dem sowjetischen Kandidaten, Anatoly Karpow, mehrere Monate lang ein persönlicher Trainer der Spitzenklasse zur Seite gestellt, der erfahrene Großmeister Furman.

Diese Zusammenarbeit erwies sich als sehr fruchtbar. Zur Vorbereitung auf die Jugend-WM gehörte auch die Verbesserung des physischen Zustands, die Erweiterung des Eröffnungsrepertoires sowie die Erarbeitung sich wiederholender Schemata aus dem Mittelspiel. Schließlich und endlich wurde auch die Turniertaktik als nicht zu unterschätzende psychologische Komponente abgesprochen. So kam es, dass Karpow in Stockholm bereits nach wenigen Runden als Favorit für den Titelgewinn angesehen wurde.

Castro – Karpow
Königsgambit

1.e4 e5 2.f4 exf4 3.Lc4 Sf6 4.Sc3 Lb4

Schwarz wendet eine der im Training vorbereiteten Varianten an.

5.e5 d5 6.Lb5+ c6 7.exf6 cxb5 8.fxg7 Tg8 9.De2+ Le6 10.Dxb5+ Sc6 11.Dxb7

Die weißen Figuren sind unterentwickelt und schon wenige Züge später werden die schwarzen Drohungen übermächtig.

11...Tc8 12.Sf3 Txg7 13.0-0?

Weiß geht in die Falle; erforderlich war 13.Kf1 mit unklarem Spiel.

13... Lh3 14.Te1+ Kf8 15.Te2

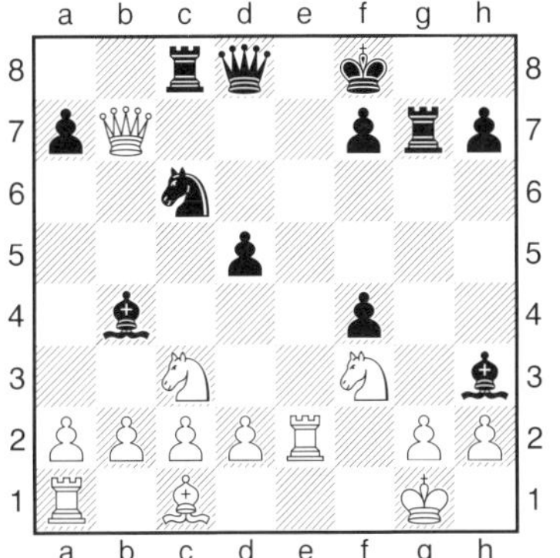

15...Lg4! 16.Tf2 Lc5 17.d4 Sxd4 18.Sxd4 Lxd4 19.Lxf4 Lxf2+ 20.Kxf2 Tg6! 21.Kg1 d4 22.Tf1 Dd7 23.Db4+ Kg8 24.Se4 Dd5 25.De7 De6 26.Db7 Le2 (besser 26...Txc2) **27.Te1** (besser 27.Sd6) **27...Txc2 28.Sg5 Df5 29.Le5 Txg5 30.h4 Dxe5**

Weiß gab auf.

In seinen Partien strebte Karpow immer möglichst klare Stellungen an, um dem Gegner keine taktischen Komplikationen zu gestatten.

Karpow – Andersson
Spanisch

1.e4 e5 2.Sf3 Sc6 3.Lb5 a6 4.La4 Sf6 5.0-0 Le7 6.Te1 b5 7.Lb3 0-0 8.c3 d6 9.h3 Sa5 10.Lc2 c5 11.d4 Dc7 12.Sbd2 Lb7 13.d5

Karpow wählt seine Lieblingsvariante, die er genauestens kennt.

13...Lc8 14.Sf1 Ld7 15.b3 Sb7 16.c4 Tfb8 17.Se3 Lf8 18.Sf5 Sd8

Die Turnierpraxis zeigt, dass ein Tausch auf f5 für Schwarz ungünstig ist.

19.Sh2 Se8 20.h4 f6 21.h5 Sf7 22.Te3 Sg5 23.Sh4 Dd8 24.Tg3 Sc7 25.S2f3 h6 26.Sg6 a5 27.a4 bxc4 28.bxc4 Sa6 29.De2 Ta7 30.Ld2 Tab7 31.Lc3 Sb4 32.Ld1

Schützt die wichtigen Felder am Damenflügel.

32...Sa6 33.Sd2 Sb4 34.Te3 Le8 35.Sf1 Dc8 36.Sg3 Ld7 37.Dd2 Sh7 38.Le2 Kf7 39.Dd1 Le7 40.Sf1 Ld8 41.Sh2 Kg8 42.Lg4 Sg5 43.Lxd7 Dxd7 44.Sf1

Wenn es diesem Springer gelingt, nach f5 zu gelangen, gibt es für Schwarz kein Gegenspiel mehr. Deswegen versucht er, taktische Verwicklungen herbeizuführen, aber auch darauf ist Karpow vorbereitet.

44...f5 45.exf5 Dxf5 46.Sg3 Df7 47.De2 Lf6 48.Tf1 Dd7 49.f4 exf4 50.Txf4 Lxc3 51.Txc3 Te8 52.Te3 Tbb8 53.Df2 Sh7

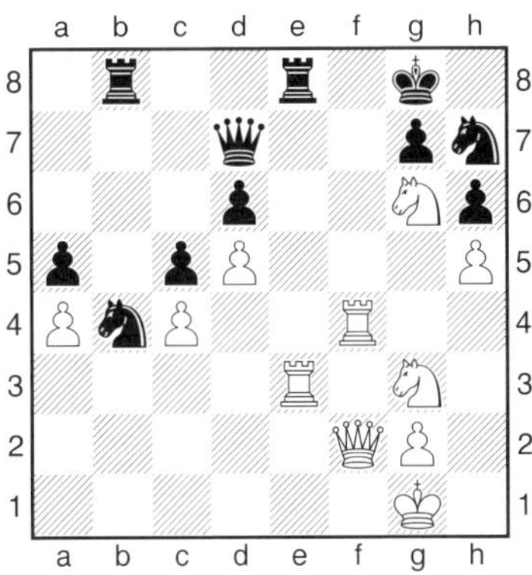

54.Sf5

Das Ziel ist erreicht!

54...Txe3 55.Dxe3 Sf6 56.Sge7+ Kh8 57.Sxh6 Te8 58.Sf7+ Kh7 59.Te4 Txe7 60.Txe7

Schwarz gab auf.

Mit 12 Siegen und 5 Remis gewann Karpow das Turnier souverän. Sein Trainer Furman sagte über seinen Schützling: „Die Natur hat Anatoly Karpow nicht nur mit einer seltenen Schachbegabung ausgestattet, sondern auch mit einem eisernen Willen. Dazu kommt seine Bescheidenheit sowie die Bereitschaft zu harter Arbeit. Gleich zu Beginn unserer Zusammenarbeit habe ich erkannt, dass er eine große Zukunft haben wird."

Die Parallele zu Spasski ist offensichtlich: Mit neun war Karpow bereits ein Spieler der ersten Kategorie, mit 15 wurde er Meisterspieler und mit 18 Jugendweltmeister, wie ja auch Spasski. Doch dann hören die Gemeinsamkeiten auf, denn während Spasski 15 weitere Jahre bis zur Erringung des WM-Titels benötigte, war Karpow bereits sechs Jahre (1975) später an diesem Ziel angelangt. Dabei bleibt allerdings die Frage, welchen Lauf die Schachgeschichte genommen hätte, wenn Bobby Fischer sich nicht vom Schach zurückgezogen und seinen Titel kampflos abgetreten hätte.

Hier noch eine Partie, die Karpow als Neunjähriger spielte.

Karpow – Kalaschnikow

Spanisch

1.e4 e5 2.Sf3 Sc6 3.Lb5 a6 4.Lxc6 bxc6 5.d4 exd4 6.Sxd4 c5 7.Se2 Lb7 8.Sbc3 Sf6 9.f3 c6

Da Schwarz etwas ungenau spielt, kann Weiß bald in ein für ihn günstiges Leichtfigurenendspiel einlenken.

10.e5 Sd5 11.Se5 f5 12.exf6 Sxf6 13.Sxd6+ Lxd6 14.Dxd6 De7 15.Dxe7+ Kxe7 16.Lg5 Tae8 17.0-0-0 d5 18.Sg3 Lc8 19.The1 Kf7 20.Kd2 h6 21.Lxf6 Kxf6 22.Txe8 Txe8 23.Te1 Txe1 24.Kxe1 Ke5 25.Kd2

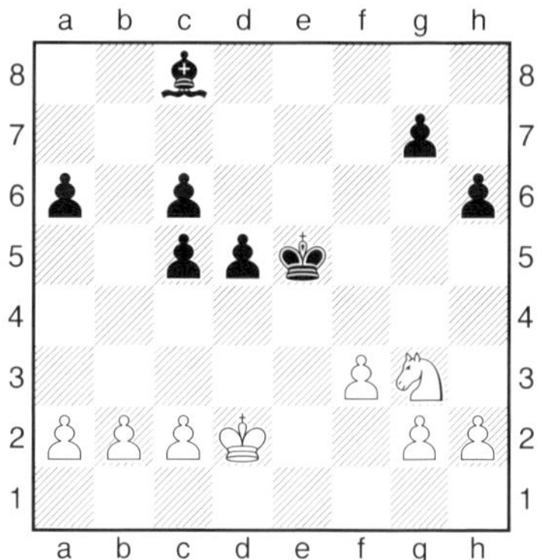

Selbstverständlich steht noch ein langwieriger Kampf bevor. Die weißen Chancen müssen als etwas besser angesehen werden, weil die schwarze Bauernstruktur etwas durcheinander geraten ist. Zudem unterläuft Schwarz im nächsten Zug ein ernstlicher Fehler, der seine Stellung weiter schwächt.

25...d4? 26.Se4 c4 27.c3 Lf5 28.cxd4+ Kxd4 29.Sc3 Ld3 30.g3 g5 31.a3 h5 32.Sd1 Lf1 33.Se3 Ld3

34.Sd1 Lg6 35.Sc3 Ld3 36.Sd1 Lh7 37.Sc3 Lg8

Offenbar will Schwarz gegen dieses ‚Kind' unbedingt gewinnen, gestattet dabei jedoch, dass dieses Kind seinen Plan in die Tat umsetzen kann.

38.Se2+ Ke5 39.Ke3 Kd5 40.Sc3+ Ke5 41.Se4 Kf5 42.Sc5 Ke5 43.Sxa6 Kd5 44.Sb4+ Kc5 45.Sa2 c3 46.Sxc3 Kc4 47.a4 Kb3 48.a5 Lc4 49.f4 gxf4+ 50.gxf4 Kb4 51.f5 Kxa5 52.Kd4 Kb4 53.Se4 La2 54.f6 Lf7 55.Sc5 Ld5 56.h4 Lf7 57.Sd3+

Schwarz gab auf.

Mit der Zeit spielte Karpow auch etwas dynamischere Varianten, doch seiner Vorliebe fürs Endspiel und für Exaktheit in technischen Positionen wurde er nie untreu. – „Ich bemühe mich, exakt zu spielen und kämpfe oft mit den Mitteln der Schachtechnik", sagt er selber einige Jahre später.

16. Kapitel

Die Lemberger Großmeisterschule – Alexander Beljawski setzt sich durch

Niemand wundert sich, dass es allein in Moskau mehr als zwanzig Großmeister gibt, doch welche sowjetischen Städte folgen dann? An zweiter Stelle steht Tiflis mit acht, an dritter Lemberg (russisch: Lwow) mit fünf Großmeistern. Je drei gibt es in Odessa, Riga und Leningrad, je zwei in Kiew, Minsk, Alma-Ata usw.

Schachzentren entstehen nicht über Nacht. Rührige Organisatoren können am meisten bewirken, wenn sich im Laufe der Zeit die Praktiker um sie scharen, denen dann die entsprechenden Trainer folgen. So war es auch in Lwow und der dortige Erfolg ist eng mit dem Namen des Trainers W. Kart verbunden. Seine bekanntesten Schüler sind Oleg Romanischin und Alexander Beljawski. Letzterer war bald einer der besten Jugendspieler der Ukraine, wurde 1969 Jugendmeister der UdSSR und gehört heute zur Weltspitze.

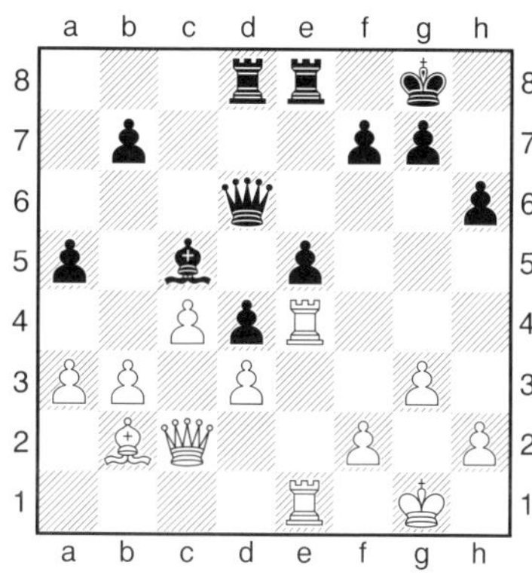

Schwarz am Zug

Schon von Anfang an war im Spiel Beljawskis der Drang nach logisch systematischem Vorgehen erkennbar. In dieser Stellung (aus einer Partie Gofstein – Beljawski, 1969) hat er das weiße Spiel erfolgreich blockiert und geht nun zum Schlussangriff über.

25...f5 26.T4e2 e4 27.Dc1 Dc6 28.Dd2 e3 29.fxe3 dxe3 30.Dc2 f4 31.gxf4 Df3 32.d4 Lxd4 33.Lxd4 Txd4 34.Tf1?

Besser war 34.Dg6 Tde4 35.Dg3 usw.

34...Dg4+ 35.Tg2 Dd7 36.f5 Td2 37.Txd2 exd2 38.f6 Te1

Weiß gab auf.

1973 stand die sowjetische Schachföderation vor einer schwierigen Entscheidung: Wer sollte zur Jugend-WM nach England geschickt werden? Die fünf Kandidaten trugen einen Wettkampf aus, der folgenden Endstand ergab: Beljawski siegte vor Makarytschew, A. Petrosjan, Pantschenko und Kotschiew – inzwischen alles Großmeister.

Beljwaski bereitete sich ein halbes Jahr lang vor, wobei ihm sogar Weltmeister Karpow half. Gegen stärkste Konkurrenz (der Engländer Miles belegte den zweiten Platz) konnte Beljawski sich durch glänzendes Spiel durchsetzen. Hier eine seiner Gewinnpartien.

Beljawski – Cooper
Sizilianisch

1.e4 c5 2.Sf3 e6 3.d4 cxd4 4.Sxd4 Sc6 5.Sb5 d6 6.c4 Sf6 7.S1c3 a6 8.Sa3 Le7 9.Le2 0-0 10.0-0 b6 11.Le3

Dieser Zug führt zu kompliziertem Spiel. In dieser beliebten Variante gibt es mehrere brauchbare Alternativen. Eine Zeit lang wurde häufig 11.f4 gespielt, so in einer Partie Suetin – Spasski. Dort folgte 11...Lb7 12.Lf3 Tc8 13.Le3 Sa5 14.Dd3 Dc7 15.Tac1 Sd7 16.Dd2 Tfd8 17.Sd5 exd5 18.cxd5 Db8 18.b4 Sc6 19.cxd6 Lxc6 mit ausgeglichenem Spiel.

11...Lb7 12.Te1

Größere Probleme hat Schwarz nach 12.Db3 oder 12.Tc1 zu bewältigen.

12...Tc8 13.Lf1Te8?

Ein Fehler, statt dessen 13...Se5 richtig gewesen wäre. Weiß kann nun den Punkt b6 erstürmen und deutlichen Vorteil erzielen.

14.Sa4 Sd7

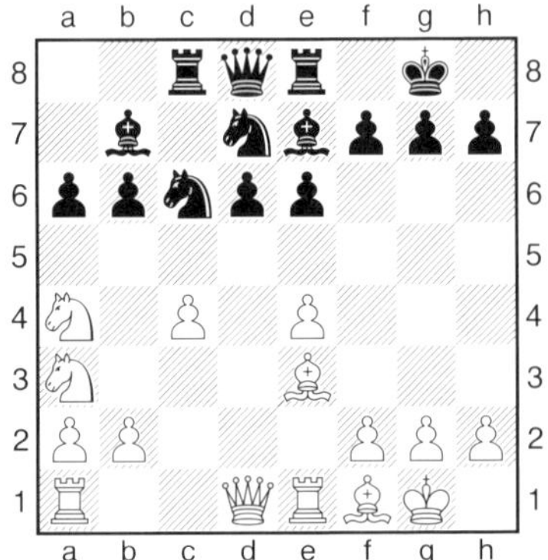

15.Sxb6!

Mit einer eleganten Kombination wird der endgültige Durchbruch bewerkstelligt.

15...Sxb6 16.Db3 Sxc4 17.Sxc4 Tb8 18.Ted1 d5 19.exd5 exd5 20.Da4 d4 21.Lf4 Tc8 22.Se5 Lc5

Es folgt eine weitere Kombination zwecks Bauerngewinn.

23.Sxf7 Df6 24.Sd6 Lxd6 25.Lxd6 Dxd6 26.Db3+ Kh8 27.Dxb7 Se5 28.Dxa6

Und Weiß gewann.

Inzwischen gehört Beljawski zu den besten Spielern der Sowjetunion und hat bereits zweimal den Titel des Landesmeisters erobert.

17. Kapitel

Die Kompromisslosigkeit von Walery Tschechow

Auch 1975 stand die sowjetische Schachföderation wieder vor der schwierigen Entscheidung, welches der zahlreichen Nachwuchstalente zur Jugend-WM geschickt werden sollte. Nach einem Qualifikationsturnier fiel die Wahl auf Walery Tschechow, obwohl Leonid Said die gleiche Punktzahl erreichte. Tschechow erhielt den Vorzug, weil er rein physisch besser gerüstet schien, das harte Turnier erfolgreich durchzustehen. Nach schlechtem Start konnte er sich zwar erst ab der 7.Runde an die Spitze setzen, doch dann gab er sie nicht mehr ab und errang mit 7 Siegen und 6 Remis den Titel.

Nurmi – Tschechow

Sizilianisch

1.e4 c5 2.Sf3 Sc6 3.d4 cxd4 4.Sxd4 Sf6 5.Sc3 e5 6.Sdb5 d6 7.Lg5 a6 8.Lxf6 gxf6 9.Sa3 b5 10.Sd5 f5 11.exf5 Lxf5 12.Ld3 e4

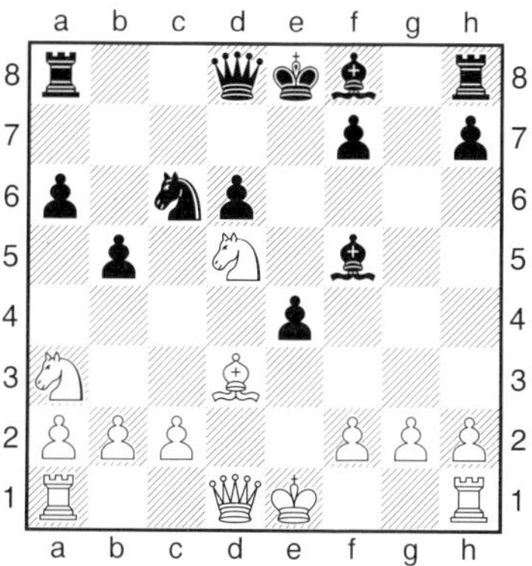

Bereits in der Vorbereitung hatte Tschechow beschlossen, gegen 1.e4 seine stärkste Waffe einzusetzen, die Sweschnikow-Variante der Sizilianischen Verteidigung, die in der Sowjetunion den Namen Tscheljabinsk-Variante trägt, weil Sweschnikow, Timoschenko und andere ‚geistige' Väter dieses scharfen Abspiels in dieser Stadt ansässig sind. Tschechows in häuslicher Analyse ausgebrüteter Zug kostete Nurmi eine ganze Stunde (!) Bedenkzeit.

13.De2 Sd4 14.De3 Lg7 15.Lxe4 0-0 16.0-0-0 Lxe4 17.Dxe4 Te8 18.Dd3 Dg5+

Besser dürfte 18...Tc8 mit guter Kompensation für den Bauern sein.

19.Se3 Df6! 20.c3

Nach 20.Kb1 Dxf2 21.Sd5 behält Weiß minimalen Positionsvorteil.

20...Dxf2 21.cxd4?

Eine vorentscheidende Ungenauigkeit statt 21.Sac2 mit vollkommen offener Stellung.

21...Txe3 22.Thf1?

Nach diesem sofort entscheidenden Fehler ist die Niederlage nicht mehr abzuwenden. Mit 22.Td2 Txd3 23.Txf2 Lxd4 war der Schaden auf Bauernverlust einzudämmen.

22...Tc8+

Weiß gab auf.

Wie Spasski und Karpow hat auch Tschechow bereits mit 9 Jahren mit dem Schachspiel angefangen – und zwar im Moskauer Pionierspalast. Bald darauf kehrte er dem Schachspiel den Rücken, um sich für ein Jahr seinem zweiten großen Talent zu widmen, dem Fußballspiel, aber diese Abstinenz dauerte nur kurze Zeit. Schon längst verfügt er über den Großmeistertitel.

18. Kapitel

Arthur Jussupows Weg zur Weltspitze

1977 in Innsbruck war es wieder einmal so weit, und ein weiterer sowjetischer Spieler konnte die Jugendweltmeisterschaft gewinnen. Mit dem 17jährigen Arthur Jussupow ging ein neuer Schachstern auf. Mit 12 Jahren bestritt er seinen ersten ‚Länderkampf' gegen eine dänische Schülermannschaft. Wegen der langen Haare seines Gegners war er während des ganzen Spiels überzeugt, gegen ein Mädchen zu spielen. Hier die Partie von damals.

Jussupow – Renne
Französisch

1.e4 e6 2.d4 d5 3.Sd2 c5 4.exd5 exd5 5.Sgf3 Sf6 6.Lb5+ Ld7 7.Lxd7+ Sbxd7 8.0-0 Le7 9.b3 0-0 10.Lb2 b6 11.Se5 Sxe5 12.dxe5 Sd7 13.f4 f5 14.Sf3 d4 15.c3 dxc3 16.Dd5+ Kh8 17.Lxc3 b5 18.Tad1 Sb6 19.Db7 De8 20.Tfe1 c4 21.bxc4 Lc5+ 22.Ld4 Tf7 23.Da6 Lxd4+ 24.Sxd4 bxc4 25.e6 Te7 26.Da5 Da4 27.Dxa4 Sxa4 28.Sxf5 Tc7 29.e7

Schwarz gab auf.

Bald darauf wurde Jussupow in die Botwinnik-Schule eingeladen, was seine Fortschritte noch einmal beschleunigte. Laut Botwinnik war der Sieg in Innsbruck der eindrucksvollste nach dem Erfolg Karpows 1969. Die spannendste Partie war die gegen den Jugoslawen Popovic.

Popovic – Jussupow
Königsindisch im Anzug

1.g3 Sf6 2.Lg2 d5 3.d3 c6 4.Sc3 Lg4 5.Sf3 Sbd7 6.0-0 e5 7.h3 Lh5 8.e4 dxe4 9.Sxe4 Le7

Später bedauerte Jussupow es, hier die klarere Spielweise 9...Sxe4 versäumt zu haben.

10.Sxf6+ Lxf6 11.g4 Lg6 12.d4 0-0 13.g5 Le7 14.dxe5 Lh5 15.Te1

Auch nach 15.h4 Lxf3 16.Dxf3 Sxe5 bliebe das Spiel in der Schwebe.

15...Lxf3 16.Dxf3 Lxg5 17.Dg3 Lxc1 18.Taxc1 Sc5 19.Tcd1 Db6 20.b3 Tad8 21.Kh2 Txd1 22.Txd1 Td8 23.Td6 Se6 24.c3 g6 25.h4 Sg7 26.Lh3 Te8?

Das ist sehr bedenklich und sollte durch 26...Se8 ersetzt werden.

27.Lg4?

Und Weiß versäumt es, mit 27.Td7 in Vorteil zu kommen.

27...h5?!

Besser war z.B. 27...Db5 mit unklarem Spiel.

28.Lh3 Dc5?!

Nach 28...Te7 oder 28...Dc7 bliebe es bei weißem Minimalvorteil.

29.f4?!

Hier hätte Weiß mit 29.e6!? fxe6 30.b4! gefährliche Initiative entwickeln können, denn nach 30...Db6? 31.Td7 gerät Schwarz sogar in eine Verluststellung.

29...a5 30.Td4 Da3! 31.Df2 Dc1 32.Dd2 Db1 33.Td7 Sf5 34.Df2 b5 35.Lg2 Sh6 36.Kg3

Der Läufer sollte besser nach h3 zurückkehren.

36...Sg4 37.Dd2 Dg1

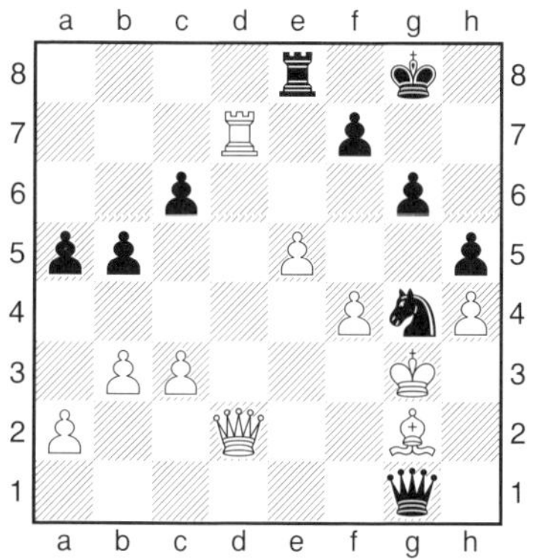

38.Td8??

Dieser Zeitnotfehler führt unweigerlich zur Verluststellung. Nur mit dem subtilen Verteidigungszug 38.Kf3! war der schwarze Vorteil im Minimalbereich zu halten.

38...Txd8 39.Dxd8+ Kh7 40.Dd4 Dh2+ 41.Kf3 Dxh4 42.Ke2 Dh2 43.Kf1 c5 44.De4 Dg3 45.Ke2 Df2+ 46.Kd3 Dxa2 47.Db7 Dxb3

Weiß gab auf.

Jussupow gilt heute (1987) als eine der größten Hoffnungen und belegt in der FIDE-Rangliste den 4. Platz hinter Kasparow, Karpow und Sokolow.

19. Kapitel

Die Beharrlichkeit von Sergej Dolmatow

Beim Qualifikationsturnier zur Ermittlung des sowjetischen Vertreters bei der Jugend-WM 1977, führte nach zwei Runden Sergey Dolmatow, als ihn aus heiterem Himmel die Hiobsbotschaft erreichte. Wegen Erkrankung musste er das Turnier abbrechen. Und so überließ er seinem Freund, Arthur Jussupow, seine sämtlichen Vorbereitungsunterlagen, die eigentlich ihm selbst zum Sieg hätten verhelfen sollen. Und Jussupow machte das Beste daraus, indem er nicht nur das Qualifikationsturnier gewann, sondern anschließend auch den WM-Titel selbst. Ein Jahr später war Jussupow als Titelverteidiger automatisch zur Jugend-WM qualifiziert, so dass die Sowjetunion einen zweiten Teilnehmer entsenden durfte, und diesmal qualifizierte sich Sergey Dolmatow. Diese zweite Chance ließ er sich nicht entgehen und gewann das Turnier knapp vor Jussupow. Hier eine seiner interessanten Partien aus diesem Wettbewerb.

Dolmatow – Sisniega
Französisch

1.e4 e6 2.d4 d5 3.Sd2 Sc6 4.Sgf3 Sf6 5.e5 Sd7 6.Le2 f6 7.exf6 Dxf6 8.Sf1

Mit dieser Variante ist Dolmatow bestens vertraut. Der Springer strebt nach e3, um d5 unter Druck zu halten und somit den befreienden Vorstoß e6-e5 zu erschweren.

8...e5??

Schwarz bricht die Dinge übers Knie, wohl aus Furcht, später keine Gelegenheit zu diesem Befreiungsstoß mehr zu finden. Offenbar war ihm der nun mögliche Opferangriff nicht bekannt, der Weiß bereits eine Gewinnstellung einbringt. Die Partie wurde in der letzten Runde gespielt, und das gleichzeitig erfolgte Remisangebot ging wohl auf die Überlegung zurück, dass Dolmatow sich auf die Absicherung den geteilten ersten Platzes einlassen würde. Jedoch spielte er weiter und verbesserte dabei eine Vorgängerpartie mit dieser Variante.

9.Se3! e4 10.Sxd5 Dd6

Bislang folgte die Partie dem erwähnten Vorgänger Makarytschew – Hübner (1975), wo 11.c4 geschah, wonach Schwarz sich mit 11...exf3 12.Lf4 Sde5!! 13.dxe5 Dg6 hätte über Wasser halten können. Dolmatow geht jedoch eigene und bessere Wege.

11.Lc4 exf3 12.Lf4

Es hat den Anschein, dass 12.0-0 mit der Doppeldrohung Lf4 und Te1+ noch stärker gewesen wäre.

12...Dg6 13.Sxc7+ Kd8 14.Dxf3 Sb6 15.Ld3 Lg4 16.Dg3 Lf5 17.Dxg6 hxg6 18.Sxa8 Sxa8 19.0-0-0 Sb6

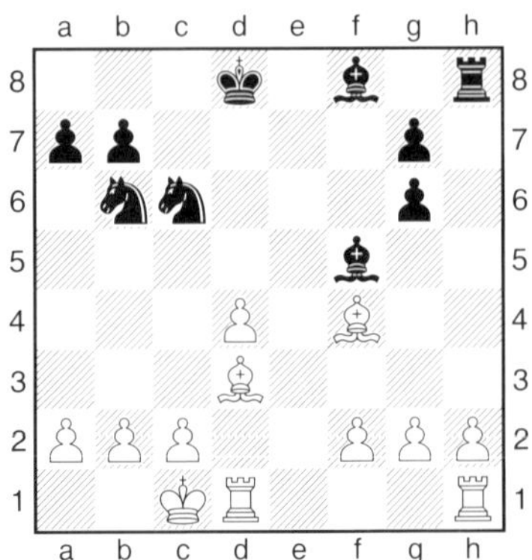

Weiß verfügt längst über eine Gewinnstellung.

20.Lg5+ Kc7 21.Lxf5 gxf5 22.h4 Ld6 23.The1 Kd7 24.c3 a6 25.Kc2 Sd5 26.Kd3 b5 27.Ta1 Tb8 28.Te2 Sa5 29.g3 Tc8 30.Tc2 Sc4 31.Th1 b4 32.Lc1 bxc3 33.bxc3 Sf6 34.h5

In diesem Moment ging die Partie Jussupows mit Remis zu Ende. Also bot auch Dolmatow Remis an, was vom Gegner erfreut angenommen wurde.

Dolmatow wurde in dem kleinen sibirischen Städtchen Kiseljowsk geboren. Sein Stil besticht durch Frische und Eleganz. So brachte er die schon fast vergessene Italienische Partie durch Anreicherung mit eigenen Neuerungen aufs Turnierparkett zurück. Inzwischen ist er Großmeister und man darf mit weiteren Erfolgen rechnen.

20. Kapitel

Die Goldmedaillen von Gari Kasparow

Das Schachphänomen Garri Kasparow sorgte erstmals 1975 in Schachkreisen für Aufsehen. Im Wettkampf ‚Großmeister gegen Schüler' – spielte er für die Mannschaft seiner Heimatstadt Baku. Im Simultanspiel gegen GM Awerbach erreichte er ein Damenendspiel mit einem Mehrbauern. Awerbach schätzte die Stellung nach Abbruch ab und erklärte sie für remis, da der Mehrbauer kaum zu realisieren sein sollte. Oberschiedsrichter Kotow stimmt ihm zu, doch der elfjährige Garri legte Protest ein und bewies mit eigenen Analysen, dass die Stellung sehr wohl zu gewinnen war. Hier die besagte Partie.

Kasparow – Awerbach
Spanisch

1.e4 e5 2.Sf3 Sc6 3.Lb5 a6 4.Lxc6

Es ist ziemlich kühn, gegen einen der besten Endspielkönner die zum Endspiel neigende Abtauschvariante zu wählen.

4...dxc6 5.0-0 Dd6 6.d3 f6 7.Le3 c5 8.Sfd2 Le6 9.Sc4 Dd7 10.a4 0-0-0 11.Sc3 Se7

Der Großmeister opfert einen Bauern, wohl in dem Glauben, dass der Schüler nicht imstande sein wird, die dadurch entstehenden Komplikationen auf dem Brett zu durchschauen. Dabei verwechselt Schwarz selbst in der Folge die Züge und gerät klar in Nachteil.

12.Lxc5 Lxc4?

Nach 12...Dc6 13.Lxe7 Lxe7 bietet das Läuferpaar ausreichende Kompensation.

13.dxc4 Dc6

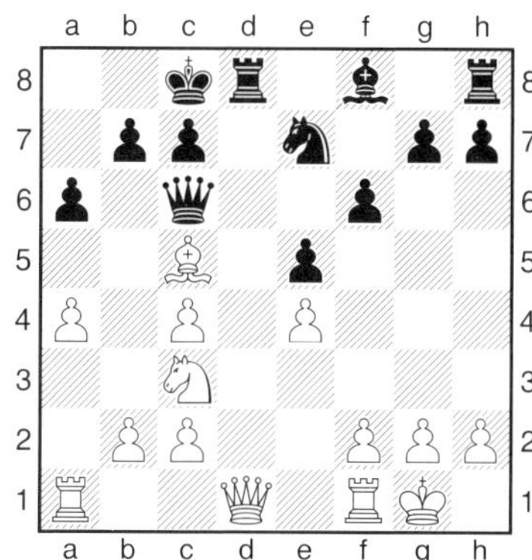

14.Dg4+ f5 15.exf5 h5 16.Dh3 Dxc5 17.f6+ Kb8 18.fxe7 Lxe7 19.b3

Die Stellung ist schwieriger geworden, aber Weiß hat den Mehrbauern behauptet.

19...Td4 20.Tad1 Lf6 21.Txd4 exd4 22.Sd5 Dc6 23.Te1

Mit dem folgenden technischen Teil tut Garri sich doch noch einigermaßen schwer. So wäre hier 23.Df5 deutlich stärker gewesen.

23...Te8 24.Txe8+ Dxe8 25.Kf1 Le5 26.Df3

besser 26.Df5

26...Ld6 27.Sf4?

besser 27.Df5

27...Lxf4 28.Dxf4 Dg6 29.Dd2 h4 30.g3?

Besser geschah 30.h3 mit wenigstens noch Minimalvorteil.

30... hxg3?

Nach gleich 30...De4 hätte Schwarz Kompensation erhalten.

31.hxg3 De4 32.Dd3 De5 33.f4 Dh5 34.Kg2 c5 35.De4 Dd1 36.Kh3?

Besser 36.Df5 mit technischer Gewinnstellung.

36...Dh5+ 37.Kg2 Dd1 38.f5 Ka7 39.g4 Kb6 40.Kg3 Dg1+ 41.Kh3 Dc1 42.Kh4 Dh6+ 43.Kg3 Dc1 44.Df4 Dg1+ 45.Kh3 Dh1+ 46.Dh2 Df3+ 47.Kh4 Dc6 48.Df2 De4

An dieser Stelle wurde die Partie abgebrochen. Die von Kasparow vorgelegte Variante 49.f6 gxf6 50.Dxf6+ Ka7 51.Df5 wurde tatsächlich akzeptiert und der Sieg ihm zugesprochen. Übersehen wurde dabei, dass Schwarz besser 50...Ka5 spielen konnte, um mit dem König in den weißen Damenflügel einzumarschieren – mit Remis als wahrscheinlichstem Resultat.

Schon drei Jahre später sprach man in der ganzen Sowjetunion von ihm. Er gewann ein Jugendturnier nach dem anderen, erwarb bald Meisterehren, nur ging es dann doch nicht ganz ohne Rückschläge weiter. Da seine physische Kondition einfach noch nicht ausgereift war, gelang es ihm nicht, die U-16 Weltmeisterschaft zu gewinnen. Doch 1980 wurde er (in Dortmund) Jugendweltmeister. Überhaupt war dieses Jahr vor der Erringung des Senioren-WM-Titels sein erfolgreichstes. So erhielt er nicht weniger als drei Goldmedaillen: als Mitglied der Mannschaft, die Europameister wurde; für die Junioren-WM und *last not least* für sein erfolgreiches Abitur.

Inzwischen ist er unbestritten der weltbeste Spieler und somit ein wahrlich würdiger Weltmeister. Er ist auch als Schachjournalist tätig, und seine Kommentare und Analysen gelten als stilistisch und fachlich hervorragend.

21. Kapitel

Fünf Weltmeister laden zum Wettbewerb ‚Weißer Turm' ein

Im September 1968 erschien in einer Jugendzeitschrift ein Aufruf, der sich an die gesamte schachspielende Jugend der Sowjetunion richtete – unterzeichnet von nicht weniger als fünf amtierenden und ehemaligen Weltmeistern; Nona Gaprindaschwili, Mikhail Botwinnik, Tigran Petrosjan, Wassily Smyslow und Mikhail Tal.

Gesucht wir die beste Jugendmannschaft und für diese wird ein Wanderpreis gestiftet. Alle teilnehmenden Mannschaften werden im Klub ‚Weißer Turm' zusammengefasst.

Jede Mannschaft besteht aus vier Jungen und einem Mädchen von 9 bis 16 Jahren. Als Organisationsgrundlage dienen Schulen, Stadtbezirke und Städte. Die letztendliche Qualifikation findet auf der Ebene von Bezirk, Land und Republik statt. Die besten 18 Mannschaften werden zum Finale nach Moskau eingeladen. Den ersten Wettbewerb gewann eine Schule aus der moldawischen Stadt Kischnjow.

Der Wettbewerb wird bis heute alljährlich durchgeführt, und es nehmen über eine Million Schüler daran teil. Es gibt kaum ein junges Talent in der Sowjetunion, das nicht an irgendeiner Etappe dieses Wettbewerbs teilgenommen hätte.

Das Niveau ist natürlich auch von Jahr zu Jahr gestiegen. Wo es zunächst nur um die Teilnahme ging, trägt inzwischen systematische Trainingsarbeit ihre Früchte. So ist eine bestimmte Schule aus Wolgograd regelmäig im Finale anzutreffen, nicht nur, weil die Schüler dort fleißig trainieren, sondern weil die älteren den jüngeren auch schon als Ausbilder dienen.

Eine Schule in Moskau fängt bereits in der ersten Klasse mit dem Schachunterricht an – und zwar unter Leitung des Trainers des dortigen Pionierspalastes. Der Erfolg kann sich sehen lassen: dreimal ein 1.Platz sowie je einmal ein 2. bzw. ein 3.Platz.

Als Beispiel eine Partie aus der 14. Auflage des Wettbewerbs ‚Weißer Turm', gespielt 1982 im Finale. Der Kommentar des dreizehnjährigen Sascha Kalinin wurde in Klammern durch einige zusätzliche Anmerkungen ergänzt.

Kalinin (Moskau) –
Elkin (Leningrad)
Spanisch

1.e4 e5 2.Sf3 Sc6 3.Lb5 a6 4.La4 d6 5.Lxc6+ bxc6 6.d4 f6

Eine der modernen Varianten der Steinitz-Verteidigung. Der schwarze Aufbau wurde bereits von Capablanca empfohlen, um den Zentrumsanker e5 zu stärken.

7.Le3 Se7 8.Sc3 Sg6 9.Dd3 Le7 10.0-0-0 Le6 11.h4 h5

In dieser Stellung spielt Weiß normalerweise 12.dxe5, um nach 12...fxe5 den Punkt g5 zu besetzen. Doch wählte ich hier absichtlich eine weniger bekannte Fortsetzung, die von der Theorie eher als günstig für Schwarz bewertet wird.

12.d5 cxd5 13.exd5 Lf7 14.g4!?

Genau diese in der Praxis kaum erprobte Fortsetzung hatte ich im Auge.

14...hxg4 15.h5 Sf8 16.Sh4 Lxh5

Besser wäre 16...Txh5 17.Sf5 Txf5 18.Dxf5 Dd7 19.De4 f5 20.Db4.

(*Diese Alternative bietet gute Kompensation, ist aber keineswegs besser als die solide Textfolge.*)

17.Sf5 Kf7

Auf 17...g6 würde das unerwartete Qualitätsopfer 18.Txh5 gxh5 19.f3! folgen, mit starkem Druckspiel als Kompensation fürs fehlende Material.

(*Nach 17...g6 muss Weiß sich mit guter Kompensation nach 18.Sg7+ nebst Sxh5 zufrieden geben, denn das Qualitätsopfer belässt Schwarz gehörigen Vorteil.*)

18.Tdg1 Sd7 19.Txh5!

(*? Wieder ist das Qualitätsopfer viel zu optimistisch. Druckvolle Initiative war hingegen mit 19.De4 g6 20.f3! gxf5 21.Dxf5 aufrecht zu erhalten, wonach Schwarz die einzige Verteidigung 21...Sf8 22.Txh5 Dd7! finden müsste, um am Leben zu bleiben.*)

19...Txh5 20.Txg4 Th1+ 21.Kd2 g6

Auch nicht besser ist 22...g5 (22...Lf8?? 23.Sxg7) 23.Sg3 Th8 wegen 24.Df5 mit vielfachen Drohungen.

(*?? Tatsächlich ist der Textzug selbstmörderisch, während sich die weißen Drohungen nach 22...g5 23.Sg3 Th8 24.Df5 Kg7! als vollkommen unzureichend herausstellen und Schwarz mit beträchtlichem Vorteil verbleibt.*)

22.Sg3

(?? Hier lässt Weiß sich den siegreichen Angriff 22.Sxd6+! Lxd6 23.Dxg6+ Ke7 24.Dg7+ Ke8 25.Se4 entgehen. Womöglich ja, weil er nach 25...Lf8 (25...De7 26.Dg8+ Sf8 27.Tg7; 26...Df8 27.De6+ Le7 28.Tg8) 26.Dg6+ Ke7 den Entscheidungszug 27.Lg5! übersehen hat, der wegen des Epauletten-Matts auf e6 möglich ist.)

22...f5 23.Sxf5! gxf5

(?? Die einzige Verteidigung 23...Sf8 führte zu unklarem Spiel.)

24.Dxf5+ Sf6

Falls 24...Lf6, so 25.De6+ Kf8 26.Tg8#.

25.Dg6+

(Nach 25.Se4 Dh8 26.Dg6+ Kf8 27.Sg5 müsste Schwarz zum Mattausschluss den einzigen Zug 27...Se4+ finden.)

25...Kf8 26.Tg1 Th7 27.Lh6+ Txh6 28.Dxh6+ Ke8 29.Dg6+

In Zeitnot findet Weiß nicht die Sieg bringende Wendung und erzwingt Remis durch Dauerschach.

29...Kd7 30.Df5+ Ke8 Remis

Gewonnen hätte 29.Tg7! (mit der Drohung 30.Dg6+ Kd7 31.Dxf6) gefolgt von z.B. 29...Dc8 30.Dg6+ Kd7 31.Se4! Se8 32.Tg8 Db7 33.Sg3! c5 34.Sf5 Kc7 35.Sg7 Sxg7 (Sonst behält Weiß einen Mehrbauern.) 36.Txa8 Kb7 37.Th8! Sf5 38.Dg8 Kb6 39.Db8+ Db7 40.Dxb7+ Kxb7 41.Th5 Sh4 42.Th7 Sg6 43.Tg7 usw.

(Die gegebene Gewinnvariante ist fehlerhaft. Statt des Dauerschachs gewann tatsächlich 31.Th1!, weil nach 31...Lf8 mit 32.Th7! Sxh7+? 33.Dg6+ erneut die Nutzung eines Epauletten-Matts die Entscheidung gebracht hätte.)

Die ausgewählte Partie ist natürlich nur ein Beispiel für viele, viele andere, die nicht minder interessant wären. Es gibt nämlich in allen Mannschaften talentierte Nachwuchsspieler, und jedes Jahr kommen neue Entdeckungen hinzu.

22. Kapitel

Das ‚Turnier der Hoffnungen' in Baku

Neben dem Wettbewerb ‚Weißer Turm' gibt es in der Sowjetunion noch eine zweite, sehr interessante und beliebte Wettkampfform im Schüler- und Jugendbereich. Zugelassen sind nur die Mannschaften der sogenannten Pionierspaläste, großzügig angelegter Freizeitheime für junge Leute, die alle über eine Schachgruppe und zumeist sogar eigene Trainer verfügen.

Die Mannschaften bestehen aus sechs Jungen, einem Mädchen und einem Großmeister, der möglichst früher selbst einmal Zögling in einem dieser Paläste gewesen sein sollte. Der Großmeister hat dabei jeweils gegen die sieben Schüler der anderen Mannschaften simultan mit Uhrenhandicap anzutreten. Das Gesamtergebnis errechnet sich aus den Punkten der 7 Schüler gegen die Großmeister der anderen Mannschaften sowie den Punkten, die die Großmeister für ihre jeweiligen Mannschaften erreichen.

Beim 6. Finale dieses Turniers in Baku 1981 spielte GM Jussupow bereits zum vierten Mal für die Mannschaft Moskaus, dreimal als Schüler und erstmalig als GM; Kasparow spielte als Schüler für Baku bereits zum zweiten Mal; GM Pantschenko führte die Mannschaft von Tscheljabinsk an, GM Kotschijew die von Leningrad.

In der letzten Runde trafen die Mannschaften von Moskau und Leningrad aufeinander. Die Schüler sprangen mit den Großmeistern gar nicht zimperlich um. Zum ersten Mal in der Geschichte dieses Wettbewerbs wurden beide Großmeister nach Punkten geschlagen. Die Leningrader Pioniere schlugen Jussupow 4:3 und die Moskauer den armen Kotschijew gar 6.1. Das bedeutete natürlich Platz 1 für Moskau, vor der Mannschaft Kasparows aus Baku.

Beim ersten dieser Wettkämpfe ‚Schüler gegen Großmeister' machte ein Schüler mit zwei sehenswerten Schwarzpartien von sich reden, und zwar gegen keine geringeren Großmeister als Spasski und Karpow. Es war Walery Tschechow (siehe Kapitel 17) beide Partien nahmen bis zum 16.Zug denselben Verlauf.

1.e4 e5 2.Sf3 Sc6 3.Lb5 a6 4.La4 Sf6 5.0-0 Sxe4 6.d4 b5 7.Lb3 d5 8.dxe5 Le6 9.c3 Le7 10.Sbd2 0-0 11.Lc2 f5 12.Sb3 Dd7 13.Sfd4 Sxd4 14.Sxd4 c5 15.Sxe6 Dxe6 16.f3 Sg5

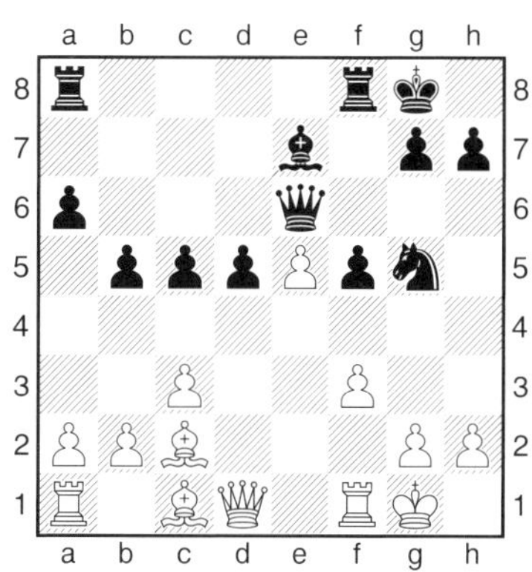

Nun folgte gegen Spasski:

17.Lxg5 Lxg5 18.f4 Le7 19.De2 Tad8 20.Tad1 c4 21.Kh1 Lc5 22.h3 g6 23.g4 Kh8 24.Kh2 Td7 25.Td2 b4 26.gxf5 gxf5 27.Tfd1 bxc3 28.bxc3 Tg8 29.Df3??

Weiß übersieht den übernächsten Zug von Schwarz. Einzig mit dem Gegenangriff 29.Dh5! war die Partie in der Schwebe zu halten.

29...Tdg7! 30.Txd5

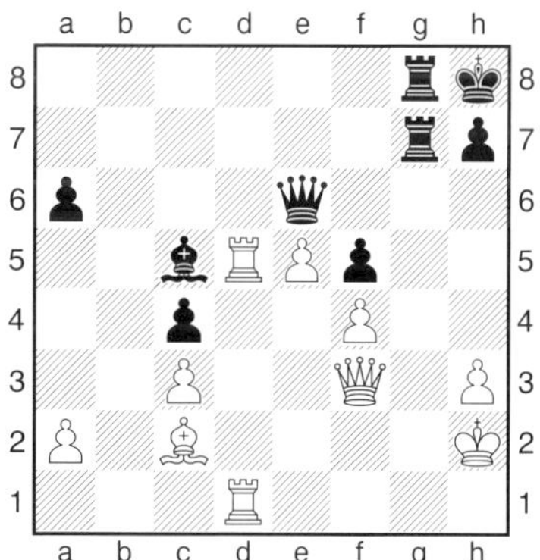

30...Lg1+! 31.Txg1

31.Kh1 Tg3 32.Dxg3 Txg4 33.Td8+ Tg8 34.Txg8+ Dxg8 35.Txg1 Dd5+ 36.Tg2 Df3 37.Lxf5 Df1+ 38.Tg1 Dxf4

31...Txg1 32.Td6?

Zäher war 32.Td2, aber in beidseitiger Zeitnot ist der Rest der Partie sehr fehlerreich.

32...Df7?! 33.Td2 Dg6 34.Df2 Tg3 35.Ld1 h6?! 36.Tb2 Tg7?! 37.Tc2 Kh7?! 38.h4 h5?

Die letzte Gewinnchance bestand in 38...Dc6 39.Dxg3 Txg3 40.Kxg3 De4 usw.

39.Lf3 Tg1 40.Td2?

Nach 40.Lg2 hätte Weiß sich noch zäh verteidigen können.

40...Tc1

An dieser Stelle wurde die Partie abgebrochen, und Oberschiedsrichter Botwinnik erkannte Schwarz den Gewinn zu.

Zwei Tage später folgte die Partie gegen Karpow.

17.Te1 Tad8 18.De2 c4 19. Kh1 f4! 20.b3 Lc5 21.Ld2 Tde8 22.a4 Dh6 23.axb5 axb5 24.b4?

Erforderlich war die weitere Spielöffnung mit 24.bxc4, denn nun findet der schwarzfeldrige Läufer nicht mehr ins Spiel.

24...Lb6 25.Ta6 Te6 26.Txb6 Txb6 27.Df2 Ta6 28.g3?

Verschlimmert die Lage von ‚großem Nachteil' zur ‚Verluststellung'. Allerdings hatte Weiß wohl keine Lust, Wartezüge aneinander zu reihen und darauf zu warten, dass der Gegner früher oder später durchdringt.

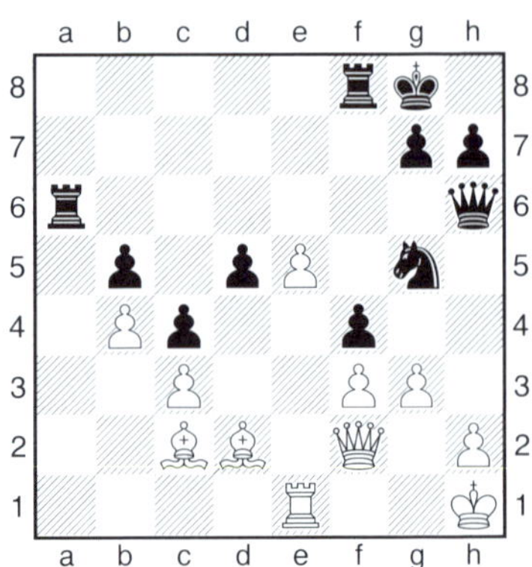

28...fxg3

Noch stärker war 28...Dh3! 29.Lxf4 Txf4! 30.gxf4 Sxf3. Danach droht u.a. Th6 nebst Matt, und 31.Lf5 wird mit 31...Dh5 unterlaufen.

29.Dxg3 Se4! 30.Lxh6 Sxg3+ 31.hxg3 gxh6 32.f4 Ta3 33.e6 Txc3 34.Ld1 Txg3 35.e7 Te8 36.f5 Tg5 37.f6 Kf7 38.Tf1 d4 39.Lf3 Tf5

Weiß gab auf.

Das ‚Turnier der Hoffnungen' macht seinem Namen alle Ehre. Allein aus den Reihen der am ersten Turnier teilnehmenden Schüler sind mit Jussupow, Kotschijew und Kasparow mittlerweile drei Großmeister hervorgegangen darunter sogar ein Weltmeister.

23. Kapitel

Die Wettbewerbe an den Sportschulen

Die Struktur der Schachwettbewerbe für Schüler und Jugendliche in der Sowjetunion gleicht einer Pyramide. Die unterste Stufe bildet die Masse der Mannschaften, die im ‚Weißen Turm' zusammengefasst sind. Hier kann jeder mitmachen, sogar blutige Anfänger. Die nächste Stufe bilden die Mannschaften der Pionierspaläste, wo schon qualifiziertere Spieler teilnehmen. Auf der dritten Stufe stehen die Wettbewerbe der Schachsportschulen, und hier dürfen nur Spieler der 1. Kategorie oder Meisterkandidaten teilnehmen. Die Schachsportschulen gibt es noch nicht lange, etwa 20 Jahre. Inzwischen spielen dort etwa 100.000 junge Schachspieler, angeleitet von mehr als 1.300 Trainern.

Die Anforderungen an diesen Schulen sind sehr hoch. Neuankömmlinge müssen die Schule 2-3 mal pro Woche besuchen, bei Fortgeschrittenen wird es aber häufig 4-5 mal. Es gibt Unterricht über die Geschichte und Theorie des Schachspiels, erfahrene Trainer erörtern die Partien der Jugendlichen, bringen ihnen die Grundlagen der Analyse bei, bereiten sie auf Wettkämpfe vor. Alle Schüler müssen regelmäig an Wettkämpfen teilnehmen, derer es sehr viele gibt: Qualifikationsturniere für alle Stufen, Schul-, Stadt-, und Republiksmeisterschaften sowie verschiedene Mannschaftskämpfe.

Aufgenommen wird jeder, der gern möchte, und die Schüler werden in Alters- und Spielstärkegruppen aufgeteilt. Nicht alle können natürlich Großmeister werden, doch erreichen die meisten die Kategorie I mit Erfolg. 1979 wurde in Bukhara zum ersten Mal eine Meisterschaft der 15 Republiksmannschaften dieser Sportschulen durchgeführt, wobei die Städte Moskau und Leningrad eine zusätzliche Mannschaft stellen durften.

Hier ein Partiebeispiel:

Toktogonow (Kirgisien)
– **Kontorowitsch** (Leningrad)
Holländische Verteidigung

1.d4 e6 2.Sf3 f5 3.Lf4 Sf6 4.h3 Le7 5.e3 0-0 6.Ld3 d5 7.0-0 c6 8.Sbd2 Se4 9.Se5 Sd7 10.Sdf3 Sdf6 11.c4 De8 12.c5 Sd7 13.Lxe4 fxe4 14.Sxd7 Lxd7 15.Se5 Lf6 16.Tb1 Lc8 17.b4 b6 18.Dc2 Lxe5 19.Lxe5 La6 20.Tfd1 Ld3 21.Txd3 exd3 22.Dxd3 b5 23.a4 a5 24.axb5 cxb5 25.bxa5 Txa5 26.De2 Tf7 27.Tb2 Tb7 28.e4 b4 29.Ld6 Dd7 30.exd5 exd5 31.g3 b3 32.Df3 Db5 33.Df8#

Durch diese Niederlage hat die favorisierte Leningrader Mannschaft insgesamt nur ein Remis geschafft. Weiß hatte das einzügige Matt einfach übersehen. Der Kommentar des Leningrader Trainers Tscherepkow anlässlich der folgenden Mannschaftsbesprechung wurde folgendermaßen protokolliert:

„Mischa Kontorowitsch hat ein einzügiges Matt übersehen. Doch es geht nicht allein um diesen Fehler. Wenn ich Holländisch spiele, muss ich wissen, dass Schwarz den Punkt e5 decken muss und den Punkt e4 besetzen. Kennst du etwa die Partie von Botwinnik nicht, in der er den Punkt e4 erobert hat und sich bemüht, den weißen Springer vom Feld e5 zu vertreiben? Außerdem hat er das Zentrum stabil gehalten. Du hast dem Weißen einige Tempi geschenkt, und das in der Holländischen Verteidigung. Und was geschah weiter? Mit dem Springer bist du nach d7 zurück, und dann hast du den Läufer auf den Damenflügel verlegt, um die Qualität zu erobern. Hast du denn nicht kapiert, dass das kein Versehen war, sondern ein Opfer? Man darf den Gegner und seine Gedanken nicht unterschätzen. Du hättest besser La6-c4 spielen sollen, denn das Feld d3 lief dir nicht weg. Und was hast du dann mit der Mehrqualität geleistet? Warum hast du das aktive Bauernspiel am Damenflügel zugelassen? Du hättest den Damenflügel blockieren sollen und nicht öffnen! Einen Freibauern wolltest du schaffen? Phantasterei! Du hättest besser a7-a6 gezogen, irgendwann die Damen getauscht und erst dann an die Realisierung der Qualität denken sollen. Außerdem hat Weiß mit einem Bauern für die Qualität genügend Chancen auf Ausgleich. Weiter: Wer hat dich zu a7-a5 angestiftet? Du hast dem Gegner alle Möglichkeiten zur Aktivierung gegeben. Du hättest dir da schon über ein Remis Gedanken machen sollen, statt auf gegnerische Zeitnot zu spekulieren. Du hast eine halbe Stunde mehr Zeit – und dann schlurfst du mit der Dame nach b5!

Was also hast du dir in dieser Partie geleistet? Von der Eröffnung keine Ahnung, das Mittelspiel schlecht abgewickelt, den Gegner unterschätzt, einen vollkommen falschen Plan am Damenflügel gewählt und als Höhepunkt – das Matt verpennt. Eine Schande!

Wenn ihr – und damit ist die ganze Mannschaft gemeint – weiter so spielt, werde ich nicht mehr mit euch arbeiten, sondern gehe lieber in Pension."

Nach dieser Standpauke spielte die Leningrader Mannschaft wie ausgewechselt und errang doch noch den ersten Platz.

24. Kapitel

Auf Talentsuche bei der ‚Spartakiade'

Die vorletzte Stufe der bereits erwähnten Pyramide der Jugendwettkämpfe bildet die in der gesamten Sowjetunion durchgeführte ‚Spartakiade', ein im Zweijahresrhythmus stattfindender Wettbewerb für Schüler, der fast alle Sportarten umfasst. Im Finale spielen wiederum die Mannschaften der einzelnen Republiken, ergänzt durch die Teams von Moskau und Leningrad. Pro Mannschaft spielen 6 Jungen und 2 Mädchen. In der Regel setzen sich die Mannschaften aus Meisterkandidaten zusammen und an den ersten Brettern spielen meist sogar junge Inhaber des Meistertitels.

Diese Veranstaltung garantiert, dass

kein talentierter Schachspieler ‚übersehen' wird, weil er eventuell ja nicht beim ‚Weißen Turm' bzw. im Pionierbereich dabei ist. Bislang (1987) fanden 19 Spartakiaden statt. Hier eine Partie aus dem Jahr 1981, als das Team der Ukraine den Titel errang. Der Kampf am ersten Brett, an dem jeweils der Mannschaftskapitän spielt, war wie so häufig entscheidend.

Goldin (Russische Republik)
Kulinskij (Ukraine)
Englisch

1.c4 e5 2.Sc3 Sf6 3.Sf3 Sc6 4.e3 Lb4 5.Dc2 Lxc3 6.Dxc3 De7 7.a3 d5 9.b4

Eine seltene Variante der englischen Eröffnung. Öfter sieht man 8.d4 oder 8.cxd5.

9...d4 9.Db3 Lg410.Lb2 0-0 11.h3 Lh5

Schwarz will die g-Linie nicht öffnen und entwickelt zunächst die Leichtfiguren.

12.0-0-0 Se4 13.Th2 Sg5 14.Le2 Se6 15.Te1 Lg6 16.Lf1 a5! 17.b5 a4 18.Da2 Sa5 19.Sxe5 Sb3+ 20.Kd1 dxe3 21.Txe3 Tad8

Schwarz hat die Initiative an sich reißen können.

22.Lc3 Dd6 23.g3 Sec5 24.f4 Se4 25.Sxg6 Sxc3+ 26.Txc3 hxg3 27.Te3 Dd4 28.Kc2 Tfe8 29.Txe8+ Txe8 30.Db2

Nach diesem Zug gewinnt Schwarz eine Figur!

30...Sa1+! 31.Kb1 Te1+ 32.Ka2 Dxb2+ 33.Kxb2 Txf1

Weiß gab wenige Züge später auf.

25. Kapitel

Kann man das Schach-ABC auswendig lernen?

Die Spitze der Pyramide des Jugend- und Schülerschachs in der Sowjetunion bilden die Landesmeisterschaften für Jungen und Mädchen. Jedes Jahr in den Januar-Schulferien kommen die besten aus dem ganzen Land zusammen. Die Trainer und Talentsucher freuen sich auf dieses Ereignis, da sie jedes Jahr hoffen, vor allem unter den ganz jungen neue Meister zu entdecken.

Im Jahr 1973 fiel z.B. der zehnjährige Borja Kanzler aus Kirgisien auf, aber nicht etwa durch gutes Spiel, sondern durch sein gutes Gedächtnis: Er kannte nämlich die biographischen Daten aller sowjetischen Meisterspieler auswendig, so wie sie in einer Sammlung niedergeschrieben waren. Nur reicht ein gutes Gedächtnis nicht aus, um im Schach erfolgreich zu sein. Erst sechs Jahre später war so viel spielerische Reife hinzugekommen, dass Borja tatsächlich den Jugendmeistertitel gewinnen konnte.

Von einer weiteren Gedächtnisleistung, die zunächst einmal jedoch keinen Erfolg garantierte, berichtete GM Salo Flohr. Bei einer Simultanveranstaltung in Krassnojarsk führte man ihm einen kleinen Jungen vor, der viele Partien aus dem ‚Schachinformator' auswendig aufsagen konnte. Es handelte sich dabei um den heutigen Großmeister und zweifachen Landesmeister Lew Psachis.

Hier aus der Jugendlandesmeisterschaft 1982 die wichtigste Partie des späteren Siegers Alexander Halifman aus Leningrad, der sie auch selbst kommentierte.

Naumkin – Kalifman

Königsindisch

1.d4 Sf6 2.c4 g6 3.Sc3 Lg7 4.e4 d6 5.Sf3 0-0 6.Le3

So spielte der dänische GM Larsen beim Interzonenturnier 1967 gegen Mjagmarsuren, was viele Nachahmer fand.

6...e5 7.dxe5 dxe5 8.Dxd8 Txd8

Larsen spielte damals auf Sieg, während mein Gegner durch den Damentausch ein taktisches Remis anstrebt, weil ihn dies zum Turniersieger gemacht hätte.

9.Sd5 Td7 10.Sxf6+ Lxf6 11.c5 Sc6 12.Lb5

Damit erreicht man keinen Vorteil; besser wäre 12.Lc4.

12...Td8 13.Lxc6 bxc6 14.Td1

Nun steht Weiß bereits schlechter; besser wäre 14.0-0.

14...La6 15.Txd8 Txd8 16.Sd2

Um den Turm ins Spiel zu bringen, nimmt Weiß eine schlechtere Springerposition in Kauf.

16...Le7 17.h4

Eine Falle! Auf 17...f5 folgt 18.Lg5, und Weiß ist alle Sorgen los.

17...Tb8 18.b3 f5 19.Sf3 f4 20.Ld2 Lxc5! 21.sxe5 Te8 22.Sd7 Txe4+ 23.Kd1 Le2+ 24.Kc2 Ld4 25.f3

Besser wäre 25.Lc3, obwohl Schwarz auch nach 25...Lxc3 26.Kxc3 gewinnen dürfte.

25...Te6 26.Lxf4 c5 27.a4 c4 28.bxc4 Lxc4 29.Td1 c5 30.Tb1 Te2+ 31.Kd1 Ld3 32.Tb8+ Kf7 33.Ld6

Nach 22.Tb7 entscheidet 22...Ke8.

33...Lc3 34.Lg3 c4 35.Tb7 Txg2 36.Se5+ Kf6 37.Sd7+ Ke6 38.Sf8+ Kd5 39.Td7+ Kc6 40.Tc7+ Kb6 41.Sd7+ Ka5 42.Txa7+ Kb4 43.Ld6+ Kb3 44.Sc5+ Ka2 45.Sxd3 cxd3 46.Lc5 Tb2

Weiß gab auf.

Wie veranschaulicht wurde, erlaubt es das System der sowjetischen Jugendarbeit im Schach nicht allein, breitenmäig viele Akteure zu erreichen, sondern auch eine Auswahl unter den besten zu treffen.

26. Kapitel

Das erste russische Schachbuch Abrechnung Petrows mit Philidor

Die Geschichte des Schachspiels in Russland beginnt im 18. Jahrhundert, als in St. Petersburg die ersten Schachbücher aus Westeuropa ankamen. In höfischen Kreisen wurde das Spiel schnell beliebt und gehörte bald zum festen Bestandteil von Festen und Salons. Im 19. Jahrhundert wurde daraus eine regelrechte Mode, wie uns eine Zeitungsannonce aus St. Petersburg von 1822 zeigt:

Ein soeben aus Stockholm Angereister wünscht, Schachunterricht zu erteilen, was für Soldaten nützlich ist, für Akademiker einen angenehmen Zeitvertreib bedeutet und für jeden gebildeten jungen Menschen zur Schärfung des Verstandes und des Denkens beiträgt.

Neben Übersetzungen aus verschiedenen europäischen Sprachen erscheint 1821 das erste russische Schachbuch, herausgegeben von Iwan Burtimow, „Über das Schachspiel" – in vielen Teilen eine Anlehnung an „Die Schachspielkunst" des deutschen Autors Koch. Drei Jahre später folgt das viel bekanntere Werk von Alexander Petrow – „Das Schachspiel, in systematische Ordnung gebracht, mit einer Sammlung von Partien Philidors samt Kommentaren".

Neben Musterpartien zu typischen Fehlern in Eröffnung und Mittelspiel behandelt das Buch auch Grundtypen des Endspiels und setzt sich vor allem mit der Spielweise Philidors auseinander. Es gelang Petrow zu zeigen, dass man das Bauernzentrum bei Philidor recht aussichtsreich mit Flankenspiel angehen kann. Weiterhin empfiehlt er dem Nachziehenden, sich nicht auf symmetrische Stellungen einzulassen. In einem gibt er Philidor jedoch recht: Auch er vermeidet möglichst alle Gambitvarianten. Vom Standpunkt eines konkreten und aktiven Spiels für beide Seiten kann man das Buch als große Neuerung betrachten.

27. Kapitel

Der erste russische Schachtheoretiker Carl Friedrich von Jänisch

In den vierziger Jahren des 19. Jahrhunderts wurde in der gesamten damaligen Schachwelt das 1842-43 erschienene zweibändige Eröffnungswerk „Analyse der Schacheröffnungen" diskutiert. Zum ersten Mal wurden halboffene und geschlossene Eröffnungen detailliert untersucht. Damit geht der Weg eindeutig in die Moderne, weg von der veralteten Vorstellung, dass eine richtige Schachpartie immer mit 1.e4 e5 anfängt bzw. anfangen sollte. Verfasst wurde das Werk von einem deutschstämmigen Russen, Professor Carl Friedrich von Jänisch. Seine Beschäftigung mit der Theorie und der Praxis des Spiels als Organisator, Journalist usw. veranlasste ihn sogar, seinen Lehrstuhl für Mechanik in Petersburg aufzugeben und sich nur noch dem Schachspiel zu widmen. Auf seinen vielen Reisen nach Westeuropa kam es auch zu einem zehnrundigen Kampf gegen Staunton, den Letzterer allerdings mit +7, -2, = 1 für sich entscheiden konnte.

Jänisch – Staunton

Königsgambit

1.e4 e5 2.Sc3 Lc5 3.f4 Lxg1

Ein unglücklicher Plan, nach dem Weiß leicht in Vorteil kommt.

4.Txg1 d6 5.d4 Sc6 6.dxe5 dxe5 7.Dxd8+ Kxd8 8.fxe5 Sxe5 9.Lf4 Sg6 10.0-0-0+ Ld7 11.Lg3 a6 12.Lc4 Sh6 13.Sd5 Tc8 14.Tgf1 The8 15.Td4

Se5

Besser wäre 15...f6 gewesen.

16.Lh4+ f6 17.Txf6! gxf6 18.Lxf6+ Te7 19.Sxe7 Shg4 20.Lh4 c5 21.Sxc8 Kxc8 22.Td5 Sxc4 23.Txc5+ Lc6 24.Txc4

Und weiß gewann.

Der Spielstärke nach kam Jänisch nicht an Petrow heran, aber dennoch war er einer der besten Spieler Russlands, der zudem sehr viel für die Verbreitung des Schachspiels im Lande getan hat.

28. Kapitel

Nona Gaprindaschwili schlägt die männliche Konkurrenz

Nona Gaprindaschwili, die sowjetische Ex-Weltmeisterin, die 16 Jahre lang (1962-1978) an der Spitze der Schachspielerinnen stand, war nicht die erste Spielerin, die auch Männer schlagen konnte. Doch war sie es, die als erste Frau die GM-Qualifikation in einem sonst nur von Männern ausgetragenen Turnier schaffte. Sie stammt aus der georgischen Hauptstadt Tiflis, wie auch ihre damals erst siebzehnjährige Bezwingerin und Nachfolgerin Maja Tschiburdanidse. Die schon zur Tradition gewordenen guten Erfolge im Mädchen- und Damenschach in der südlichen Republik sind auf konsequente Trainings- und Auswahlarbeit zurückzuführen.

In der Partie **Gaprindaschwili – Jermolinski** (Zhaltubo 1981) kam die Leningrader Variante der Nimzowitsch-Indischen Verteidigung aufs Brett:

1.d4 Sf6 2.c4 e6 3.Sc3 Lb4 4.Sf3 0-0 5.Lg5 h6 6.Lh4 c5 7.e3 Lxc3+ 8.bxc3 d6 9.Sd2 Sbd7 10.Ld3 De7 11.0-0 e5

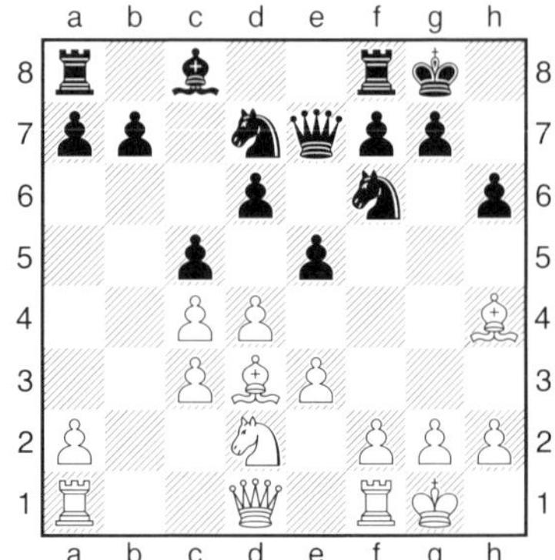

Die entstandene Stellung bietet ein typisches Beispiel für die Struktur eines dynamischen Zentrums. Die Bauern sind noch nicht endgültig festgelegt; das heißt, dass eine Umstellung (Transformation) in eine beliebige der vielfach möglichen Zentrumsformen noch möglich ist. Das Spiel zeichnet sich durch einen komplizierten Charakter aus. Flügelangriffe sind in ähnlichen Positionen möglich, doch muss man dann mit Gegenspiel im Zentrum rechnen.

Weiß steht nach der Eröffnung sehr stabil, bedingt durch die Wahl einer ruhigen Fortsetzung statt des normal üblichen 7.d5. Als Plan steht wohl der Vormarsch der bauern e- und d- bevor. Für Schwarz ist noch kein klarer Plan erkennbar.

12.Tc1 b6 13.Lb1 Lb7 14.Te1 Tfe8 15.f3

Falls sofort 15.f4, so erreicht Schwarz mit 15... exf4 16.exf4 Df8 17.Dc2 Tae1 18.Txe1 Te8 eine zwar passive, jedoch stabile Stellung. Deswegen braucht Weiß sich nicht zu beeilen.

15...Sf8

Die damit eingeleitete Umsetzung des Springers nach g6 erweist sich als unglücklicher Plan, denn Weiß kann in der Folge Zentrumsinitiative entfalten und den schwarzen Königsflügel unter Druck setzen. Besser war es, mit 15...Tad8 die Spannung aufrecht zu erhalten.

16.f4!

Der Bauer darf nun nicht genommen werden, da nach 16...exf4 17.exf4 Dd8 18.Txe8 Dxe8 19.Sxf6 der schützende Bauernschild zerstört wird.

16...Sg6 17.Lxf6

Durch die Entfernung des Springers wird das Feld e4 ein wichtiger Stützpunkt für Weiß.

17...Dxf6 18.Le4 De7 19.f5 Sf8

Noch vor vier Zügen konnte man von einem dynamischen Gleichgewicht sprechen – nun jedoch ist der weiße Vorteil offensichtlich.

20.f6!

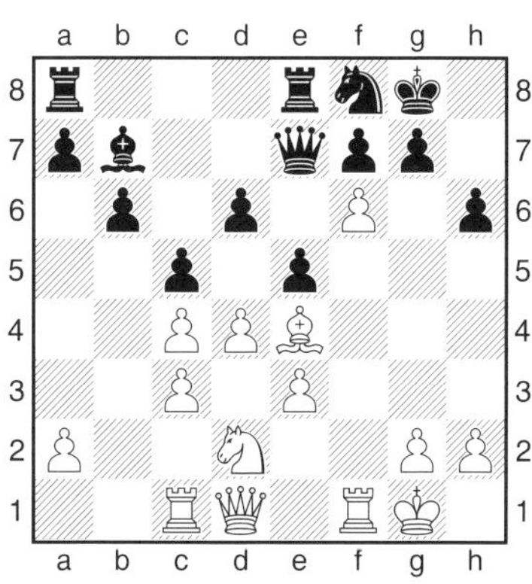

20...gxf6 21.Df3 Tab8

Schwarz will den Springer nicht auf das Feld e4 lassen, doch kann er dies nicht verhindern.

22.Lxb7 Txb7

Auf 22...Dxb7 folgt 23.Se4 Sh7 24.Dg3+ nebst 25.Sxd6.

23.Se4 f5 24.Sxd6

Das weiße Spiel ist einfach und überzeugend.

24...Dxd6 25.Dxb7 exd4 26.exd4 Txe1+ 27.Txe1 cxd4 28.Dd5 Da3 29.cxd4 Dxa2 30.Tf1 Dd2 31.Kh1 f4 32.De4 Sg6 33.g3 Db4 34.gxf4 Dxc4 35.Tg1 Kf8 36.Da8+ Ke7 37.f5 Sh4

Die letzte schwarze Hoffnung auf eine Falle: 38.De4+ Kd7 39.Dxh4? Dc6+ mit Dauerschach.

38.Te1+ Kf6 39.Dd8+

Schwarz gab auf.

Die Partie scheint auf den ersten Blick einfach, da keine glänzenden Varianten vorkommen. Doch tatsächlich ist eine tiefreichende Analyse der scheinbar einfachen Entscheidungen sehr nützlich. Durch das dynamische Bauernzentrum und seine Behandlung in den Zügen 12 bis 15 wurde die Partie entschieden. Dazu waren aber taktische Überlegungen und ein weitreichender strategischer Plan nötig.

29. Kapitel

Alexander D. Petrow und das Fernschach

Der bereits erwähnte Alexander D. Petrow, vor Tschigorin der weitaus stärkste Schachspieler Russlands, hat neben seinen publizistischen Tätigkeiten auch auf einem anderen Gebiet Neuland betreten.

Als Sechsjähriger lernt er das Spiel von seinem Großvater, mit dreizehn schlägt er ihn bereits und mit fünfzehn besiegt er in sieben Partien den damals bekannten Petersburger Spieler Koljew mit 5:2. Seine schachliche Entwicklung wurde dadurch begünstigt, dass er sehr bald regelmäßig gegen sehr starke Spieler antreten konnte. Das rege Schachleben in Petersburg bot ihm viele Möglichkeiten, mit seinen organisatorischen Talenten aktiv zu werden, und so war er auch bei der Geburtsstunde des ‚Schachspiels per Korrespondenz' dabei. Hier die erste in Russland gespielte Korrespondenzpartie aus dem Jahr 1837.

Petrow – Beratende

Russische Partie

1.e4 e5 2.Sf3 Sf6 3.d4 Sxe4 4.Ld3 d5 5.Sxe5 Ld6 6.0-0 0-0 7.c4 f5 8.f4 c6 9.Le3 Le6 10.cxd5 cxd5 11.Sc3 Sc6 12.Tc1 Tf6 13.Lxe4 fxe4 14.Sb5 Se7 15.Sxd6 Dxd6 16.g4 g6

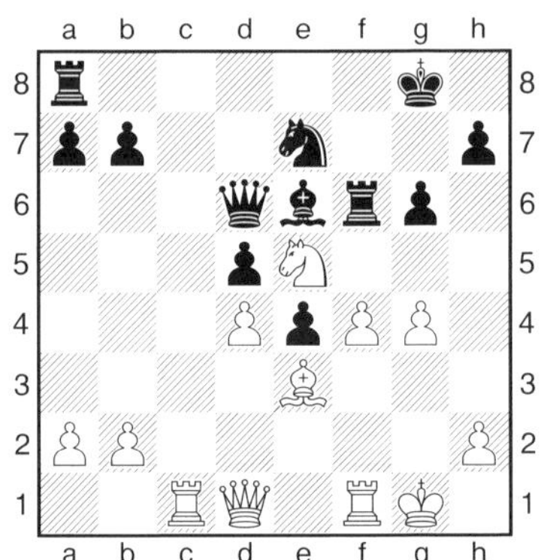

17.f5 gxf5 18.Lg5 Tff8 19.Lh6 Tfc8 20.Dd2 Dd8 21.Txc8 Txc8 22.gxf5 Sxf5 23.Dg2+ Kh8 24.Txf5 Dg8 25.Tf6 Lh3 26.Dg3 Dxg3+ 27.hxg3 Schwarz gab auf.

Von Petrow sind insgesamt 60 Partien erhalten, obwohl bekannt ist, dass er etwa 1000 gespielt hat. Aufgrund dieses Materials kann man aber leicht feststellen, dass er mit offenen Stellungen meisterhaft umzugehen verstand. Die Partie gegen den Warschauer Meisterspieler Hofmann machte damals (1844) in der Schachwelt ihre Runde.

Hofmann – Petrow
Italienische Partie

1.e4 e5 2.Sf3 Sc6 3.Lc4 Lc5 4.c3 Sf6 5.d4 exd4 6.e5 Se4

Später hielt Petrow 6...d5 für stärker.

7.Ld5 Sxf2 8.Kxf2 dxc3+ 9.Kg3 cxb2 10.Lxb2 Se7 11.Sg5? Sxd5

Einfacher gewann 11...Sf5+! 12.Kf4 Le3+ 13.Kxf5 Dxg5+ 14.Ke4 Lb6.

12.Sxf7

Weiß erwartet die Variante 12...Kxf7 13.Dxd5+, doch hat Schwarz eine Kombination parat, die diesen Plan überraschend durchkreuzt.

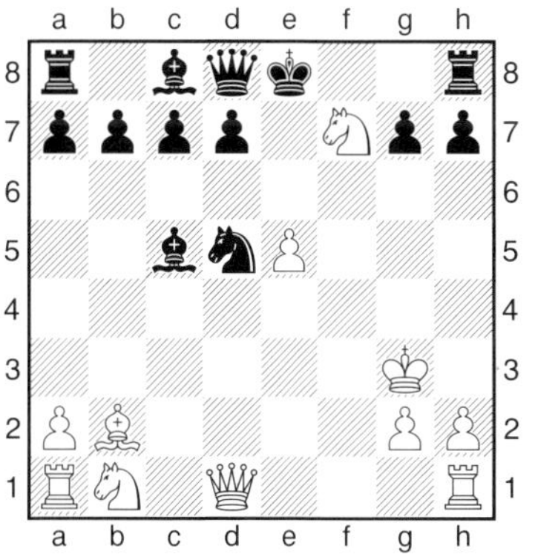

11...0-0!!

Eine Petersburger Zeitung schrieb damals, diese Kombination werde „für immer als Denkmal in die Schachliteratur eingehen“.

13.Sxd8

Nach 13.Dxd5 Txf7 14.Dxc5 Dg5+ wird Weiß matt.

13...Lf2+ 14.Kh3 d6+ 15.e6 Sf4+ 16.Kg4 Sxe6 17.Sxe6

Auch mit 17.g3 Sxd8+ 18.Kg5 Tf5 19.Kg4 Tf6 20.Kh4 Tf4+ usw. ist das Matt nicht zu verhindern.

17...Lxe6+ 18.Kg5 Tf5+ 19.Kg4 h5+ 20.Kh3 Tf3#

30. Kapitel

Von Puschkin bis Oistrach – Prominenz am Schachbrett

Im 19. Jahrhundert breitete sich die Popularität des Schachspiels sehr schnell aus, und zwar vor allem in den höheren Gesellschaftskreisen des Landes, so dass immer mehr prominente Namen unter den Schachspielern zu finden waren. In der Bibliothek des größten russischen Dichters, Alexander Puschkin, fand man neben dem Lehrbuch Philidors auch zwei Werke von Petrow sowie die ersten Ausgaben der Zeitschrift ‚Palamède‘. Ein besonders großer Schachliebhaber war der Dichter Iwan Turgenjew, der sogar für seine Spielstärke bekannt war. Er spielte beim Schachclub in Baden-Baden eine wichtige Rolle und war auch Vizepräsident des

1870 dort ausgetragenen Schachkongresses.

Der Autor des Weltbestsellers ‚Krieg und Frieden', Leo N. Tolstoj, fand trotz der Schriftstellerei bis zu drei Stunden täglich für sein Schachstudium. Zu den Liebhabern des Schachspiels gehörten neben dem Chemiker Mendelejew auch eine Vielzahl von Musikern wie Tschaikowski, Prokofjew und der weltberühmte Geiger David Oistrach. Als Beispiel des Spiels von Prominenten hier eine Partie von Turgenjew.

Matschuskij – Turgenjew

Paris 1861

Damengambit

1.d4 d5 2.c4 e6 3.Sc3 Lb4

Heutzutage wird diese Spielweise mit der indirekten Einflussnahme auf e4 durch Fesselung des Damenspringers kaum noch angewandt.

4.f3 c5 5.a3 Lxc3+ 6.bxc3 Da5 7.Ld2 Sf6 8.Dc2 Ld7 9.e4 dxe4 10.fxe4 cxd4 11.cxd4 Dh5 12.Sf3 Dg6! 13.Ld3! Dxg2 14.Tf1 Sc6 15.0-0-0 Sg4 16.Tde1 h6 17.d5 Sce5 18.Sxe5 Sxe5 19.Tg1 Df3 20.Te3 Df6 21.Lc3 Sxd3+ 22.Dxd3 De7 23.Lxg7 Tg8 24.Teg3 0-0-0 25.De3 b6 26.Dxh6 Dc5 27.Ld4?

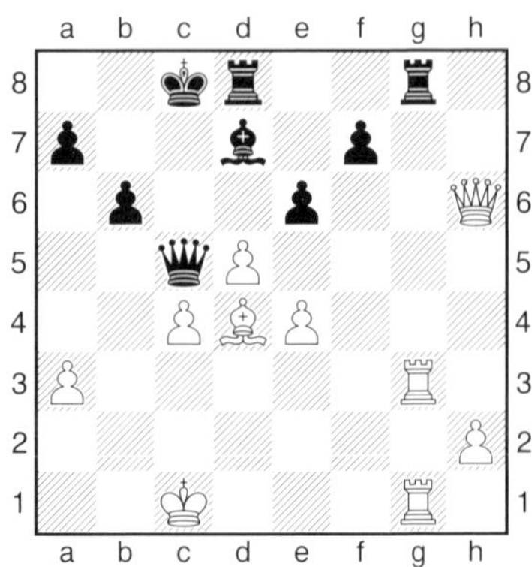

27...Dxc4+! 28.Tc3 Txg1+ 29.Kd2 Dxc3+ 30.Kxc3 Tg4 31.Dh5 Tf4 32.De5 Tf3+ 33.Kb2 Tg8 34.Lc3 La4! 35.Dd4 Tg2+ 36.Ld2 Ld7 37.h4 Tff2 38.Kc3 Txd2 39.Dh8+ Kb7 40.h5 exd5 41.exd5 Lf5! 42.h6 Txd5 43.Df6 Tc2+ 44.Kb4 a5+ 45.Ka4 Tc7 46.Kb3 Tb5+ 47.Ka4 Ld7!

Weiß gab auf.

Die Partie mutet stellenweise sehr modern an und ist zudem ein Beweis dafür, dass Turgenjew zu Recht ‚Ritter des Elefanten' genannt wurde (im Russischen wird der Läufer als Elefant bezeichnet).

Lösungen der Aufgaben:

Nr. 1

1.Dg7! Tf8

Auf 1...Kd7 folgt 2.Dxf7+ und auf 1...Txg7 2.fxg7! Ke7 3.Th8 usw.

2.Dxf8+!

Schwarz gab auf.

Nr. 2

Der Springer versperrte der eigenen Dame den Weg – also muss Weiß räumen:

1.Sxh6! gxh6 2.Txf7+ Kd6

Nun kann auch die Dame entscheidend eingreifen.

3.Dh5 Ld7 (3...Tg5 4.Dxh6+; 3...Sf6 4.Dxh6) **4.Dxe5+! Kxe5 5.Lf4#**

Nr. 3

So schön das Läuferopfer auch sein mag, schlägt es nicht immer problemlos durch. Auch in diesem Beispiel funktioniert **1.Lxh7+** nur, wenn man auch die Folgen von **1...Kh8** in die Berechnung miteinbezieht, denn 2.De2?? scheitert ja an dem Zwischentausch 2...Lxf3, wonach eher *Schwarz* auf Gewinn steht.

Nach der korrekten Folge **2.Sg5 Dxd1 3.Tfxd1 g6** sichert z.B. **4.Le3** noch beträchtlichen Vorteil, denn es droht Lc5 oder Lxb6 nebst Td7, und auch der Vorstoß des a-Bauern kann kräftig vom Problem des eingesperrten Läufers h7 ablenken.

Nr. 4

Der schwarze Springer muss entfernt werden, damit der Zugang zur Königsstellung frei wird. Allerdings ist der Läufer d3 dafür zu schade, da er den Punkt h7 weiterhin unter Beschuss halten muss. Also geschieht besser:

1.Sh4! Sxh4??

Dieser Abtausch ist selbstmörderisch. Nach 1...h6 2.Sxf5 hxg5 3.Sd6 oder 3.Sg3 bliebe es bei weißem Minimalvorteil.

2.Lxh4 h6

Nun ist die Gefahr Lxh7+ in der Tat abgewehrt – aber ...

3.Lf6! g6

3...gxf6 4.Dg4+ Kh8 5.Dh4

4.Dd2 Kh7 5.Dxh6+! Kxh6 6.Te3

Schwarz gab auf, da Matt nicht zu parieren ist.

Nr. 5

Die Kombinatioin ist leicht zu finden:

1.Lxa6+!

Schwarz gab sofort auf, da nach 1...Sxa6 2.Txa6 Dc5 der Läuferzug 3.Lb4 gewinnt, nach 2...Db7 hingen der Turmzug 3.Ta8+!

Nr. 6

Das Turmopfer ist für diese Art Stellung typisch:

1...Tc2+! 2.Kxc2 Dxa2+ 3.Kd3 Txb3+ 4.Sc3 Dxg2 5.h4

Was sonst?

5...Sxe5

Weiß gab auf, denn nach 6.Dxe5 folgt 6...Df3+ 7.De3 Txc3+.

Nr. 7

Es würde zu lange dauern, die Bauern mit ins Geschehen einzubeziehen, so dass Schwarz genug Zeit erhielte, seine Figuren besser zu entwickeln. Also muss Weiß seine aktive Position sofort nutzen, wobei den Leichtfiguren eindrucksvoll ihre gewichtigeren Kollegen zu Hilfe kommen.

1.Tfe1! Dxf4

1...Db7 2.Lxd6+ Ka8 3.Dc4!

2.Td4!! Dg5 (2...Dxd4 3.Sc6+) **3.Tc4!**

Schwarz gab auf wegen der absehbaren Folge 4.Tc8+!

Nr. 8

1...e3! 2.fxe3 Ke4!

Weiß gab auf wegen der Folge 3.Kg3 Kxe3 4.b5 Kd4 5.Kf3 Kc4 usw. Mit Hilfe von Opposition und Abdrängung hält Schwarz den gegnerischen König auf Distanz.

Nr. 9

Nicht zum Ziel führt 1.g5? oder 1.f4?. In beiden Fällen wäre die weiße Bauernmehrheit mit 1...f6! zu blockieren und zu entwerten, so dass Schwarz sogar gewinnen würde.

Um durchzubrechen muss Weiß eine bekannte Regel befolgen, um seinen Doppelbauern richtig einzusetzen – nämlich: Vordermann voran!

1.f6 gxf6 2.f4 Kd4 3.g5 fxg5 4.fxg5 Ke5 5.gxh6 Kf6 6.Kc2

Schwarz ist im Zugzwang und verliert (Ed. Lasker – Moll, Deutschland 1904).

Nr. 10

Um den König an der Flucht in die Brettmitte zu hindern, muss der Läufer das Feld b5 decken.

1.Ld3! Kc7

Auf 1...Kb7 hätte Weiß 2.Kd6 geantwortet.

2.Le4!

Das Netz wird noch enger gezogen.

2...Kd8 3.Kd6 Ke8 4.Lg6+ Kd8

Weiß macht einen Abwartezug mit dem Läufer, um den Gegner nach c8 zu zwingen.

5.Lf7 Kc8 6.Sc5

Versperrt das Feld b7.

6...Kd8!

Damit wird klar, dass der weiße König das Feld e7 bewachen muss. Nach 6...Kb8? kürzt 7.Le6 das Verfahren ab.

7. Sb7+ Kc8 8.Kc6 Kb8 9.Kb6

Der König hat die gewünschte Position erreicht.

9...Kc8

9...Ka8 10.Le6 Kb8 11.Sc5 Ka8 12.Ld7 Kb8 13.Sa6#

Nun folgt das abschließende Mattmanöver.

10.Le6+ Kb8 11.Sc5 Ka8 12.Ld7! Kb8 13.Sa6+ Ka8 14.Lc6#.

Nr. 11

Weiß muss seine Bauern am Königsflügel zum Einsatz bringen.

1.g4 La2! 2.f4+ Kd5 3.f5!

Fehlerhaft wäre 3.Kd3? Lb1+ 4.Le3 Kc4 5.f5 Kb3 6.Kf4 Kxa3 7.g5 Kb2 usw.

3...Kc4!

Nach 3...Ke5? würde Weiß mit 4.Kd3 Kf4 5.Kd4 Kxg4 6.Kc5 Lc4 7.f6 leicht Remis halten.

4.g5 Kxc3 5.g6 Lb1 6.Kf4 Kd4! 7.Kg5 Ke5 8.f6 Ke6 9.f7 Ke7 10.Kh6 Kf8 11.Kh7 Ld3 12.Kh8!

12.Kh6?? wäre ein grober Fehler, da Schwarz nach 12...Lc4 und 13...Lxf7 das Bauernendspiel gewinnt. Jetzt würde nach 12...Lxg6 eine Pattstellung entstehen, so dass man sich auf Remis einigte (Avni – Radiskovic, 1978).

Nr. 12

Eigentlich nicht! Denn nach ...

1.Sa4+ Kc4 2.Ke5 a5! 3.Sb6+ Kb5 4.Sd5 Kc5!! 5.Ke4 a4 6.Se3 a3 7.Kd3 a2 8.Sc2 b3

... wären die Bauern nicht aufzuhalten.

Doch in der Partie unterlief Schwarz ein Fehler:

2...b3? 3.Sb2!

Nun können Springer und König sich harmonisch ergänzen.

3...Kb4

3...Kc3 4.Sa4+ Kc2 5.Kd5

4.Kd4! a5 5.Sd3+!

Hier einigte man sich auf Remis.

Nr. 13

Nein, Weiß kann nicht gewinnen, da sein Läufer nicht die Farbe des Verwandlungsfeldes h8 hat, so dass der gegnerische König nicht aus seiner Ecke verdrängt werden kann; z.B. **1.Ld3+ Kh8 2.Kg6 Kg8 3.h7+ Kh8 4.Kg5 Kg7**, und Schwarz pendelt zwischen h8 und g7, bzw. wird pattgesetzt.

Nr. 14

1.Sd5+ Ke5 2.Sb4 Ke4 3.Sc6 Kd5 4.Sd8 Ke5 5.Sf7+ Ke6 6.Sh6 Se7 7.g7 Ke5 8.Sg4+ Kf5 9.Se3+ Ke6 10.Sg2! Kf7

10...Kf5 11.Sh4+ Kf6 12.Sg6

11.Sf4

Schwarz gab auf.

Nr. 15

1.Se5 Kf6 2.Sg4+ Kg7 3.Kf3 Lf8 4.Ke4 Ld6 5.d5! exd5 6.Kxd5 Lb4 7.Ke6 Le1 8.Se3! Lxf2 9.Sf5+ Kh7 10.g4 Le1 11.Kf7 Lc3 12.Se7 Lb2 13.Sg8 Kh8 14.Sf6! Ld4 15.Kg6

Der weiße König ist am gewünschten Ziel angelangt.

15...Le5 16.Se4 Lg7 17.Sg3 Le5 18.Sf5 Lb2 19.Sxh6 Lc3 20.Sf7+ Kg8 21.h6 Lg7 22.h7+ Kf8 23.Sxg5 Lh8 24.Sf7

Schwarz gab auf.

Nr. 16

Der Sieg ist sicher, wenn der schwarze König wie hier auf die f-Linie abgedrängt werden konnte.

1.Te4 Kf5 2.Te7 Kf6 3.Ta7 Ke6 4.Kc4 Tc8+ 5.Kb5 Tb8+ 6.Kc5 Tc8+ 7.Kb6 Tb8+ 8.Tb7

Eine Alternative lautete übrigens:

1.Kc4 Tc8+ 2.Kd5 Tb8 3.Kc5 Tc8+ 4.Kd6 Tb8 5.Tb1 Kf7 6.b5 Ke8 7.b6 usw.

Nr. 17

1.a4!

Mit diesem feinen Zug kann man zweierlei Ziele verbinden: Die schwarze Bauernstellung am Damenflügel wird gesprengt und der a-Turm kommt an Ort und Stelle ins Spiel.

1...Sd6 2.axb5 Sxb5 3.Ta6! Lxg5

Größte Beachtung verdiente 3...Dc8! 4.Dxc8 Tfxc8 5.Lxf6 gxf6 6.Txf6 c4, denn zwei Freibauern mit Turmschub gewähren einiges Gegenspiel.

4.Sxg5 Dxd5?

Einzig mit 4...Te8 war noch Widerstand zu leisten.

5.Th6!

Das ist die Pointe des Turmmanövers, welche Weiß schon lange im Sinn hatte.

5...Dd3 6.Sh7! f5 7.Dg6 Dd2 8.De6+ Tf7 9.De8+ Tf8 10.Sf6+

Schwarz gab auf (Goldin – Jefimow, 1982).

Nr. 18

Der letzte Zug von Schwarz schenkte dem Gegner ein Tempo. 8...Sc6 hätte spätestens hier erfolgen sollen. Der Plan kann nur lauten: direkter Bauernangriff am Königsflügel. Dadurch geriete die schwarze Stellung sofort aus dem Gleichgewicht. Die Vorbereitung der langen Rochade würde zu lange dauern, und außerdem ist da die halboffene c-Linie. Die kurze Rochade ist wegen des Bauernangriffs gefährlich, aber wenigstens erhielte der Springer f6 ein Rückzugsfeld auf e8. Der Läuferzug erweist sich wiederum als ungünstig. In der Partie folgen 6 weiße Bauernzüge nacheinander, die alles klar machen.

9.g4 0-0?

Schwarz schaufelt sich sein eigenes Grab.

10.g5 Se8 11.h4 Sc6

Zu spät – in den nächsten Zügen darf der Sd4 nicht geschlagen werden.

12.f4 g6 13.h5 e5 14.hxg4

Immer noch ist der Springer tabu.

14...hxg4 15.Sxc6 bxc6 16.Th6 Kg7 17.De2 exf4 18.Dh2! Tg8 19.Txh7+ Kf8 20.Txf7# (Glowatzky – Bengtsen, 1986-87)

Nr. 19

Der Plan muss lauten: Nach Bauerngewinn Tausch eines Turms, um mittels Bauernvorstoß an beiden Flügeln die gegnerischen Kräfte auseinander zu ziehen.

32.Txa6 Tc2 33.T6a2 Txa2 34.Txa2 Le7 35.Kf2 Kf7 36.Ke2 Ke8 37.Kd3 Kd7 38.Kc3 Ld8 39.Sc4 Le7 40.b4 Ld8 41.Ta6 Lc7 42.h4 Ld8 43.h5 Lc7 44.g4 Tb7 45.Ta8 Kd8 46.Kb3 Tb8 47.Txb8 Lxb8 48.b5 Se7 49.b6 f5 50.gxf5 Sg8 51.Lf2 Sf6 52.Lh4
Schwarz gab auf.

Nr. 20

35.Txa7 Txa7 36.e5 dxe5 37.Sxe5 Ta2 38.Lxc5

Schwarz gab auf.

Nr. 21

Nach dem Damentausch steht es materiell gleich und direkte Drohungen sind von keiner Seite gegeben.

Der weiße König ist absolut ungefährdet, und obwohl sich der schwarze nicht in seinem Versteck befindet, droht auch ihm keine unmittelbare Gefahr. Das Zentrum ist bis auf die Felder d4 und f4 fest in weißer Hand, und dank der vorgerückten Zentrumsbauern besitzt er Raumvorteil.

Die weißen Türme können sich freier bewegen, auch wenn dies momentan noch von keiner gröeren Bedeutung ist. Die Diagonale des schwarzen Läufers c8-h3 ist versperrt. Die verdoppelten Türme in der d-Linie sind wirkungslos, da keine Öffnung absehbar ist. Der weiße Vorteil ist auch hinsichtlich der Figurenaktivität deutlich, denn die Türme und die Springer sind leichter ins Spiel zu bringen als die gegnerischen Exemplare.

Der augenfälligste Unterschied ist in der Bauernstruktur gegeben, wobei der Punkt d5 im Zentrum des Interesses steht. Der Tausch auf d5 würde sofort zur Entstehung eines neuen Vorpostens führen. Weiß kann sich Zeit lassen, da kein Grund zur Auflösung der Spannung besteht. Offensichtlich gibt es zusätzliche Felderschwächen auf b6 und d6, und Weiß tut gut daran, diese auszunutzen, bevor es im geeigneten Moment in der Mitte weitergeht.

1.Sa5 Tc7 2.Td1 h5 3.Tfd2 Tcd7 4.Sa4 Ke8 5.Sb6! Tc7 6.Sac4 Ld7 7.Sd6+ Ke7 8.Sb5! Tc8 9.Sxc8+ Txc8 10.Sd6 Tb8 11.Sc4 g5 12.Sb6 Le8 13.d6+ Kd8 14.d7 Lf7 15.Td6 Lb3 16.T1d2 Sh7 17.Sc8 h4 18.Sa7

Schwarz gab auf.

Nr. 22

1...Db6!!

Bei dieser beeindruckenden Demonstration, was genau mit einer ‚geschlossenen' Stellung gemeint sein könnte, handelt es sich keineswegs um eine Falle, denn früher oder später muss Weiß auf b6 zugreifen.

2.Sxb6 cxb6 3.h4

Ein letzter Versuch, der Dame das Einbruchsfeld h3 zu sichern, aber das hatte Schwarz selbstredend miteinkalkuliert.

3...gxh4 4.Dd2 h3! 5.gxh4 h4

Remis!

Nr. 23

Weißt nimmt den Schwachpunkt f6 aufs Korn.

1.Sfg5+! fxg5 (1...Kg8 2.Sxf6+) **2.Df3+ Kg8 3.Sf6+ Lxf6 4.Dxf6**

Schwarz gab auf.

Nr. 24

Weiß besitzt eindeutige Vorteile im Zentrum und am Damenflügel. Seine Figuren beherrschen wichtige Linien und Diagonalen. Der schwarze König steht beileibe nicht sicher. Den eventuellen Gefahren für den eigenen König kann Weiß durch Aktivitäten im Zentrum zuvorkommen.

1.d5! gxh4 2.d6! hxg3+ 3.Dxg3 Le2 4.Df2 Lxc4 5.Lxf6 Lxf6 6.Dxf6+ Ke8 7.Txc4 Dg7 8.Dxg7 Txg7 9.Txa4 Kd7 10.Ta7

Schwarz gab auf.

Nr. 25

Weiß kontrolliert die Zentralfelder. Seine Figuren stehen aktiver, vor allem auf der Diagonale a1-h8. Durch ein Bauernopfer wird zusätzlich der noch untätige Turm miteinbezogen.

1.d6! Dxd6 2.Tbd1 Dc7 3.Sg4 Lc8?

Ein schwerer Fehler in schwieriger Situation. Nach 3...c5 oder vielleicht sogar 3...Kh8!? steht weißer Vorteil außer Zweifel, jedoch ist noch längst von keiner *Gewinn*stellung die Rede.

4.Sf6+ Kh8

Natürlich darf der Springer nicht geschlagen werden, da nach 4...Sxf6 5.Lxf6 unverzüglich und unparierbar Dd2-h6 droht.

5.Le5 Db7 6.Dc3! Sg8 7.Sxh7!

Schwarz gab auf, da die Folge 7...Le5 8.Txe5 Kxh7 9.Th5+ Sh6 10.Dd2 ihm zu Recht missfiel.

Nr. 26

1.f7+! Kh8

Denn 1...Kxf7 scheitert an 2.Tf4+ Ke7 3.Dg6 usw.

2.Se5! Txd3 3.Sg6+ Kh7 4.Sxf8+ Kh8 5.Sg6+ Kh7 6.f8D

Schwarz gab auf.

Nr. 27

Das Material ist gleichmäig verteilt. Drohungen sind keine vorhanden. Der weiße Königsflügel ist ausreichend geschützt, der schwarze hingegen nicht besonders. Die dortige Bauernstellung ist geschwächt, und Tc1 nebst Se4 schauen gefährlich in diese Richtung.

Durch den Bauern e5 ist der weiße Vorteil auch im Zentrum gesichert. Weiß verfügt über mehr nutzbare Linien (z.B. die c-Linie) und seine Figuren stehen insgesamt aktiver. Der Läufer b2 ist stärker als der auf f8, der Springer d7 ist praktisch unbeweglich. Dame und König sind suspekt auf ein und derselben Diagonale postiert. Die schwarze Bauernstellung scheint resistent, doch ist f7 nicht gedeckt. Die Frage ist, wie man an diesen herankommt. Weiß nutzt zu diesem Zweck die Felderschwäche d6.

1.Sd6! Lxd6 2.exd6 Dxd6 3.dxc5 bxc5 4.Se5! Thf8 5.Sxc6 Dxc6 6.Lxg7 Tg8 7.Lxh6 Tc8 8.Le3! Tgd8 9.Dh5 f6 10.Ted1 Se5 11.Lxc5

Schwarz gab auf.

Nr. 28

1.exd6??

Offenbar ist Weiß vollkommen ahnungslos, was ihm jetzt blüht. Dabei hätte 1.Se4!? Lxe1 2.Txe2 Minimalvorteil gesichert – und 1.Lb2 mit der Idee 1...dxe5 2.Txe5 bzw. 1...cxd4 2.La3 vielleicht sogar etwas mehr.

1...De3!! 2.Txe3 fxe3 3.Dd3 exf2 4.Tf1 Lh3 5.f4 Lxf1 6.Dxf1 Te1
Weiß gab auf.

Nr. 29

Trotz des materiellen Gleichgewichts ist der weiße Vorteil auffällig. Die weißen Figuren (vor allem die Türme) stehen weitaus aktiver und beherrschen das Brett nach allen Seiten hin. Fast alle haben dabei die gegnerische Königsstellung im Auge. Die Dame ist die einzige aktive schwarze Figur. Die

Bauernstruktur ist hier unbedeutend, weil Weiß ja bereits über konkrete taktische Möglichkeiten verfügt. Da Schwarz quasi ohne Türme auskommen muss, kann Weiß sich mit Materialopfern großzügig zeigen.

1.Txf6! gxf6 2.Dh4 f5 3.Df6+ Kg8 4.Lxf5! Lxf5 5.Txf5 Tfd8 6.Tg5+ Kf8 7.Dg7+ Ke8 8.Te5+ Kd7 9.Dg4+

Schwarz gab auf.

Nr. 30

Bei geschlossenem Zentrum wird das Geschehen auf die Flügel verlagert. Weiß wird sein Glück am Königsflügel versuchen – und Schwarz entsprechend auf der anderen Seite. Bei solch kompakter Stellung entwickeln sich die Ereignisse natürlich langsamer und bedürfen gründlicher positioneller Vorbereitung.

1.g4 b5 2.f5 f6 3.Dd2 g5 4.h4! h6 5.Th1 bxc4 6.dxc4 Sd4 7.Sc3 Th8 8.Th3 Tbg8 9.Tbh1 Dd8 10.Sd5 gxh4

Der Druckaufbau in noch geschlossener Linie hat zum gewünschten Erfolg geführt, denn während die schwarzen Fortschritte am Damenflügel eher bescheiden sind, konnte Weiß sich gefährlich entfalten.

11.Txh4 Kf7 12.Kf2 Df8 13.Txh6 Txh6 14.Txh6 Dg7 15.Da5!

Nach diesem Flankenwechsel mit entscheidendem Angriff gab Schwarz auf.

Nr. 31

Das Erfolgsrezept lautet wieder: Verlagerung des Angriffs auf die Flügel!

1...Lc5 2.b6 axb6 3.Sb2 Tc3 4.Ld2 Tb3 5.Dc2 Db5 6.Tc1 Lf8 7.Td1 Te2

Die typische Umgruppierung: Aus dem gestärkten Zentrum weitet sich der schwarze Einfluss auf den Königsflügel aus.

8.Dc1 Txh3+ 9.gxh3 d4

Weiß gab auf.

Nr. 32

Schwarz hat Raumvorteil und beherrscht wichtige Zentrumsfelder. Vor allem die Springer sind aktiv und bestens gedeckt. Solange Schwarz beide Springer im Zentrum halten kann, ist sein Vorteil erdrückend. Doch jeder Versuch, sie von dort zu vertreiben, schwächt die weiße Stellung. Auf 1.Lxd4 folgt sehr unangenehm 1...exd4 – und 1.Lxd5 würde Schwarz zu 1...Dxd5 mit der Drohung Lh3 nutzen.

Nr. 33

1...d5?!

Der Textzug ist geringfügig unsolide, weil Schwarz in der Folge das Läuferpaar hätte aufgeben müssen.

An Alternativen kamen vor allem die konkreten Züge 1...b5 und 1...Db4 in Frage – sowie die positionell nützlichen Verstärkungszüge 1...Tac8 und 1...h6.

2.exd5 Sxd5 3.Lxd5 Lxd5 4.f6! gxf6 5.b4 Lxb4 6.Sxd5 Txd5 7.Txd5 Dxd5 8.Dg4+ Kh8 9.Dxb4

Schwarz gab bald auf.

Nr. 34

Wenn Schwarz **1.Sxe4** mit der Errichtung eines neuen Springervorpostens beantwortet, wird dieser nach **1...Sxe4** sofort wieder gesprengt, denn nach **2.Lf3** kann er ja wegen der Fesselung nicht ausweichen. Und in der Folge wäre dann der Bauer auf e4 nicht zu halten, so dass Weiß erheblichen Vorteil erhält.

Nach **1...fxe4** hingegen erhält er einen halbwegs sicheren Bauern im Zentrum. Dennoch behält Weiß allein schon wegen des Läuferpaars soliden Minimalvorteil nach etwa **2.Txf8+ Kxf8.**

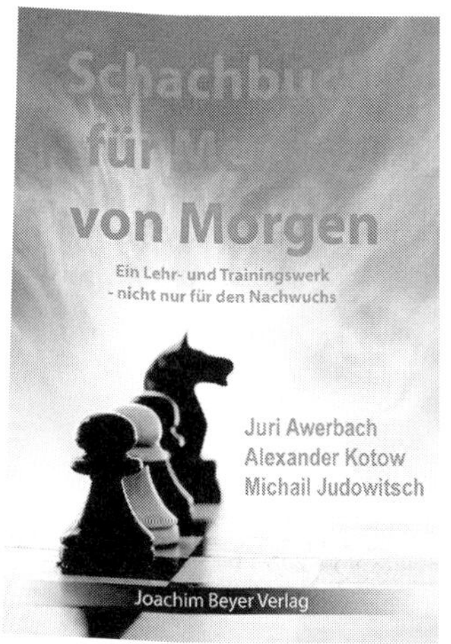

Juri Awerbach / Alexander Kotow / Michail Judowitsch

Schachbuch für Meister von Morgen

Ein Lehr- und Trainingswerk – nicht nur für den Nachwuchs

248 Seiten, gebunden, Leseband

Dieses nahezu klassische „Lehr- und Trainingswerk" dreier namhafter russischer Schachmeister ist hervorgegangen aus einem Begleitband zu einem sowjetischen TV-Schachkolleg. Es behandelt die drei Partiephasen des Schachs in separaten Kapiteln, für die jeweils einer der drei Autoren als Experte verantwortlich zeichnet. Michail Judowitsch widmet sich nach einem historischen Abriss der Eröffnungstheorie, wobei er die wichtigsten Spielanfänge mit einer knappen Einführung vorstellt und dabei die allgemeinen Eröffnungsprinzipien in den Vordergrund rückt. Im zweiten Kapitel behandelt Alexander Kotow das Positions- und Kombinationsspiel der mittleren Partiephase, während im dritten Teil die „Theorie und Praxis der Endspiele" von Juri Awerbach erläutert wird. Das vorliegende Werk richtet sich an fortgeschrittene Jugendliche und ist sowohl für Schachkurse als auch zum autodidaktischen Studium bestens geeignet. Die in allen Kapiteln eingestreuten Übungen sind durchaus anspruchsvoll, daher sollte der Leser das selbstständige Denken und intensive Analysearbeit nicht scheuen. Aber ohne dem geht es im Schach sowieso nicht!

Michail Judowitsch (1911-1987), russischer Meister und Autor, galt als ein führender Theoretiker seiner Zeit. IM-Titel 1950 sowie Fernschach-IM (1961) bzw. -GM (1973).

Alexander Kotow (1913-1981) gehörte in den 1950er Jahren zu den besten Spielern der UdSSR; GM-Titel 1950. Autor mehrerer bedeutsamer Schachbücher.

Juri Awerbach (* 1922), GM-Titel 1952, derzeit der älteste noch lebende Schachgroßmeister; WM-Kandidat 1953. Zeitweilig Funktionär des sowjetischen Schachverbandes. Schachhistoriker, Redakteur und Autor u.a. von Standardwerken zur Endspieltheorie.

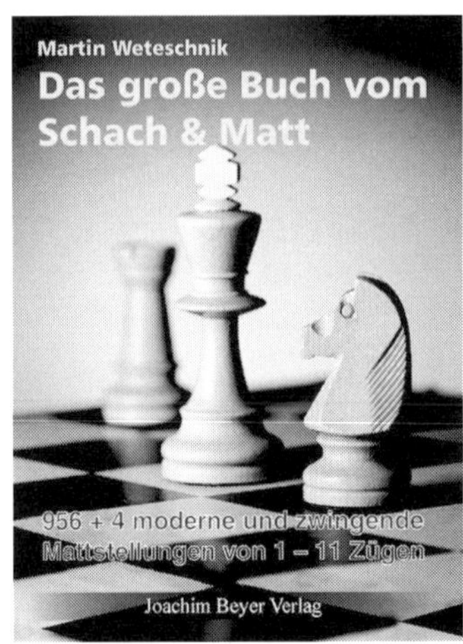

Martin Weteschnik

Das große Buch vom Schach & Matt

956+4 moderne und zwingende Mattstellungen von 1-11 Zügen
224 Seiten, gebunden

Schach und Matt ist der Höhepunkt der Partie. Das gilt insbesondere, wenn das Matt „zwingend“ zu Stande kam, der Gegner also keine Chance hatte, unter Materialverlust zu entkommen. Martin Weteschnik, Autor zahlreicher Schachpublikationen, hat die wohl umfassendste und aktuellste Sammlung solcher echten, zwingenden Mattkombinationen zusammengestellt. Die meisten davon stammen aus jüngster Zeit und aus Turnieren aus aller Welt, gespielt sowohl von Weltmeistern und Topspielern, wie auch von Amateuren. Dies bietet dem Leser verschiedene interessante Trainingsmöglichkeiten:

- Er lernt, Mattpositionen früher und besser zu erkennen, somit diese zu vermeiden oder selbst anzuwenden.
- Er kann präzise Variantenberechnung trainieren, was generell sein Spiel verbessern wird.
- Er kann durch originelle Mattwendungen seine Kreativität steigern und sich an den oft erstaunlichen Ideen erfreuen, die zum Matt führten.

Durch die besonders übersichtliche Gestaltung kann der Leser seine Lösung überprüfen, ohne lange blättern zu müssen.

Von relativ einfachen Aufgaben (aber Vorsicht! – auch kurze Matts können es in sich haben!) ausgehend steigert sich der Schwierigkeitsgrad des Buches und gibt so dem Leser die Möglichkeit, buchstäblich „mitzuwachsen“.

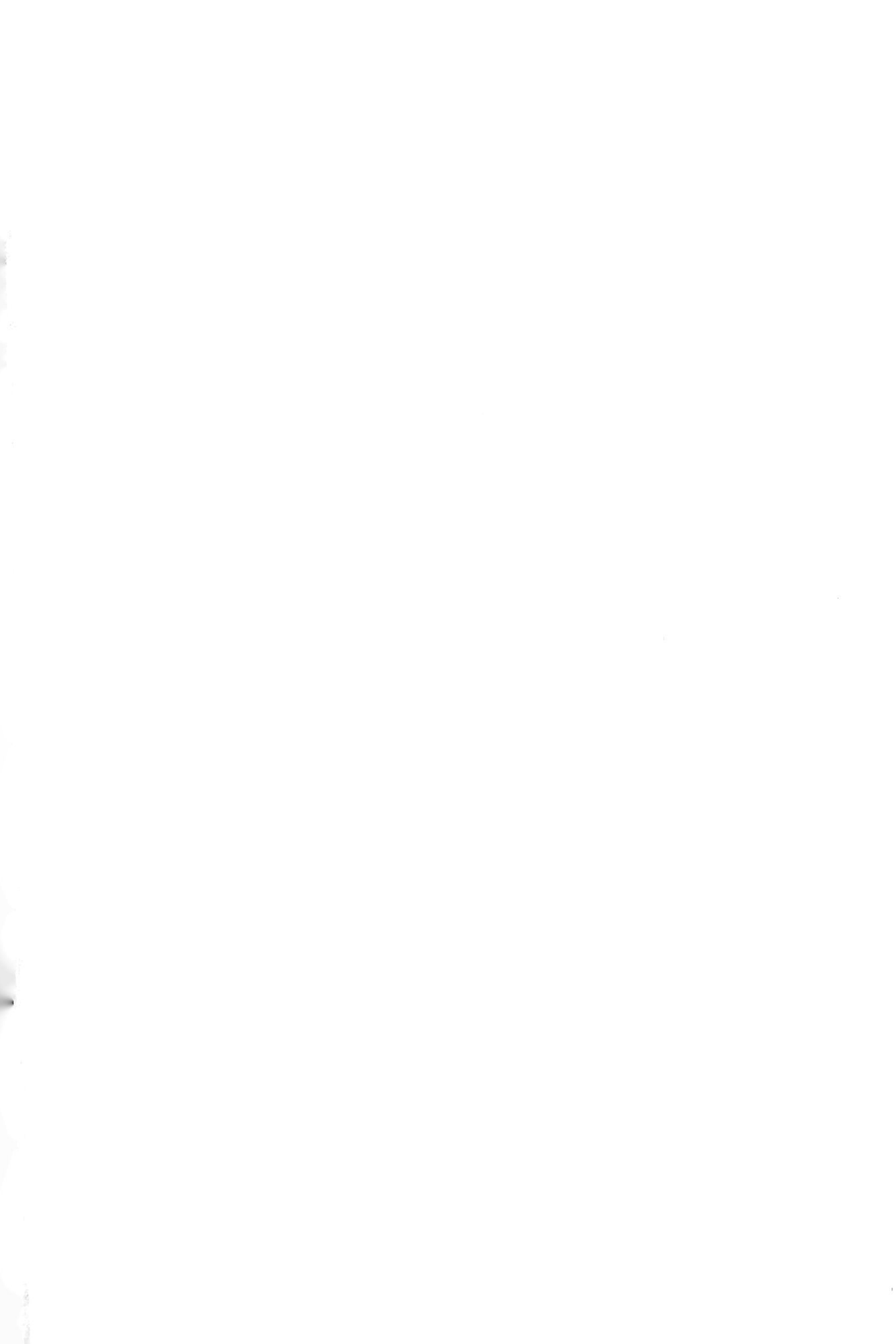